KB189738

RARE
Leadership

레어 리더십

지은이 마커스 워너, 짐 와일더
옮긴이 권명지
펴낸이 임상진
펴낸곳 (주)넥서스

초판 1쇄 발행 2021년 2월 4일
초판 2쇄 발행 2021년 2월 8일

출판신고 1992년 4월 3일 제311-2002-2호
주소 10880 경기도 파주시 지목로 5
전화 (02)330-5500 팩스 (02)330-5555

ISBN 979-11-91209-45-7 03230

출판사의 허락 없이 내용의 일부를
인용하거나 발췌하는 것을 금합니다.

가격은 뒤표지에 있습니다.
잘못 만들어진 책은 구입처에서 바꾸어 드립니다.

www.nexusbook.com

성숙한 리더가 되기 위한 비범한 습관

RARE
Leadership

레어 리더십

마커스 워너 · 짐 와일더 지음
권명지 옮김

넥서스BOOKS

사역에 진심을 다하는 우리의
모든 천국 동료들에게 이 책을 바칩니다.
이 책을 통해 당신이 하는 모든 일에
격려와 인도를 받게 되기를 소망합니다.

뇌과학과 리더십을 연결시키는 흔치 않은 책입니다. 최근에 뇌과학을 기반으로 경제, 경영, 교육 등의 연구들이 활발하게 이루어지고 있는데 리더십 분야에서도 적용할 수 있는 좋은 이론이 소개되어 반갑습니다. 저자가 소개하는 4가지 습관은 공동체의 변화를 이끌어내는 데 매우 효과적이면서도 중요한 도전입니다. 사람들에게 변화를 일으키기 위해서는 소속감과 정체성을 갖도록 해야 한다는 점과 리더십의 핵심을 기쁨을 회복하는 것으로 설명한 부분은 매우 통찰력 있고 설득력 있는 지적입니다. 리더십의 필수요소들을 가지고 제 자신을 점검하면서 현재 사역과 삶의 문제들을 보며 개선할 수 있는 소망을 갖게 되었습니다. 아직도 우리 주변에 목회가 마이크를 붙잡고 설교하는 것이라고 생각하는 목회자들이 많고, 사람들과 함께 있는 것이 불편한 목회자들이 자주 보이는 한국 교회 생태계에서 이 책이 공헌할 수 있는 부분이 있다고 믿습니다. 필독을 권합니다.

– 김명호 목사, 대림교회 담임, 전 국제제자훈련원 원장

"하나님 곧 왕의 하나님이 즐거움의 기름을 왕에게 부어 왕의 동료보다 뛰어나게 하셨나이다"

이 책은 시편 45편 7절의 주석 같은 느낌입니다. 책의 내용을 하나씩 읽다 보면 기쁨으로 충만한 것이 얼마나 중요한 것인지 깨닫게 됩니다. 그래서 '왜 하나님이 왕(리더)에게 즐거움의 기름을 부으시는지' 이해하게 되기 때문입니다.

또한 기쁨의 기름부음이 '왕(리더)의 동료보다 뛰어나게 하는 이유', 즉

동료보다 탁월한 성과가 나는 이유에 대해서도 뇌과학 연구 결과를 근거로 하나씩 논증하고 있기 때문입니다.

이 책을 통해 성과를 내야 하는 조직 또는 공동체의 리더가 빠지기 쉬운 가장 큰 함정, 사람보다 문제의 해결과 결과에 초점을 맞추는 것에서 벗어나, 관계를 문제보다 크게 생각하여 '기쁨이 충만한 그러나 공동체의 사명이 이루어지는' 놀라운 축복을 누리시길 바랍니다.

– 송영광 대표, 디랩 대표, 전 삼성전자 책임 연구원

책의 초반부에 있는 "연료를 바꾸는 것이 변화의 열쇠"라는 표현에 뒤통수를 크게 한 대 맞은 느낌이었습니다. 리더십을 논할 때 적잖은 경우 '관리와 경영 차원의 역량' 정도로 받아들여 온 한국사회 풍토 앞에, '두려움과 책임감으로 동기부여' 된 가운데 오랜 사역의 결과가 소진과 고갈로 귀결되는 꽤 많은 리더들의 사역패턴 앞에, 이 책은 리더들에게 '우리 존재와 사역의 연료를 바꿔야 함'을 외치고 있습니다. 그런 면에서 저자가 제시하는 패스트 트랙과 RARE 리더십 요소들은 리더십 일반론은 물론 한국교회 목회와 선교 현장가들이 꼭 갖춰야 할 리더십 자질과 역량들을 재정립할 좋은 토대가 될 것입니다. "스승은 많지만 아비는 많지 않다"(고전 4:15)는 말씀처럼 진정 '아비와 같은 리더'에 목이 마른 지금 이 시대에, 하나님이 주신 참된 관계성과 기쁨으로 사역하는 RARE 리더들로 인해 '하나님의 선교'가 더욱 힘을 얻길 소망하며 이 책을 한국교회 목회자와 성도님들께 추천합니다.

– 이다니엘 사무총장, IBA: International BAM Alliance

리더십은 사람을 이끄는 기술이 아니라, 하나님과 동행하는 삶에서 흘러나오는 것입니다. 마커스 워너와 짐 와일더가 함께 쓴 《레어 리더십》은 제목 그대로 리더가 갖추어야 할 '흔하지 않은'(Rare) 네 가지 중요한 성경적 리더십을 보여줍니다.

첫째, 관계성을 유지하라(Remain Relational)는 효율적으로 일을 하는 것을 리더십의 중요한 덕목이라 생각하는 오늘날의 문화와 다르게 사람과의 관계를 세우는 것이 가장 중요하다는 것을 알려주고 둘째, 자신답게 행동하라(Act Like Yourself)는 다른 누군가를 모방하거나 비교하지 않고 하나님 앞에서 자신을 발견하면 일관성 있는 행동을 할 수 있다는 것을 강조합니다. 셋째, 기쁨을 회복하라(Return to Joy)는 리더에게 부정적인 감정들이 몰려올 때 하나님께 나아감으로 재빠르게 기쁨을 회복하는 능력을 말하고, 넷째, 고난을 잘 견뎌라(Endure Hardship Well)는 하나님의 섭리 안에서 모든 것이 합력하여 선을 이룬다는 것을 믿을 때 고난은 피해야 할 무엇이 아니라, 우리를 성숙하게 하는 과정임을 알게 하고 고난 속에서 성숙해질 수 있다는 소망을 보여줍니다. 결국 저자가 말하는 크리스천 리더십의 중요한 네 가지 덕목은 하나님과의 관계(사랑, 희락, 화평), 사람과의 관계(오래 참음, 자비, 양선), 자기 자신(충성, 온유, 절제)과의 관계를 보여주는 성령의 열매를 연상시킵니다. 많은 분들이 읽고 성경적 리더십을 배우는 귀한 도구로 이 책이 쓰임받기를 바라면서 기쁘게 추천합니다.

– 이찬수 목사, 분당우리교회 담임

사랑하지 못하고 관계의 중요성을 인지하지 못하는 리더는 조직에 엄청난 해악을 끼칠 수 있다. 나는 실제로 이런 일을 종종 목격했다.

와일더 박사와 워너 박사가 선사하는 혁신적이고 사려 깊은 위로는 이 시대 크리스천 리더들이 좀 더 사랑이 넘치고 성숙한 동시에, 효과적으로 공동체를 리드하도록 돕는다. 공저자의 이러한 접근에 아낌없는 찬사를 보낸다.

– 게리 채프먼, 《사랑의 5가지 언어》 저자

리더들이 쉽게 지치고 폭발하고 기쁨을 잃어버리는 데에는 간단하고 공통적인 이유가 있다. 나 자신도 리더이고 많은 다른 리더들을 상담해 온 경험을 바탕으로 봤을 때, 이 책은 매우 진실되고 희망적이다. 대단히 지혜롭고 실제적인 도움을 주는 동시에 그 방법을 보여주는 충분한 실례를 들고 있기 때문이다.

– 존 엘드리지, 《마음의 회복》, 《산을 옮기는 기도》 저자,
Ransomed Heart Ministries 회장

리더십의 모델로 현대 뇌과학과 성경적 지혜 그리고 '기쁨'을 연결시킨 매우 드문 책이다. 《레어 리더십》은 이를 잘 연결시켜 놓았을 뿐 아니라 리더들에게 다른 사람과의 관계 속에서 기쁨과 더 큰 효과와 진정성, 인내를 불러일으킬 수밖에 없는 네 가지 습관을 성공적으로 제안한다. 이 책을 다 읽고 나면 우리의 지으심이 얼마나 '기묘한지', 우리가 얼마나 예수님이 그리하셨듯 사람들을 잘 인도하고 사랑할 수 있는지 더 많이 깨닫게 될 것이다.

– 존 트렌트, The Blessing, Life Mapping 저자,
게리 채프먼의 결혼과 가정 사역 및 치료 의장

얼마나 많은 리더십에 대한 책을 읽었든,《레어 리더십》은 새롭고 도전적이며 실질적인 방법으로 리더를 길러내고 또 진정한 리더가 될 수 있도록 돕는다. 나 또한 이 책에서 배운 내용을 팀에서 사용할 것이다.

– 폴 와이트, 심리학자, *The 5 Languages of Appreciation at Work, Rising Above a Toxic Workplace, Sync or Swim* 공동저자

나는 이 책이 리더십의 본질을 이해하기 위해 곁가지들을 헤쳐 나가거나 안개 속을 헤매지 않아도 되어서 정말 좋다. 마커스 워너와 짐 와일더가 쓴《레어 리더십》은 말 그대로 진귀하다. 내용도 신선하고 표현도 명확하다. 개념도 전하기 쉽다. 결과 또한 분명할 것이다.

– 샘 챈드, 리더십 컨설턴트, *Leadership Pain* 저자

《레어 리더십》은 현 시대 위대한 리더십 책들 중 하나로 꼽힐 만하다. 《좋은 기업을 넘어서 위대한 기업으로》*Good to Great*가 비즈니스 세계에 영향을 미친 것처럼《레어 리더십》은 리더 한 사람 한 사람에게 영향을 끼칠 것이다. 이 책은 뛰어난 리더의 현실적인 규칙과 습관을 추진하는 연구 기반의 과학적 설명을 제시한다. 존 맥스웰이 리더십의 법칙을 알려주었다면 와일더와 워너는 우리의 뇌를 유지하고 팀이 기꺼이 따르고 싶어 할 만한 리더로 그 마음을 성숙시킬 도구를 제시했다.

– 던 와이트스톤, 정신건강상담사, Relational Wealth Builders 의장

이 책은 리더십을 통해 다른 이들을 더 잘 사랑할 수 있는 과정지향적인 접근을 피력한다. 단순히 리더가 해야 할 일과 하지 말아야 할 일을 나열하는 대신, 논리적이고 이해하기 쉬운 뇌과학과 그리스도 중심의 확고한 관계 원리를 합쳐 놓음으로써 이 진리를 적용하고자 하는 이들에게 귀중한 지도를 제공한다.

— 매튜 터비, PsyD, WinShape Marriage 부이사

대부분의 조직에서 건강한 리더십은 보기 드물다. 하지만 전 세계적으로 사람들이 확고한 중심을 가지고 효과적이며 변화를 일으키는 리더들을 찾고 있기 때문에 계속 연구되는 주제다. 마커스 워너와 짐 와일더는 독자들이 도달하고 싶어 하는 곳으로 데리고 가준다. 이들의 통찰력 있는 연구는 우리가 찾는 RARE 리더십이 우리 내면으로부터 나오고 이를 성취하기 위해서 우리는 그저 우리의 사고방식을 바꾸면 된다는 것을 깨닫는 전환점이 될 것이다.

— 로버트 디키 III, 크라운 비영리 단체 회장, *The Leap* 저자

《레어 리더십》은 시장에 변화를 일으키는 진리를 제시함으로 측정할 수 없을 만큼 진실된 리더가 되기 위해 필요한 것들을 독특하게 담아낸다. 변화를 만들어내는 리더가 되고 싶다면 이 책이야말로 우리 세대에 심오하고도 시기적절한 자원이 될 것이다.

— 티나 다이어, 포춘 500 잡지사 부회장, 리더십 전문가 개발 컨설턴트

차례

| **Part 1**
패스트 트랙 리더십
이해하기

| Part 2

레어 리더십
키우기

당신은
RARE Leader인가?

리더십(Leadership)은 로드십(Lordship)에서 나온다.

흔히 리더십이라고 하면 사람들을 이끌어서 어떤 결과를 이루는 것이라 생각하지만, 일 중심의 리더십은 언제나 관계를 무너뜨려서 구성원과 리더 본인에게도 악영향을 미치게 된다. 이 책은 리더십을 뇌과학과 연결하여 설명한다. 일, 결과, 성과 같은 것들에 영향을 주는 '슬로우 트랙' 그리고 관계와 정체성, 다른 사람을 돕는 등의 일에 영향을 주는 '패스트 트랙'으로 나누어 관리형 리더십은 '슬로우 트랙'이 발달되고, 관계형 리더십은 '패스트 트랙'이 발달된다고 말한다.

관리형 리더십은 평소에는 아무런 문제가 없지만 위기 상황에서 감정을 통제하지 못하거나 환경에 눌리는 경향이 있다. 그러나 '패스트 트랙'이 발달된 성숙한 리더들은 위기 때 더욱 리더십이 빛을 발한다. 저자는 성숙한 리더들의 네 가지 자질을 통해서 '패스트 트랙'을 훈련하여 환경과 감정을 뛰어넘는 관계 중심의 리더로 변화될 것을 독려한다. 뇌는 발달한다. 오랜 습관을 통해 지속적으로 반복하면 뇌의 백색절연체로 감싸게 된다. 이것이 형성되면 의식하지 않아도 자연스럽게 정체성과 본질로 쉽게 돌아가는 경향을 보인다. 그래서 리더십은 어떤 기술이라기보다 존재양식에 가깝다. 평소에 하나님과의 관계를 통해 형성된 인격으로부터 흘러나오기 때문이다. 이런 진귀한, 보기 드문(Rare) 리더십을 저자는 네 가지로 설명한다.

첫째, 관계성을 유지하는(Remain Relational) 것이다.

RARE 리더십은 일과 결과 중심이 아니라, 관계 중심이다. 문제를 해결하기 위해 관계를 손상시키지 않는다. 만약 관계보다 일을 더 중요시하게 되면 결과를 이루기 위해 감정적인 행동이나 지시를 하게 된다. 그러면 조직 안에 리더의 눈치를 보는 문화가 생기고 그것은 사람의 마음속에 두려움을 심는다.

계몽주의 이후에 인간 이성이 중심이 되면서 사람들은 좋은 선택이 변화를 이끈다고 생각했다. 또 행동을 중심으로 몸을 훈련시켜야 변화된다고 생각하기도 했다. 그러나 RARE 리더들은 조직에 안정된 정체성과 소속감을 심어 변화를 이끌어낸다. 관계를 우선시하는 삶은 사람들에게 깊은 소속감을 주기 때문이다. 결국 훈련된 리더의 좋은 습관에서 좋은 영향력이 흘러가게 된다.

리더십 전문가 존 맥스웰의 첫 번째 책의 주제는 '기도'였다. 기도와 리더십이 전혀 다른 주제일 것 같지만, 하나님과의 관계가 사람들과의 관계에 중요한 기초가 된다. 예수님이 말씀하신 위대한 계명 또한 하나님 사랑과 사람 사랑이다. 좋은 리더는 하나님과의 관계를 통해 사람들과 관계를 맺어간다.

둘째, 자신답게 행동(Act Like Yourself)하는 것이다.

RARE 리더들은 자신을 더 좋게 보이려고 꾸미지 않는다. 자신의 본모습이 아닌 꾸민 모습으로 사람들에게 좋게 보이려는 사람들은 늘 겉으로 보이는 공적인 자신과 사적인 자신 사이의 괴리감 때문에 심각한 스트레스를 받는다. 그 감정적 어려움은 내적인 붕괴를 가져오거나 조직의 붕괴를 가져온다. 책에서 흥미롭게 읽은 것은 포식자형, 주머니쥐형, 보호자형으로 리더의 유형을 세 가지로 나눈 것이다. 포식자형은 자기도취적인 리더십 유형이다. 그는 자기의 약점을 노출하기를 두려워하기 때문에 다른 사람의 약점에도 자비가 없고, 자신의 수치심을 다루는 방식을 알지 못하기 때문에 모든 수치심을 다른 사람의 탓으로 돌려버리는 경향이 있다. 이런 리더는 자신의 감정을 폭발시키거나 무시하는 등의 불안전한 모습을 보이기 때문에 조직 안에 두려움의 문화를 불러일으킨다. 주머니쥐형은 포식자형의 먹이가 되는 유약한 유형이다. 상황이 어려워지면 숨어버리는 회피형이다. 이런 사람들이 리더의 자리에 앉으면 조용하고 선하게 보이기도 한다. 모험이나 위험을 감수하지 않고 모든 사람과 잘 지내는 것 같지만 위기가 닥치면 포기하거나 사라져버리는 경향을 보인다. 주머니쥐형 리더는 어려운 문제 앞에서 감정적으로 압도당하고 관계적으로 고립된다.

보호자형 리더가 바로 자기 자신답게 행동하는 사람이다. 관계를 중요시하고 하나님과의 관계를 통해 견고한 기초를 가지기 때문에 위기에도 흔들리지 않고 기쁨이 충만한 정체성을 가지고 주위 사람들을 기쁨 안에서 성장하도록 돕는다. 이런 리더십의 특징은 자신의 약점을 솔직하게 노출하고 인정한다. 모든 사람은 약점을 가지고 있지만 모든 사람들이 그 약점을 인정하는 것은 아니다. 그러나 약점을 인정할 때 사람은 비로소 성장한다.

예수님도 겟세마네에서 가장 힘든 시기에 사랑하는 제자들과 함께 계시면서, 기도하실 때 "내 마음이 심히 고민하여 죽게 되었으니"(마 14:34)라고 자신의 어려운 감정을 솔직하게 고백하셨다. 건강한 리더는 자신의 어려움과 연약함을 인식하며 고백하는 사람이며 그 연약함은 더욱 하나님을 의지하게 한다.

셋째, 기쁨을 회복(Return to Joy)하는 것이다.

골로새서 3장 15절에서 사도 바울은 "그리스도의 평강이 너희 마음을 주장하게 하라"고 권고했다. 이 말은 환경에 이끌리지 말고 어떤 환경 가운데서도 그리스도의 평강을 붙들고 마음을 유지하라는 말이다. 리더의 자리에 있으면 수많은 갈등과 어려움 때문에 극도의 스트레스를 받을 때가 많다. 부정적인 감정을 제대로 다루는 법을 알지 못하면 리더는 스스로 붕괴되고 만다. RARE 리더는 감정적으로 힘들 때도 빨리 기쁨을 회복하는 능력을 가지고 있다. 만약 감정에 이끌린다면 자신과 다른 사람들에게 동기를 부여할 때 분노에 의지하게 된다.

분노에서 기쁨을 회복한다는 것은 단순히 분노의 감정을 없애버리는 것이 아니라 화가 났을지라도 관계를 유지하며 나 자신답게 행동하는 것을 말한다.

RARE 리더도 다른 사람과 마찬가지로 분노하지만 그 분노를 처리하는 방식이 다르다. 자신의 분노를 인정하지만 여전히 상대방과의 관계를 귀하게 여기면서 관계 안에서 문제를 대면한다. 가장 좋은 것은 감정적으로 어려울 때 잠시 멈추어 하나님께 기도하는 것이다. 다윗도 백성들이 다윗을 적대하며 돌을 던지려고 할 때 크게 다급하였으나 그의 하나님 여호와를 힘입고 용기를 얻었다(삼상 30:6).

결국 하나님과의 관계는 우리가 어려움에 처할 때도 자신이 누구인지, 또 누구의 소유인지를 아는 것으로 위로를 받는다. 리더가 자신의 감정을 인정하고 위로하고 재형성할 때, 환경에 이끌리지 않는 삶을 살게 되고, 그 삶은 조직원 전체에게 영향을 미치게 될 것이다.

넷째, 고난을 잘 견디는(Endure Hardship Well) 것이다.

RARE 리더의 마지막 특징은 고난을 잘 견디는 것이다. 고난을 좋아하는 사람은 아무도 없겠지만, 감당해야 하는 고난이 있고 그 고난을 견딤으로 더 성장하게 된다. 히브리서 11장에 기록된 믿음의 선진 또한 고난을 잘 견딘 사람들이다. 히브리서는 예수님도 하나님의 아들이시지만 받으신 고난을 통해 순종함을 배워서 온전해지셨다고 말한다(히 5:8).

고난이 우리를 성장시키시는 하나님의 섭리임을 깨달을 때, 고난 속에서도 우리는 믿음을 지키며 흔들리지 않고 나아갈 수 있게 된다. 또한 기쁨을 마르게 하는 내 삶의 습관들을 찾아서 제거하고, 고난을 잊어버리고자 다른 기쁨의 대체물에 빠지지 않도록 주의하게 된다.

이스라엘 왕이 해야 하는 가장 중요한 일은 백성들을 잘 이끄는 것이 아니었다. 왕이 먼저 하나님의 말씀을 읽고 순종하는, 하나님을 따르는 일이었다. 결국 리더십은 언제나 로드십이며 좋은 리더는 언제나 주님을 따르는 좋은 팔로워다.

이 책은 세속주의 세계관 속에서 능력주의와 결과 지상주의에 치우쳐 있는 리더들에게 네 가지 자질을 통해 이제까지 넘을 수 없었던 리더의 한계를 뛰어넘게 하고 하나님께로 나아가게 한다.

리더십은 사람을 이끄는 기술이 아니라, 하나님과의 관계 속에서 흘러 나오는 성품이며 성령의 열매임을 설득력 있게 설명하고 있다. 지금까지 본 리더십 책 중에 가장 성경적이며 실재적인 책이다.

고상섭 목사
그 사랑교회 담임

서문

　　"최악의 리더와 일해 본 경험이 있는 분, 몇 분이나 계신가요?" 내가 리더십에 대해 강연을 시작할 때 방청객들에게 종종 하는 질문이다. 당신이라면 어떻게 대답하겠는가? 나는 리더십이라는 주제에 애정을 가지고 있다. 왜냐하면 리더들은 어떤 일이든 이뤄내는 사람들이기 때문이다. 리더들은 우리가 인도하는 입장이든, 따르는 입장이든 혹은 어느 입장에도 속하기를 원하지 않더라도 우리 모두에게 영향을 미친다. 역사는 리더들의 이야기라고 할 수 있다. 선한 리더든 악한 리더든 놀라울 만큼의 선을 행했거나 끔찍한 악을 저질렀던 리더들의 이야기이다. 리더십에 첫발을 내딛는 사람들이 올바른 길을 가고 따르는 이들의 삶을 비참하게 만드는 참혹한 실수를 하지 않도록 도와주는 것이 나의 큰 비전이다.

　　내가 최악의 리더에 관한 질문을 하면 방청객의 90퍼센트가 손을 들며 눈을 굴린다. 조용한 신음 소리도 들을 수 있다. 이는 마치 그들이 "한스, 당신이 반만이라도 알아준다면 좋겠네요"라고 말하는 듯하다.

　　왜 세상에는 신뢰하기 어렵고 따르기 어려운 리더들이 이리도 많을까? 솔직하게 말하면 그들이 감정적으로 건강하지 않기 때문이라고 생각한다. 리더십의 영역에서 사람들이 저지르는 가장 큰 실수 중 하나는 '어떤 사람이 될까?'가 아닌 '무엇을 해야 할까?'에 초점을 맞추는 것이다. 그렇다. 나도 30여 년간 리더십에 대해 연습하고 책을 쓰고 가르쳐 왔지만 종종 성과 중심으로 생각하는 함정에 빠지곤 한다. 그리고 솔직히 말해서 대부분의 운영진이 성과와 결과물을 가지고 리더들을 평가해왔다.

지금 당신이 들고 있는 속이 다 시원한 《레어 리더십》이라는 책이 나온 것을 감사하게 생각한다. 짐 와일더 박사와 마커스 워너 박사는 건강한 리더십의 중심을 꿰뚫는 놀라운 기지를 보여준다. 이 책의 주제는 'RARE 리더십'이 감성지능과 관련된 네 가지 특별한 습관의 열매라는 것이다. 이 네 가지 습관은 ① 관계성을 유지하라, ② 당신답게 행동하라, ③ 기쁨을 회복하라, ④ 고난을 잘 견뎌라 이다.

왜 이런 종류의 리더십은 **진귀**한가? 왜냐하면 이러한 리더십은 잠재적 위협 앞에서도 건강한 사람이 되고자 하는 것에 초점을 맞추기 때문이다. 최근 몇 년간 나는 효과적이고 건강한 리더는 IQ가 아닌 EQ에 달려 있다는 사실에 점점 더 확신을 갖게 되었다. 당신이 누구냐의 문제이지 무엇을 하느냐의 문제가 아니라는 것이다. 짐 와일더와 마커스 워너가 이 책에서 묘사하는 네 가지 특별한 습관은 리더십의 감성지능 영역에서 획기적인 발상이라고 할 수 있다.

감성지능(EQ)에 대해 처음 알게 되었다면 나는 이를 부드러운 리더십이라고 부르고 싶다. 표면 아래 있는 우리가 어떤 사람인지 또 다른 사람들과 어떻게 상호작용하는지에 관한 것이다. EQ는 우리의 지능 지수인 IQ에 대조해서 사용한다. 성공적인 리더십은 IQ보다 EQ에 의해 좌우된다. 정말 똑똑한 사람들이 리더로서는 완전히 실패하는 사례들을 본 적이 있을 것이다. 내 자신의 실패를 통해 감성지수야말로 효과적이고 건강한 리더십을 세우는 일에 필수적이라는 것을 믿게 되었다. 여기에서 핵심 단어는 '건강한'이다.

사람들은 제 기능을 하지 못하는 리더를 따르고 싶어 하지 않는다. 어쩔 수 없이, 억지로 따르기는 하겠지만 결코 마음을 다해 따르려 하지는 않는다. 나는 수년간 무시무시한 고용주, 팀 리더, 상사였던 사람들에 대한 끔찍한 이야기들을 모아왔다. 얼마나 많은 기능장애를 가진 사람들이 상사가 되고 팀 리더가 되는지 놀랍지 않은가? 그렇게 건강하지 않으면서 왜 앞에 서 있는가? 돈 때문일 수도 있고 정치적인 문제 혹은 단순히 그들이 먼저 거기에 도달했기 때문이라는 우연적인 요인도 있을 것이다. 당신이 집중해야 하는 점은 당신의 영향력이 커질수록 훌륭하고 건강한 리더가 되는 것이다.

전통적으로 어떤 일을 평가받을 때 운영자들은 경험, 학력, 훈련, 업무를 얼마나 잘 수행할 수 있는지와 같은 단단한 기술에 주목하는 경향이 있다. 하지만 수많은 새로운 연구들에 따르면 리더십을 성공적으로 수행하려면 3분의 1의 IQ와 3분의 2의 EQ가 필요하다. 다른 방식으로 표현하자면 다른 사람들을 성공적으로 이끌기 위해서는 감성지능이 IQ와 기술적인 기량을 합한 부분의 두 배를 차지한다는 말이다.

이는 또 다른 강력한 'A' 타입의 리더십 수행을 설명하는 책이 아니다. 당신 마음의 문제를 다루고, 당신이 사람들이 기쁘게 따르는 건강한 리더가 될 수 있도록 돕는다. 성공적이고 하나님께 영광을 돌리는 유산을 남기고 싶은 모든 리더에게 이 책을 적극 추천한다.

한즈 핀젤 박사(Dr. Hans Finzel)
《리더가 저지르기 쉬운 10가지 실수》 저자
www.hansfinzel.com

저자 서문

내(Marcus)가 이 책을 집필하게 된 이유는 스스로 목사로서 절실한 필요를 느꼈기 때문이고, 같은 어려움을 반복해서 겪고 있는 크리스천 단체들을 많이 보았기 때문이다. 이러한 리더십이 겪는 어려움의 대부분은 전략이 없어서라기보다는 어려운 관계나 부정적인 감정들을 다루는 능력의 부재에서 비롯된다. 이 책을 쓰겠다고 마음먹은 순간부터 짐 와일더와 함께해야겠다고 생각했다. 이 책에 실린 리더십 관련 주제는 대부분 짐 와일더에게서 배운 생각과 실천 사항들에서 영감을 얻었다.

만약 기본요소들만 속성으로 배우고 싶다면 두 번째 파트인 "레어 리더십 키우기"부터 읽을 것을 권한다. 만약 이 책이 제시하는 실천 사항들의 철학적 토대와 패러다임을 이해하고 싶다면 처음부터 끝까지 읽기를 바란다. 우리는 많은 경우 한 사람의 재능, 학력, 경험 등을 보고 리더를 세운다. 성숙함에 대해 입에 발린 소리를 많이 하지만 실제로 성숙함을 평가하는 것에 대해 얼마나 알고 있는가? 요점을 말하자면 우리는 다른 사람들이 성장하는 것을 도와주기 위한 확실한 전략을 가지고 있는가? 단순히 좋은 정보를 주고 그들이 한 선택에 대해 책임을 지게 하는 것만으로는 충분하지 않다. 이 책을 통해 사람들이 어떻게 성장하는지, 당신이 어떻게 개인적·공동체적 변화를 경험할 수 있게 되는지에 대한 뚜렷한 길을 제시하고자 한다.

서론

소위 EQ라고 불리는 '감성지능'이라는 단어를 들어보았을 것이다. 이 말에 익숙한 사람이라면 감성지능이 더 나은 리더를 만들고 조직을 건강하게 세우는 데 도움이 된다는 것을 알고 있으리라 생각한다. 하지만 감성지능이 높은 사람들이 낮은 사람들에 비해서 평균적으로 1년에 29,000달러(한화 약 3400만 원)를 더 번다는 사실을 알고 있는가?[1] 이 데이터에서 추론해보건대 이 사람들이 더 많은 돈을 버는 이유는 조직의 목표치를 달성하기 위해 다른 동료들보다 훨씬 더 많은 일을 하기 때문일 것이다.

하지만 수백만 달러의 기업을 이끌고 있건 새로운 교회를 개척하려고 하건 간에 짐 와일더 박사와 마커스 워너 박사가 이 책에 풀어놓은 심도 있는 통찰력의 도움을 받을 수 있을 것이다. 이 책의 요지는 감성지능과 관련된 네 가지 특별한 습관을 통해 당신이 이끌고 있는 사람들의 신뢰, 기쁨 그리고 참여를 놀라울 정도로 향상시킬 수 있다는 것이다.

"아하!" 하는 깨달음의 순간을 통해 당신의 삶, 직업, 리더십을 대하는 방식을 완전히 바꿔 놓은 책들을 읽은 적이 있었을 것이다. 나에게도 그런 변화를 준 책들이 있는데 다음과 같다.

《성공하는 사람들의 7가지 습관》*The Seven Habits of Highly Effective People*
《쏟아지는 일 완벽하게 해내는 법》*Getting Things Done*

《몸과 영혼의 에너지 발전소》*The Power of Full Engagement*

각각의 책을 통해 나는 관점이 완전히 바뀌는 보석 같은 지혜들을 얻을 수 있었다.

이러한 판도를 바꿀 만한 책들과 함께 내가 25년을 넘게 짐 와일더를 알게 된 것은 행운이었다. 짐은 이 책의 영감이 된 획기적인 '인생모델'의 공동 개발자다. 또 《예수님 마음 담기》*Living from the Heart Jesus Gave You*라는 책의 공동 저자이다. 이 책은 100,000부 이상이 팔렸고 11개국의 언어로 번역되었다. 그는 관계적 기술을 통해서 얻을 수 있는 기쁨을 전파하기 위해 전 세계를 돌아다니며 리더들을 가르쳐왔다. 그리고 내 삶과 리더십에 대한 생각도 바꿔놓았다.

짐 와일더 박사와 마커스 워너 박사가 이 책에서 묘사하는 네 가지 특별한 습관은 나의 가족과 직업, 내가 이끌고 있는 팀에도 엄청난 영향을 끼쳤다. 이 책에서 와일더 박사와 워너 박사는 리더들, 교회와 함께 일했던 경험과 성경적 통찰력, 최근 대두된 뇌과학 연구를 결합시켜 'RARE' 리더가 되는 것이 무엇인지에 대해 탐구한다. 간단하게 소개하자면 다음과 같다.

관계성을 유지하라 Remain Relational

나는 매우 일 중심적인 성향으로 판매업을 시작했다. 나처럼 일 중심적인 회계사나 변호사에게 물건을 판매하는 것은 쉬웠다. 오히려 관계 중심적인 사람들을 상대로 판매하는 것이 훨씬 더 어려웠다. 이를 위해 나는 이야기 만들어내는 방법을 배워야만 했다. 특히 판매할 때 써먹기 위해 내가 골프를 치다가 겪었던 이야기를 연습했던 기억이 난다. **관계가 문제보다 훨씬 더 중요하다**는 생각이 내 안에 자리 잡기까지 많은 시간이 걸렸고 사실은 아직도 완전하게 정착하지는 못했다. 만약 당신이 나처럼 일 중심의 사람이라면 문제를 해결하는 것으로 인정을 받아왔을 것이다. 일 중심의 사람들은 어떤 결과를 얻기 위해 장애물을 넘어야 한다는 개념은 쉽게 이해한다. 하지만 조직의 사명을 더 멀리, 더 깊이 만드는 동시에 그 용량을 키워나갈 수 있도록 깊고 지속적인 문화를 선도하는 것은 힘든 일이다. 우리 중 일부에게 이것은 마치 외국어처럼 들릴 수도 있다.

하지만 여기에서 '생산능력 VS 생산'이라는 개념에 대해 스티븐 코비 (Stephen Covey)가 한 말을 여전히 생생하게 기억하고 있다. 수용할 수 있는 용량을 무시한 채 생산에 집중하면 뛰어난 단기적 결과를 얻을 수 있다. 하지만 장기적 결과는 용량을 늘리는 데 투자했을 때 비로소 얻을 수 있는 것이다. 만약 관계가 기쁨의 근간이라면, 기쁨이 높은 성장을 이루는 팀의 추진력이라면, 관계성을 유지하는 법을 배우는 것이야말로 수행 능력이 뛰어난 팀을 창조하고 건강한 교회와 조직을 세우는 중요한 요인이라고 할 수 있다.

자신답게 행동하라 Act Like Yourself

절제하지 못할 정도로 분노를 폭발해 팀의 실적을 올리는 경우를 본 적이 있는가? 나는 한 번도 본 적이 없다. 절제하지 못한 분노는 언제나 조직을 파괴할 뿐이다.

나는 화를 잘 낼 수밖에 없는 환경에서 자랐다. 나는 흥분을 잘하는 외향적인 사람이고, 원체 흥이 넘치는 이탈리아 혈통임을 자랑스럽게 생각한다. 이러한 성향을 가진 사람들을 주로 과잉 감정(effusiveness)으로 많이들 연관 짓는데 여기에는 분노도 포함되어 있다. 수년 전 짐 와일더는 나에게 "나답게 행동하기"라는 개념을 가르쳐주었다. 와일더는 내가 강하고 불쾌한 감정을 대면했을 때 스스로에게 던질 수 있는 여러 가지 질문들을 제안했는데 이것이 그중 하나였다. 내가 어떤 감정을 느꼈을 때 나나 내 사람들이 자신답게 행동한다는 것은 무엇일까? 다른 말로 표현하자면 **하나님께서 만든 나라는 사람은 어떻게 행동할까? 예수님이라면 어떻게 하셨을까? 하나님의 사람들이 최고의 모습으로 기능할 때 어떻게 행동할까?**라는 질문이었다. 짐은 언젠가 예수님께서 몹시 화를 내심으로 누군가를 치유하시는 예시를 보여주었다. 내가 배운 것 중에 강렬하게 남아 있는 한 가지 사실은 내가 최고로 나다울 때 내 분노로부터 다른 사람들을 보호할 수 있다는 것이었다.

리더가 자기답게 행동하지 못해서 사기가 급격히 떨어지고 결국 매우 유능한 직원들을 잃어버리는 결과를 초래하는 상황을 많이 접했다. 이러한 리더들은 사실 좋은 자질을 많이 지니고 있다. 매력적이고 함께 있으면 즐겁고 그 자리에 딱 맞는 재능과 높은 지적 수준을 가진 사람들을 채용할 수 있는 능력도 있을 수 있다. 하지만 이러한 리더들도 뭔가 자신을 자극하는 순간들을 경험한다. 어떤 사람은 분노가 폭발해서 자신의 매력적이고 재미있고 관계적인 본 모습을 완전히 가려 버리는 경험을 할 수도 있다. 이러한 순간이 되면 그의 분노로부터 다른 사람들을 보호하지 못하게 된다. 어떤 사람은 분노에 못 이겨 유능한 팀원을 해고시키기도 한다. 또 어떤 리더는 팀원들을 너무 닦달해서 그들의 일 처리 능력을 떨어뜨리게 만든다. (이러한 현상은 《멀티플라이어: 어떻게 사람들의 역량을 최고로 끌어내는가》에 잘 기록

되어 있다.) 어떤 리더들은 종종 장황한 비난으로 두렵고 불안한 분위기를 조성하여 직원들의 사기를 잃게 만들기도 한다.

기쁨을 회복하라 Return to Joy

기쁨이 궁극적인 추진력이고 동기부여의 가장 순수하고 강력한 원천이라는 것을 깨닫는다면 당신과 당신의 팀의 엄청난 잠재력을 깨울 수 있을 것이다. 스스로 잠시 되돌아보라. 뇌라는 하드웨어에 내장되어 있는 여섯 가지 불쾌한 감정들 즉 두려움, 분노, 역겨움, 수치심, 슬픔, 절망 중 하나에 빠져 있을 때 당신은 얼마나 생산적인가? 뛰어난 운동선수는 빨리 회복하기 때문에 성공한다. 리더십도 마찬가지다. 잘 훈련된 뇌는 90초 안에 기쁨을 회복할 수 있다. 덜 훈련된 뇌는 기쁨을 회복하는 데 몇 시간, 며칠, 심지어 몇 주가 걸리기도 한다. 당신과 당신이 이끌고 있는 사람들이 소위 '큰 여섯 가지 감정'(big six) 중 하나 혹은 더 많은 감정에 빠져 있는 동안 얼마나 많은 창조성과 생산성이 매몰되겠는가? (RARE 용어와 개념에 대한 설명은 336쪽을 참조하라.)

고난을 잘 견뎌라 Endure Hardship

어떤 면에서 이것은 처음 딱 보면 고도의 성취주의자들 혹은 투쟁과 희생에 대한 성경적 언어를 배운 교회 지도자들에게 가장 쉬운 훈련으로 보일 수 있다. 우리는 "고통 없이 얻을 수 있는 것은 없다"라는 말을 잘 알고 있다. 하지만 고난을 견디라는 이 사상은 이보다 훨씬 깊은 차원의 문제이다.

짐 와일더는 이를 고난을 잘 견디는 법을 배우는 것이라고 말한다. 우리는 고난을 겪게 될 것이다. 우리 주님도 고난을 받으셨다. 고난 중에서도 어떻게 관계를 우선시하면서 하나님이 만드신 형상대로 우리답게 행동할 수 있을까? 이것을 배우지 못하면 우리는 고난을 회피하거나 우리가 속한 팀에도 그 고난을 전염시키게 될 것이다. 어떤 면에서 이는 '더 큰 사람'이 되는 것을 포함한다. 자아도취증에 빠진 리더는 "고난을 당해도 나만 아니면 돼" 하면서 팀에게 고난을 넘겨버린다. 반면 RARE 리더는 "누군가 고난을 당해야 한다면 그 사람이 나일 수도 있을까? 나는 고난을 잘 이겨낼 수 있어. 어떻게 해야 하는지 알아. 우리 팀에게 모범이 될 수 있을 거야"라고 반응한다. 이런 RARE 리더들은 고난 중에 있는 팀원들과 동행할 수 있다.

이 책을 읽어 나가면서 "아하" 하고 깨달으며 "맞아, 이거 정말 말이 되는군. 이게 사실이라는 걸 알고는 있었지만 콕 집어 말할 수는 없었지." 하고 말하는 순간들을 맞이하기를 바란다.

바라건대 당신도 이 특별한 네 가지 습관을 개발해서 당신과 가정 그리고 당신이 속해 있는 조직과 앞으로 이어질 세대에 축복으로 임하기를 기도드린다.

짐 마티니 (Jim Martini)
인생모델 (Life Model Works) CEO

CHAPTER 01

기쁨의 속도로 달리는
리더십

RARE
Leadership

Leadership at the Speed of Joy

성경의 지혜,
뇌과학의 발견

리더십을 공부해본 적 있다면 인간관계와 감성지능Emotional intel-
ligence의 중요성을 알고 있을 것이다. 또 성공적인 리더의 행동양식
을 보여주는 다양한 사례 연구들을 읽어본 적 있을 것이다. 하지만
리더십 기술이, 관리 기술이나 학문을 연구하는 것과는 다른 방법
으로, 뇌의 여러 부분에서 학습된다는 사실을 아는 이는 많지 않을
것이다. 이는 최근 뇌과학 연구가 활발히 이루어지면서 생긴 변화다.
이제 우리는 리더가 팀원들의 온전한 참여를 이끌어내고 재생 가능
한 동기부여의 원천으로부터 지속적으로 충전할 수 있게 도와주는
고차원적인 감성지능을 개발하기 위해 어떻게 하면 강력한 뇌 체계
를 훈련시킬 수 있는지 알아냈다.

이 책에서 우리는 두 가지 방법으로 당신을 돕고자 한다. 첫 번째로 리더십 기술을 학습하고 분배하는 '패스트 트랙'fast-track 뇌 구조를 이해하도록 도울 것이다. 두 번째로는 성공적인 리더의 네 가지 핵심 습관을 사용하여 뇌 속의 리더십 시스템을 훈련하도록 도울 것이다. 이 네 가지 습관은 당신의 감성지능을 솟구치게 해줄 것이다. 서론에서 봤듯이, 이 네 가지 습관은 'RARE'라는 단어로 쉽게 기억할 수 있다.

관계성을 유지하라	**R**emain Relational
자신답게 행동하라	**A**ct Like Yourself
기쁨을 회복하라	**R**eturn to Joy
고난을 잘 견뎌라	**E**ndure Hardship Well

리더, 사업가, 목사, 팀장 그리고 영향력을 끼치는 사람들 중 많은 이들이 리더십 훈련을 한 번도 받아본 적이 없다. 그렇기 때문에 무언가를 관리하는 것을 리더십으로 잘못 이해하고 있는 경우가 많다. 관리는 업무를 효율적으로 성취해내는 것이고, 리더십이란 중요한 것에 대해 그룹의 온전한 참여를 이끌어내고 유지하는 것을 의미한다. 우리가 닮고 싶어 하는 RARE 리더는 이것을 잘 하기 때문에 우리에게 영감을 준다. 이제 이러한 리더십이 어떻게 작용하는지 살펴보자.

조직하는 기술 vs. 사람을 대하는 기술

크리스 쇼 Chris Shaw 박사는 남미 전역의 리더와 목사들을 30년 넘게 훈련해왔다. 두 권의 묵상집을 냈고 홈페이지에 매일 올리는 묵상은 하루에 6천 명 이상 접속해 읽고 있다. 쇼 박사는 185,000명이 구독하고 있는, 리더들을 위한 리더십 잡지의 편집자이기도 하다.

> '리드'라는 용어는 사람을 대하는 기술이 아닌 조직을 경영하는 기술을 의미하게 되었다.

그는 풀러 신학대학교에서 리더십 개발로 박사 학위를 받았으며 「신학적 연구를 통한 리더십 형성을 위해 필요한 교육 철학」A Philosophy of Education for Leadership Formation through Theological Studies이라는 논문을 썼다. 또한 '크리스천 형성과 제자도'라는 주제로 석사 학위를 받았다. 그는 부에노스아이레스 성경 연구원에서 정교수로 일했고 이 일을 하는 과정에서 국제적인 컨퍼런스에 참석하면서 목사들의 주목을 받기 시작했다.

우리는 크리스에게 그가 관찰한 리더십에 대해 물었다. 크리스는 즉시 리더십을 관리 기술로 잘못 이해함으로써 생기는 문제점들에 대해 다음과 같이 말했다.

우리가 알고 있는 리더십은 관리 모델에 지나치게 영향을 받아와서 '이끌다'라는 말은 사람을 대하는 기술이 아닌 조직을 경영하는 기술을 의미하게 되었다.

크리스가 박사 과정에서 배우지 못한 것은 리더십 기술이 학습되는 방법이었다. 우리의 뇌는 관계지향적 리더십 기술에는 '패스트 트랙'fast-track 처리 과정을 사용하는 반면, 관리 기술에는 완전히 다른 '슬로우 트랙'slow-track을 사용한다. 패스트 트랙은 의식적 사고 수준보다 더 빠른 속도로 작동하고 주로 관계적 현실을 지배한다. 슬로우 트랙은 우리가 의식적으로 알아채는 것을 의미한다. 결과를 모니터하고 우리가 직면하는 문제의 해석과 해결책을 제시한다. (이것이 다소 어려운 개념이라는 것을 안다. 그래서 이 장의 끝부분에 이에 대한 더 자세한 해설을 붙여 놓았다.¹ 지금은 우선 이 두 가지 학습 과정이 매우 중요하다는 사실만 이해하고 넘어가자.)

하지만 리더십 기술을 학습하는 방법보다는 그 대상이 더 중요하다. 즉 우리 조직과 실제 구성원들에게 미치는 영향력이 중요하다는 말이다. 크리스는 이 사실이 목사와 교회에 미치는 영향을 목격했다. 그는 다음과 같이 말한다.

… 그러나 천국은 조직이나 프로젝트나 심지어 사역에 대한 것이 아니다. 천국은 사람이 중심이다. 천국의 언어로 말하자면 리더십은 우리와 동행하는 사람들이 그리스도 안에서 자신의 잠재력을 최고로 끌어올릴 수 있도록 '사람 기술'을 개발하는 것을 말한다. 이것은 오늘날 많은 교회 지도자들 사이에서 보기 힘든 모습이다. 교회가 사람들을 위한 것임에도 불구하고 많은 목사들은 한심할 정도로 사람 기술이 부족하고 심

지어 프로그램화된 회의가 아닌 상황에서 다른 사람들과 함께 있는 것조차 불편해하기도 한다. 많은 목사들에게 리더십은 단상에 서서 마이크를 잡고 설교를 하는 것만을 의미하는 듯하다.

크리스는 부에노스아이레스의 빈민가에서 활발하게 회중을 세우고 있는 한 교회에서 부교역자로 일하면서 사역을 시작했다. 이러한 상황에서 크리스는 젊은 리더들을 훈련시키기 시작했고 현재까지도 그 사역을 감당하고 있다. 그는 곧 강의, 수업, 성경공부도 필요하지만 뭔가가 빠져 있다는 사실을 깨달았다.

목회 초기에 나는 교인들이 공동체에 속해 있으면서도 얼마나 쉽게 뼈저린 외로움을 경험할 수 있는지 알게 되었다. 이 외로움은 우리가 신앙의 공동체라고 부르는 많은 회중이 사실은 매주 규칙적인 시간에 같은 건물 안에서 만나는 사람들의 모임일 뿐이라는 사실을 지적하는 듯했다. 자신들이 리더에게 이용되고 있다고 (혹은 버림받았다고) 느끼는 수많은 크리스천들을 만나면서 다른 리더십 모델을 찾아야겠다는 생각이 강하게 들었다. 많은 리더들이 한 사람 한 사람에 대한 진정한 관심은 없었고 자신의 개인적 프로젝트에 부합하거나 혹은 발전시키는 데 필요한 부분 외에는 관심을 보이지 않았다. 나는 목사로서 환멸을 느끼고 있는 수십 명의 그리스도인들을 상담했고 이를 계기로 리더십 훈련 방법의 대안을 탐구해야겠다는 생각이 확고해졌다.

나는 학생으로서 (후에는 교수진 중 한 명으로서) 많은 교수들이 얼마나 학생들의 삶에 무관심한지를 목도하고 실망했다. 심지어 학생들의 이름조차 모르는 교수들도 있었다. 자신의 강의자료를 끝내는 데 모든 초점이 맞춰져 있는 것 같았다. 내가 교수로 일하기 시작했을 때 나는 단순히 강의를 하는 사람이 아니라 학생들에게 목자와 같은 역할을 하고 싶었다.

많은 사람이 내 강연의 성공이나 실패 여부를, 주어진 행사에서 내가 얼마나 많은 사람을 끌어들이는지에 따라 평가할 수도 있다. 내가 남미 전역을 돌아다니면서 가장 자주 듣는 말은 내 발표나 책을 통해 자신들이 얼마나 큰 은혜를 받았는지에 대한 것이었다. 그러는 동안 내 안에 생긴 가장 큰 변화는 내가 수년간 일하면서 가졌던 개념, 즉 '리더는 그들의 행동보다 그들의 존재를 통해 영향력을 끼친다'라는 사상이 확고해진 것이다. 근래에는 행사에 참여할 때 형식적인 시간보다 격식 없는 자리에 훨씬 더 많은 가치를 두고 있다. 그런 시간에 개인적인 차원에서 사람들과 상호작용할 수 있는 소중한 기회를 더 얻을 수 있기 때문이다.

개인적인 차원에서 사람들과 상호작용할 때 일어나는 신비한 일은 무엇인가? 어떤 원리로 작용하는가? 누가 당신에게 리더십을 가르쳐주었으며 누구에게서 당신이 이끌고 있는 팀을 위해 리더십을 개발하는 방법을 배웠는가? 어떻게 하면 더 효과적인 리더가 될 수 있을까? 우리는 RARE 리더들이 이끄는 팀에 들어가고 싶어 하고 그들의 스타일을 따라 하고 싶어 하지만 그들은 우리가 온전하게 이해할 수 없는 방식으로 팀을 이끌어 나간다. RARE 리더들은 신뢰, 기쁨, 팀원들의 참여를 만들어내는 긍정적인 관계지향성 습관을 강하게 형성하고 있음을 알 수 있다. 크리스는 자신이 성장하는 데 관계가 중요한 역할을 했음을 직관적으로 분별할 수 있었다. (사실, 직관 또한 패스트 트랙으로 진행되는 뇌의 처리 능력이다. 이것을 직관이라고 부르는 이유는 우리가 의식적으로 우리의 뇌가 이해하고 있다는 사실을 인지하기 전에 우리의 마음이 먼저 상황을 파악하기 때문이다.)

크리스의 경우, 그의 리더십은 어떤 작은 가정 교회에 초대되어 갔을 때부터 성장하기 시작했다. 크리스는 이 관계지향적인 환경에서 리더십을 발전시킬 수 있는 훌륭한 영감과 격려를 얻을 수 있었다. 때가 되어, 그들은 리더십 잡지를 발행하고 여러 곳을 다니며 목사들을 가르쳤으며 작은 출판사도 경영하게 되었다. 나Jim도 이들의 국제 훈련 사역의 일원으로 세계를 돌아다니며 강의를 하기 시작했다. 그즈음 그들이 출판한 리더십 잡지를 구독하는 목사의 수가 6만 명을 넘어섰다.

바로 그때 사건이 일어났다. 그 사건으로 인해 조직의 사기가 곤두박질치며 엄청난 충격을 받았다. 이 충격으로 팀을 이끌어가야 했던 크리스에게 불신과 기쁨의 상실, 산산조각 난 사역만이 남게 되었다.

이런 순간이 RARE 리더십이 간절히 필요한 때이다. 크리스는 다음과 같이 말한다.

이후 3년 동안 나는 사역을 안정시키고 이 위기로 촉발된 충격으로부터 팀원들이 회복할 수 있도록 돕는 데 초점을 맞추었다. 우리는 무너진 조직을 재건하고 사역의 초점을 새롭게 하는 중대한 과정을 시작했다. 빠르게 변화하는 세상에서 지속적으로 리더십 개발을 위한 효과적인 도구가 되도록 하기 위해서였다.

왜 이렇게 리더십의 실패를 겪게 되는 것인가? 이 시점에서 우리의 이해를 도울 만한 두 가지 관찰을 해볼 수 있다. 첫 번째로 그 팀은 필요한 모든 정보, 교육, 경험을 가지고 있었다. 나에게 여러 번 '인생모델'(이 책의 기획 골자가 된 개념으로, 350쪽과 용어 설명에서 자세히 설명했다)에 대해 배우고 설명을 들었다. 하지만 이 모든 정보가 리더십과 팀을 인도할 때 쓰는 뇌의 패스트 트랙 시스템이 아닌 관리를 하는 데 쓰이는 뇌의 슬로우 트랙 시스템으로 학습되었던 것이다.

우리는 어떤 사상을 이해하는 것만으로 그들의 삶에서 그 사상이 현실에 적용될 것이라 믿는 리더들을 목격해왔다. 많은 경우, 몇 년간 이룬 성공이 중요한 결함을 보지 못하게 만든다. 이렇게 숨겨진 결함은 우리의 두 번째 관찰로 이어진다. 크리스가 교수법, 학회, 상담, 출판물을 통해 배우고 전파한 일반적인 사역 리더십 모델은 리더들의 삶 속에서 꼭 필요한 기쁨의 중요성을 간과하고 있었다. 대부분의 경우 기쁨은 하나님과 다른 사람들과의 관계에서 생기는 큰 즐거움이다. 하나님, 말씀 그리고 다른 이들에게 신실한 것은 중요하게 여기는 반면에 친교와 가정에서 비롯되는 사랑의 기쁨은 뒷자리로 밀려났다. 기쁨의 레벨이 떨어지는 것은 건기가 숲에 영향을 미치는 것과 같은 위기를 초래한다. 많은 리더십에서 나타나는 실패는 팀, 결혼, 가정에서 기쁨의 수준이 떨어지는 것에서 그 원인을 찾을 수 있다. 기쁨이 떨어지면 위험 경고를 눈치 채기도 전에 심각한 수준에 도달한다. RARE 리더십은 기쁨으로 그 힘을 얻는다. (이 책 뒷부분에 '기쁨의 레벨'을 모니터할 수 있는 방법을 설명해놓았다.)[2]

우리는 성경과 뇌과학을 연구하면서 우리 영혼의 가장 깊은 곳에서부터 생성되는 평안의 감정인 기쁨이 우선적으로 관계지향적인 것을 알게 되었다. 인간의 뇌에서 기쁨은 항상 관계지향적인 경험에서 나온다. 우리가 정원을 가꾸는 일도, 책에 흠뻑 빠져 독서를 하며 보내는 혼자만의 시간도 관계적인 경험이라고 할 수 있다. 이와 관련된 이야기는 나중에 더 나누도록 하겠다.[3]

리더십은 기쁨의 속도로 달린다고 말할 수 있다. 기쁨의 레벨은 적어도 다음 세 가지 요인으로 인해 그 중요성을 알 수 있다.

1. 뇌의 패스트 트랙은 기쁨으로 학습하기 위해 동기를 얻는다.
2. 감성지능과 관계적 기술을 가진 사람들은 언제나 주위에 기쁨을 생성한다.

3. 리더십 기술은 기쁨이 없이는 다른 사람에게 전달되지 않는다.

기쁨을 무시하는 리더십은 리더십이 아닌 관리로 빠르게 변질된다. 리더가 되는 많은 사람은 조직 내에서 효과적으로 일을 처리하기 때문에 그 자리에 있게 된다. 다른 사람들보다 더 많은 일을 하거나 일을 더 잘 해낸다. 그들은 보통 업무 생산성을 향상시키는 것과 리더십을 구분하지 않는다. 리더들이 점점 늘어나는 업무를 관리하고 더 나은 생산성, 목표, 그 결과물에 에너지를 쏟을 때에 그들의 삶, 가정 그리고 자신이 이끄는 팀 내의 기쁨의 레벨은 간과하게 된다.

'어떻게 우리의 기쁨 수준이 낮아지는가'에 대한 논의는 이 책의 뒷부분⁴에서 훌륭한 리더들의 네 가지 RARE 습관을 살펴볼 때 더 자세하게 다룰 예정이다. 기쁨이 낮은 레벨로 떨어지는 것은 우리가 불쾌한 감정들을 어떻게 관계적으로 다루는지에 대한 훈련 전략이 실패한 것과 연관되어 있다. 크리스는 이에 대해 다음과 같이 말한다.

'인생모델'을 통해 내가 배운 개념들은 내가 수년 동안 찾아왔던 답들을 제시했다. 내가 배워온 모든 패스트 트랙 기술은 지난 수십 년간 내 사역에서 하나님께서 강조하고 계셨던 우선순위에 비춰봤을 때 너무나 타당한 것이었다. 만약 천국이 사람 중심이라면 우리는 좋을 때나 어려울 때나 관계 안에 거하는 방법을 배우는 일에 탁월해야 하고 잘 가르쳐야 한다. 그렇다면 우리에게 주신 리더십의 소명은 우리가 매순간 우리 삶에서 맞닥뜨리는 어려움 속에서 하나님과 우리의 관계가 뚜렷하게 보이기 위해 노력하면서, 사람들과 동행하는 소명을 이루는 것이라 할 수 있다.

RARE 리더의 네 가지 습관

앞서 봤듯이, 이 책의 대지는 문제 해결과 결과지상주의에 치우쳐 있는 일반 리더들common leaders과 달리 위대한 리더들이 형성하는 네 가지 특별한 습관이 있다는 것이다. 이 네 가지 습관은 모두 뇌의 패스트 트랙, 즉 관계지향적 리더십과 관련이 있다.

R-관계성을 유지하라 Remain Relational 평범한 리더들은 문제에 초점을 맞춘다. 그들은 결과를 얻고 문제를 해결하지 못할 것에 대한 두려움에서 동기를 얻는다. 그 결과, 관계보다는 결과와 해결책에 집중한다. 이러한 현상은 리더들을 고독하게 하고, 일에 압도당하게 하며 사실상 그들의 속도가 지속되지 않을 것이라고 확신하는 뇌의 동기부여 시스템에 의해 작동하게 된다. RARE 리더들은 우리가 곧 살펴볼 완전히 다른 뇌 시스템으로 일할 수 있도록 스스로를 훈련시켜왔다. 이 대안적인 뇌 시스템과 이것이 구축하는 습관들은 그들이 마주하는 문제보다 관계를 더 크게 볼 수 있도록 도와준다.

A-자신답게 행동하라 Act Like Yourself 한 사람의 리더로서, 내가 나

답게 행동하는 방법을 모른다면 사람들은 나에게서 무엇을 기대해야 할지 모르게 된다. 사람들은 내가 언제 화를 내고 기분이 나빠질지 또 언제 불안하고 기분이 좋을지 알 방도가 없다. 그래서 리더의 감정 기복을 살피면서 그 리더 주위를 살얼음 걷듯이 맴돌게 된다. RARE 리더는 긍정적인 정체성 중심부에 뿌리내린 일관성 있는 성정을 가지고 있어서 내가 어떤 감정에 대면하고 있든 여전히 나 자신답게 행동할 수 있다는 사실을 사람들이 알게 된다.

R – 기쁨을 회복하라 Return to Joy 지속적인 동기부여를 생성하는 데 있어 가장 중요한 요인은 다양한 부정적인 감정으로부터 기쁨을 회복하는 리더의 능력일 것이다. 수치심, 분노, 두려움, 절망과 같은 부정적인 감정을 경험하지만 빠른 속도로 회복하고 다른 사람들도 회복할 수도 있도록 돕는 기술을 가진 리더라면 당면한 문제들에 쉽게 압도되지 않는다. 이러한 감정들을 대면하고 다 함께 회복하는 법을 배우는 그룹은 어떤 문제에도 대면할 수 있는 힘을 키우게 된다.

E – 고난을 잘 견뎌라 Endure Hardship Well 어떤 면에서 이 습관은 모든 과정의 최종 목표일 수 있다. 고난을 잘 견뎌내는 법을 배우는 리더는 흔치 않다. 대부분은 고난을 피하기 위해 뭐든지 한다. 우리가 고난에 대처하는 역량은 유아기, 아동기, 성인기, 부모기, 노년기의 성숙으로 생각해볼 수 있다. 마치 부모가 아이들보다는 고난을 잘 견뎌낼수 있듯이, 정서적으로 성숙한 리더는 기능적으로 (감정적인 차원에서)

아직 어린아이인 사람보다 훨씬 더 많은 것들을 처리할 수 있다.

뇌의 패스트 트랙 시스템

슬로우 트랙 시스템
- 관리 시스템
- 느린 뇌 처리기(5Hz)
- 의식적 속도
- 좌뇌 강세
- 마스터 시스템을 따름
  - 관리 전략
  - 장기 계획
  - 결과를 최적화

패스트 트랙 시스템
- 마스터 시스템
- 빠른 뇌 처리기(6Hz)
- 초의식적 속도
- 우뇌 강세
- 정체성 유지
  - 개인
  - 그룹
- 동기부여 제공
  - 개인
  - 그룹
- 참여를 최적화

뇌의 두 가지 시스템은 종종 '좌뇌'와 '우뇌'로 지나치게 단순하게 이분화된다. 좌뇌는 슬로우 트랙이 우세하다. **슬로우 트랙**은 의식적인 사고를 사용함으로써 좀 더 천천히 작용하고 우리는 이것을 의식적으로 알아차릴 수 있다. 슬로우 트랙은 관리하는 데 최적화되어 있다. 슬로우 트랙의 가장 주요한 기능은 결과를 모니터하고 우리가 직면하는 문제를 해석하고 해결책을 제시하는 것이다. 그래서 슬로우 트랙은 리더십 개발에서 더 많은 관심을 받는다. 하지만 우리가 의식적으로 하는 생각보다 더 빠르게 작용하는 뇌의 시스템이 있다는 것을 알고 있는가? 우리는 그것을 **패스트 트랙** 혹은 마스터 시스템 Master System이라고 부른다. 사람들은 우리가 의식적으로는 설명할 수 없는 무엇이 뇌에서 일어나고 있음을 알고 있었다. 많은 사람이 이러한 활동을 우리의 의식 내에서 찾아왔지만 이제서야 이 활동이 의식을 초월하여 작용하고 있음을 발견했다. 이 초의식적인 행동은 우리가 의식적으로 따라갈 수 있는 것보다 훨씬 빠르게 진행된다. 패스트 트랙의 주요 임무는 관계적 현실을 다루는 것이다. 내가 다른 것들을 생각하기 전에 '**나는 이 세상에서 누구인가**'가 명확해야 한다. 패스트 트랙 시스템은 우리의 감정을 제어하고 우리가 누구인지, 우리의 사람들이 누구인지, 우리답게 행동하는 것이 무엇인지(즉 하나님께서 우리에게 주신 모습답게 행동하는 것이 어떤 것인지)를 기억하게 한다. 다시 말해, 이것은 우리 정체성의 중심부다. 패스트 트랙은 다음과 관련된 기능을 조절한다.

- 정체성
- 동기부여
- 감정 조절
- 집중력

- 관계적 기술
- 돌봄
- 양심
- 가치

보통 학교 수업시간에 사용되는 언어의 이해 과정은 패스트 트랙 처리 과정에 비해 속도가 너무 느리기 때문에 패스트 트랙은 이에 집중하지 않는다. 말은 슬로우 트랙이 관장하는 일이다. 패스트 트랙은 사람들이 무엇을 하는지 관찰한다. 그래서 우리는 어떤 사람을 볼 때 그 사람에 대해 생각하기도 전에 그 사람이 있다는 것과 무엇을 하고 있는지를 인지한다. 인지가 먼저 일어나는 것은 그것이 패스트 트랙 활동이기 때문이다. 슬로우 트랙과 패스트 트랙의 또 다른 차이점의 예는 일상에서 일어나는 논리와 안면 인식 이 두 가지 일을 비교함으로써 알아볼 수 있다. 이 두 가지 모두 학교 수업에서 한 번쯤 다루는 내용이라 대부분 익숙할 것이다. 다음 공식과 이미지를 보자.

논리

$$X=(25-3)(3^2+1)+5$$

얼굴 인식

　오른쪽 사진을 보고 당신은 '이 문제를 어떻게 해결해야 하지?'라고 생각하지 않았을 것이다. 뇌 손상이 있는 사람을 제외하고 우리는 이 사진이 얼굴이라는 것을 바로 '알 수 있다.' 바로 지금 당신의 패스트 트랙이 작동해서 슬로우 트랙이 인식하기도 전에 이미 그 사진이 얼굴이라는 것을 '알고 있었던' 것이다. 왼쪽에 있는 수학 공식은 당신의 슬로우 트랙으로 보내져 X가 25라는 사실을 발견하게 되는 데 훨씬 더 많은 시간이 걸린다. 당신이 이 두 가지 일을 컴퓨터에게 가르쳐본다면 얼굴을 인식하는 것이 사실은 훨씬 복잡한 일임을 깨닫게 될 것이다.

패스트 트랙과 관계

일반적으로 우리의 의식보다 더 빨리 진행되는 것을 '자동적'인 것으로 분류한다. 하지만 살아 있는 시스템에서 자동적으로 일어나는 일은 없다. 우리가 '자동적'이라고 말하는 것은 의식적 정신보다 더 빠르게 처리되는 학습된 과정으로, 그 과정이 진행되고 있다는 것을 인지하기도 전에 끝나버리는 것을 의미한다. 이 과정은 의식보다 더 빠르게 일어나기 때문에 우리는 그것을 배웠다고 기억하지 못하지만 분명히 우리는 이러한 과정을 배워왔다!

우리가 '자동적으로' 일어난다고 일반적으로 추정하는 것은 어떤 것들인가? 우리의 정체성, 동기, 감정 조절, 집중력, 관계, 다른 이들을 돌보는 것, 양심, 가치는 우리가 잠에서 깨면 저절로 나타날 것이라고 예상하는 것들이다. 이들은 마음의 마스터 과정master process으로, 의식적인 사고보다 더 빨리 처리된다. 우리는 이 집합체를 우리의 **정체성** 혹은 **감정적** 혹은 **관계적 능력**이라 부를 수 있다.

위에 나열한 기능들을 봤을 때 꽤 많은 기술들이 패스트 트랙으로 작용한다는 것을 알 수 있다. 우리가 이러한 기술들을 배운 것을 의식적으로 기억하지 못하기 때문에 어떤 기술을 학습했고 어떤 기술을 가지고 있지 않은지 알 수는 없다.

주위를 둘러보면 모든 사람이 분노를 다루는 기술이나 관계적 지능을 똑같이 가지고 있지 않다는 것을 알게 된다. 일반적으로 남들도 내가 가지고 있는 똑같은 기술을 가지고 있다고 추측한다. 하지만 우리는 무엇을 배웠는가? 우리에게는 어떤 기술이 없는가? 우리가 이끌고 있는 사람들은 어떤 기술을 가지고 있는가? 어떻게 감성지능을 발달시킬 수 있을까? 리더는 패스트 트랙에 있어서 두 배의 과업을 감당해야 한다. RARE 리더들은 이러한 '자동적으로' 나오는 기술들이 자신 안에서도 잘 작동될 뿐 아니라 이러한 기술들이 팀원들 안에서도 개발되도록 한다. 이것이 한 그룹의 정체성의 핵심이 된다.

우리는 앞서 '살아 있는 시스템에서는 자동적으로 일어나는 일은 없다'라는 논제로 시작했다. 하지만 이미 뇌에 '깔려 있어' 거의 자동적으로 일어나는 일이 한 가지 있다. 슬로우 트랙이 시스템에 연결되어 자동적으로 패스트 트랙을 따라가는 것이다. 만약 리더가 자신과 팀을 위해 패스트 트랙의 관계적인 부분을 제대로 사용한다면 관리적 사고는 자동적으로 따라오게 되어 있다. 리더십과 관리능력을 한 번에 얻게 되는 것이다. 이는 운전을 할 때 두 앞바퀴가 함께 움직이는 원리와 같다. 관리 시스템을 구축하는 것에 초점을 맞추면 리더십은 우연에 의존하게 된다. 반면 리더십 시스템을 구축하는 데 집중하면 항상 관리적인 부분은 향상된다. 이것이야 말로 자동적으로 일어난다.

패스트 트랙이 뇌에서 어떻게 작용하는가

뇌에서 패스트 트랙과 슬로우 트랙은 모두 습관을 형성한다. 좋은 리더가 되려면 패스트(리더십)와 슬로우(관리) 시스템 둘 다에서 형성되는 다양한 좋은 습관을 가지고 있어야 한다. 습관은 뇌의 백색질에 상주하는데 이 백색질은 회색질보다 200배나 빠르게 작용한다는 점에서 위력이 있다.

빠르게 - 더 빠르게 - 가장 빠르게

우리가 '슬로우 트랙'이라고 부르는 의식적 사고는 사실은 꽤 빠르게 작동한다. 1초에 다섯 번 정도 새로운 상태로 스스로 업데이트 한다. '패스트 트랙'이라는 정체성 처리 과정은 이보다도 더 빠르게 작용하는데 1초당 여섯 번 업데이트를 한다. 하지만 이것은 모두 회색질의 속도를 말하는 것이다. 회색질은 매우 유연하고 새로운 현실과 길을 파악한다. 하지만 난관에 빠지는 것을 막기 위해 뇌는 익숙한 상황에 대응할 수 있도록 미리 포장해둔 반응이라고 할 수 있는 '습관'을 형성한다. 습관이 자라는 데는 한 달 이상 시간이 걸리는데 이는 뇌가 습관 신경을 백색 절연체white insulation로 감싸는 데 시간이 걸리기 때문이다. 일단 습관이 적절하게 유지되면 이 덩어리는 회색질의 200배나 빠른 속도로 작용한다. 다시 말해 습관이 가장 빠르게 작동한다고 말할 수 있다.

뇌 그 자체만 보면 겉은 가장 유연한 역할을 하는 회색질로 덮여 있고 그 안에는 백질이 서로 복잡하게 교차 접속하는 모습을 볼 수 있다. 이렇게 가장 빠르게 진행되는 연결은 뇌의 패스트 트랙과 슬로우 트랙 모두에 존재한다. 우리가 살아 가는 데 리더십과 관리적 습관을 모두 가지고 있다는 말이다. 상황이 어려워지면 '좋은 습관'을 많이 가진 사람이 승리한다.

각각의 습관은 하나의 도구이자

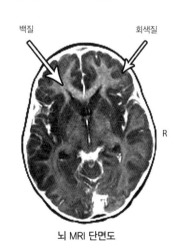

백질   회색질

R

뇌 MRI 단면도

기술이다. 패스트 트랙, 슬로우 트랙 모두 습관을 형성한다. 이 책은 특히 패스트 트랙 시스템에서 형성되는 습관을 다루고 있다. 패스트 트랙 습관이 형성되면 슬로우 트랙의 습관도 최적화할 수 있기 때문 이다. 우리의 기술을 연마하면 할수록 의식적 고찰 없이 자연스럽게 사용할 수 있게 된다.

백색질을 이해하는 것은 왜 습관이 그토록 중요한지를 이해할 수 있도록 도와준다. 백색질은 우리의 의식적 사고를 사용하기 전에 작동한다. 패스트 트랙 기술을 습관으로 형성한 사람들은 더 큰 사랑, 기쁨, 평안, 인내 그리고 자기 절제를 보여준다. 습관의 특징은 그것에 대해 생각하기도 전에 일어나기 때문에 자동적으로 일어나는 것처럼 보인다.

패스트 트랙 시스템이 잘 훈련되면 우리는 어떤 감정에서도 빠르게 기쁨을 회복할 수 있고(관계를 회복하고), 어떤 위기 속에서도 관계성을 유지할 수 있으며, 우리가 어떻게 느끼든지 간에 나 자신답게 행동하는 법을 기억해낸다. 이 시스템이 잘 훈련되지 않았을 때 이 모든 기술을 사용하는 데 어려움을 느낄 것이다. 이런 경우, 이를 보완하기 위해서 우리는 좌뇌의 의식적 사고를 하는 슬로우 트랙에 의존할 수밖에 없다.

예를 들어, 최근에 나Marcus는 청년들이 교회를 떠나는 현상에 대해 안타까워하는 목사들과 대화를 나눈 적이 있다. 그들은 십대들을 끌어들이기 위해 '어떻게 하면 사역의 질을 향상시킬 수 있을까'에 초점을 맞추고 있었다. 이러한 관리적 마인드로 인해 이 리더들은 슬로우 트랙 사고에 멈춰 있었다. 그 결과 청년들을 떠나지 않게 하는 문제에 대한 해결책은 모두 프로그램에 집중되었다. 그들은 온전히 좌뇌 중심의 결과지향적인 문제 해결 관점에서 문제를 땜질하고 있었다.

우뇌 중심의 패스트 트랙 관점으로 이 상황을 바라보면서 나는 그들에게 이 문제는 프로그램과는 관계가 없음을 설명할 수 있었다. 해결책은 바로 관계였다. 교회에서 청년들은 장년층과 거의 관계를 맺고 있지 않았다. 교회의 어른, 부모 그리고 장년들 중 젊은 세대와 관계를 맺고 있는 사람은 거의 없었다. 그 결과 청년부는 마치 교회에 연결되어 있지 않고 참여도 하지 않는 섬 같아졌다. 청년들을 교회에 남게 하려면 청년들이 교회에 소속감을 가지고 가치를 더하며 자신이 가치 있다는 사실을 느끼게 해줘야 한다. 어떤 찬양팀이 연주하는지, 프로그램이 얼마나 적절한지의 문제는 이와는 전혀 상관이 없다.

패스트 트랙 기술은 내가 문제에 대해 이야기하는 방식에도 영향을 미쳤다. 나는 이들에게 수치를 주려고 "당신(들)은 틀렸어요! 이것이 진짜 답입니다!" 하고 말하지 않았다. 나는 화를 내지 않았고 "이 문제에 대해 당장 뭐라도 하지 않으면 너무 늦어버리고 말겁니다"라고 말하며 겁주려고도 하지 않았다. 나는 관계적으로 연결하며 접근했다. 나는 그들이 얼마나 청년들과 교회를 사랑하고 있는지 확실히 알겠다고 말했다.

또한 "궁금하네요. 이 문제를 프로그램이 아닌 공동체의 정체성과 소속감의 문제로 보신 적이 있나요?"라고 물으며 관계적인 대화를 유지하기 위해 궁금증을 유발시켰다.

대화가 끝날 때쯤, 그들은 더 많은 것을 알고 싶어 했다. 시작했을 때보다 우리의 관계가 더 단단해졌다.

왜 리더에게 뇌과학이 중요한가

모든 사람의 마스터 시스템master system은 처리할 수 없는 온갖 '잡동사니'에 부딪치게 되고 이따금 '타이어에 펑크'가 나기도 한다. 사람들을 이끄는 것이 어렵게 느껴질 때 우리는 그들을 인도하기보다는 관리하려고 든다. 마스터 시스템이 꺼지면 우리의 정신 조종 장치는 뇌의 관리 기능 쪽으로 방향을 틀어 의식의 속도로 작동하게 된다. 운전으로 비유하자면, 차에는 조종을 할 수 있는 앞바퀴 두 개가 있다. 한쪽에 펑크가 나면 차는 매우 심하게 측면으로 기운다. 가장 좋은 해결책은 일단 멈춰서 펑크 난 타이어를 교체하는 것이지 고장 난 바퀴 하나로 운전할 수 있는 더 많은 전략을 세우는 것이 아니다.

RARE 리더들은 어려움이 닥쳤을 때 이를 업무 처리 능력을 향상시키기기 전에 관계적 기술을 발전시키는 데 초점을 맞출 수 있는 좋은 기회로 여긴다. 리더십 시스템과 관리 시스템이 둘 다 잘 작동하고 있을 때에는 함께 잘 작용한다. 이 마스터 시스템이 잘 발달되지 않은 리더들은 뇌의 슬로우 트랙에만 온전히 기대어 작동하고 있음을 알 수 있다. 결과는 뻔하고 거의 불가피하다. 다음과 같은 사안들을 고려해보자.

열심히 일하는 것을 리더십으로 착각한다

앞서 살펴봤듯이, 리더들은 일하는 것과 이끄는 것을 헷갈려 할 수 있다. 사실 대부분의 리더들은 일 처리를 제대로 잘하기 때문에 그 자리에까지 올랐다. 하지만 이것이 문제의 한 부분이 될 수 있다. 일을 한다는 것은 어떤 일을 마무리 짓는 것을 의미하는데 이는 확실히 리더십의 한 부분이기도 하다. **하지만 이끈다는 것은 주로 그 일을 맡고 있는 그룹을 인도하는 것이어야 한다.**

관계를 손상시키는 방식으로 결과에 집중한다

나Marcus는 최근에 슬로우 트랙 모드에 갇혀서 나 자신답게 행동하도록 하는 뇌 부분에 집중하지 못했던 순간을 경험했다. 단순한 이야기지만 이것이 어떤 모습으로 나타나는가를 묘사하는 데 도움이 될 것이다. 나는 알츠하이머를 앓고 있는 장인어른을 모시러 다소 먼 길을 다녀와야 했다. 장인어른이 집에서 거의 1마일 되는 거리에 있는 교회에 가셨기 때문이다. 그 날은 화요일 오후였는데 날짜 감각을 잃어 주일 아침이라 착각을 하셨던 것이다. 장인어른을 모시러 가면서 나는 완전히 의식적 사고의 뇌를 쓰고 있었다. 마음속으로 계속 문제를 해결하려 하면서 어떻게 하면 이런 일이 다시는 일어나지 않게 할 수 있을지에 몰두하고 있었고 장인어른을 모시러 가는 내내 그 한 가지 생각에 집중하고 있었다. 이 문제를 해결하는 데 있어서 철저히 혼자인 듯 느껴졌다.

내가 어떻게 장인어른 문제를 해결할지에만 초점을 맞추고 있었기 때문에 이런 상황에서 나답게 행동하는 것이 어떤 것인지를 상기 시켜 주는 뇌의 패스트 트랙을 잊고 있었다. 그 결과 나는 장인어른을 찾아 나에게 전화를 해준 목사님에 대해서는 생각하지 못하고 얼른 장인어른을 차에 태우고 와버렸다. 나중에 (내가 뇌의 관계적 부분으로 다시 접속했을 때) 모든 공동체가 장인어른을 주의 깊게 살피고 있었음을 깨달았다. 그 목사님은 아마 장인어른이 어디로 갔는지 찾아 헤매느라 소중한 시간과 에너지를 소비했을 것이다. '마커스가 장인어른을 찾아 모시고 갔나, 아니면 혼자 어디 또 헤매고 계신 것은 아닌가?' 걱정했을 것이다. 큰 문제는 아니었지만 내가 문제를 처리하는 데 초점을 맞추고 있는 사이 나는 나를 도와주고 있는 이들을 잊어버리고 말았다. 나중에 나는 목사님께 전화를 걸어 나의 부주의한 태도를 인정하고 불편을 초래한 것에 대해 사과했다.

우리가 그룹 정체성을 잊어버리고 홀로 행동하는 것이 어쩌면 사소한 것처럼 보일 수 있다. 하지만 이러한 사소한 일이 관계를 망가뜨린다. 관계적 기술을 버리고 문제 해결에만 집중하는 리더가 다른 사람의 신뢰를 잃게 되는 일은 비일비재하다. 리더는 문제를 해결하고 결과를 얻지만 그러는 과정에서 종종 다른 사람들을 짜증나게 한다.

슬로우 트랙 사고방식은 전체 조직을 규정하는 데 쓰일 수 있다. 나Marcus는 미국에서 가장 큰 교회에서 일했던 몇 사람을 알고 있다. 그 교회는 매우 잘 조직된 기계 같은 곳이었고 놀라운 결과들을 보여주었다. 하지만 그 교회는 간사들을 '토사구팽'하는 것으로 악명이 높은 곳이기도 했다. 이렇게 투지가 넘치는 A타입 문화를 조성하는 조직은 확실히 결과를 얻어내지만 깨진 관계의 흔적들을 남긴다.

결과중심적이고 문제 해결 중심적인 리더가 이끄는 그룹에는 전형적으로 에너지 소진burnout이 발생한다. 이러한 리더는 잘 훈련된 관리적 뇌는 가지고 있지만 관계성 뇌는 잘 훈련되지 않은 경우가 많다. 마스터 시스템이 훈련되지 않거나 제대로 점화되지 못하면 소위 '성공한' 리더는 그 자신과 자신의 그룹을 불안, 분노, 좌절, 에너지 고갈로 몰아가게 된다. 결국에는 이러한 결과 중심적인 리더는 요란스럽게 멈추거나 엄청난 충돌이 일어나는 구조를 만들어내게 될 것이다.

스스로 지치게 만든다

어느 날 아침, 나Jim는 사도 바울의 갈라디아서 6장 9절 "우리가 선을 행하되 낙심하지 말지니"라는 말씀을 읽으면서 속으로 "말이야 쉽지! 아직 오후도 안 됐는데 난 벌써 너무 피곤하다고!"라고 생각했다. 내 업무를 함께하고 있는 직원들을 대하는 것만큼 피곤한 일은 없다는 생각도 덧붙이고 싶었다. 아마 당신도 공감할 것이다.

물론 나는 본문의 주요 포인트를 놓쳤다. 사도 바울은 나에게 피곤해 하지 말라고 말하기보다는 (예수님께서도 피곤은 피하지 못하셨다) **계속해서 선을 행하고 좋지 않은 결과가 나오더라도 가던 길을 벗어나지 말라고 나를 격려하고 있었다.** 선행을 하면서 내가 원하는 결과가 보이지 않거나 혹은 나오는 결과가 노력할 만한 가치가 있는 것인지 사람들이 의문을 가질 때 우리는 쉽게 지친다. 어떨 때는 내가 있어야 할 곳과 현실에서 내가 실제 있는 곳 사이의 간극을 보고 낙심하기

나는 내가 아는 그 누구보다 더 많은 일을 했지만 소처럼 일하는 데 서서히 지쳤다.

도 한다. 이 날 아침 나는 그저 피곤에 절은 비저너리visionary로 내가 얼마나 이 노력을 지속하고 다른 이들도 함께 잘 나아가게 할 수 있을지 의문을 품고 있었다. (공감이 되는가?)

열심히 일하는 것과 불안이 나를 지치게 만들었지만 이는 대부분 스스로 자초하는 것이었다. 예를 들어, 다른 사람들이 집에 가서 TV를 보는 시간까지 일터에 남아서 일하고 있을 수도 있다. 나는 내가 아는 그 누구보다도 더 많은 일을 끝냈지만 소처럼 열심히 일하면서 서서히 지쳐갔다. 또 내 안에 쉼을 앗아가고 남아 있는 에너지조차 소진시키는 불안감과도 싸워야 했다.

그러던 중 내가 소위 말하는 RARE 생활 방식을 발견했을 때 상황이 달라지기 시작했다. 새로운 방법으로 내 동기부여를 강하고 새롭고 긍정적으로 지속시킬 수 있었다. 내가 얻을 수 있는 가장 높은 수준의 동기부여를 발견하고 사용함으로써 나 자신도 서서히 굳어지던 두려움에서 빠르게 회복할 수 있었고 다른 이들에게도 보람을 느끼는 속도를 유지하면서 그들의 창의성과 에너지를 사역에 더할 수 있도록 이끌어줄 수 있었다. 내가 한때 살았던 참담한 생활양식으로 인해 내가 알고 있던 가장 영향력 있는 리더들이 넘어지는 경우를 본 적이 있다. 사실, 너무나 많은 리더들과 그들을 따르는 그룹들이 잘못된 원천에서 동기부여를 끌어 쓰고 있다. 그 결과 그들은 유독가스에 휩싸여 허덕이며 얼마나 더 지속할 수 있을지 고민하게 된다.

두려움의 문화를 조성하는 것

하나의 조직으로서 우리가 문제 해결에만 온전히 집중하게 되면 우리가 하는 모든 일에 두려움을 생성하게 된다. '우리가 이 문제를 해결하지 못하면 어떤 일이 일어날까? 이러한 결과들을 내지 못하면 어떻게 해야 하지?' 이런 식으로 말이다.

2015년 비즈니스계에서 가장 큰 사기 중 하나가 폭스바겐에서 일어났다. 폭스바겐이 자신들의 디젤 차에서 분출하는 배기가스가 사실치보다 더 깨끗하게 측정되도록 하는 소프트웨어를 의도적으로 설계했음이 발각된 것이다. 이 사기극은 두려움의 문화에서 비롯된 것이었다. 직원들과 관리자들이 기업의 최고 경영진이 세워 놓은 극도로 높은 목표치에 달성하지 못할 것이라는 두려움에 그 사실을 인정하지 못해서 벌어진 일이었다. 사기 치고 속일지라도 상사에게 밑 보이는 것보다 낫다고 생각한 당시 기업 문화를 반영한 현상이라고 할 수 있다.[5]

잘 훈련된 패스트 트랙 시스템을 특징으로 하는 RARE 기술이 없을 때, 리더들은 결과적으로 제 기능을 발휘하지 못하는 그룹을 만들어낸다. 한 리더의 단점이 전 조직에 영향을 미치면서 사람들이 실패를 인정하거나 약점이 노출되는 것을 두려워하는 두려움을 근간으로 하는 문화를 생성한다.

덜 피곤하게, 더 기쁘게

패스트 트랙 과정을 사용할 때 리더들은 두 배의 과업을 해내야 한다. 우선 이러한 자동적 기술을 자신 안에서 잘 운영 하면서 동시에 그룹 안에서도 잘 활용해야 한다. 위대한 리더들은 모든 사람의 관계적 기술을 지속적으로 향상시키고 다양화한다. 우리는 이 리더들의 그룹이 얼마나 높은 수준의 동기부여와 기쁨, 참여 그리고 만족도를 보여주는지 의식적으로 알아차리게 된다.

뛰어난 리더들 대부분이 자신들이 하는 노력의 근거가 되는 뇌과학에 대해 거의 알지 못하지만 보통 '인성'character이라고 부르는 것의 중요성은 감지하고 있다. 많은 리더들이 영적 믿음과 말씀 적용으로 인도 받고 동기부여를 받는다. RARE 리더들은 이러한 믿음과 함께 작용하는 기술을 가지고 있고 이러한 기술을 다른 사람들에게 전수하는 방법도 알고 있다.

우리가 본받고자 하는 RARE 리더들은 더 빠르고 더 강력한 엔진을 사용한다. 그럼으로써 리더들은 고난 속에서도 금방 회복되는 사람들을 키워낼 때 덜 피곤하고, 결과에 덜 집착하고, 진이 덜 빠지면서도 더 기쁘고, 더 평안하고, 더 존경받는다. RARE 리더들은 스스로와 다른 이들을 지치지 않게 하면서 가던 길에서 치우치지 않는다.

이 책은 두 파트로 나누어져 있다. 다음 몇 장(Chapter 2-5)은 패스트 트랙을 훈련하는 과정이 이루어지는 원리와 오랜 시간 동안 알려지지 않았던 이유, 리더들의 뇌가 어떻게 작용하는지 그리고 어떻게 패스트 트랙 리더십이 개발되는지에 대해 살펴본다.

어떤 독자는 곧바로 두 번째 파트(Chapter 6-11)로 넘어가고 싶을 수도 있다. 이 부분에서는 네 가지 RARE 리더십 기술을 개발하는 훈련들을 함께 해나가게 될 것이다. 이번 장에서 일단 당신이 가지고 있던 의문점에 대한 답을 얻었을 수도 있다. 그렇다면 당신에게 가장 잘 맞는 방법으로 읽어나가면 된다.

덧붙여 말하면, 각 장의 끝부분에 특별한 뇌과학에 대한 부분을 포함시켜 놓았다. 이를 통해 이 책의 실제적이면서 이론적 근간을 좀 더 깊이 들여다볼 수 있게 될 것이다. 당신의 관심사가 아니라면 이 부분은 그냥 훑어보기만 해도 좋다. 하지만 이러한 발상에 대해 살펴봄으로써 우리가 논하고자 하는 개념을 더 단단하게 이해하고 어떻게 이득을 얻을 수 있는지 알게 될 것이다.

마스터 패스트 트랙 처리 장치

'최고 운영 통제 센터'The executive control center 는 뇌의 제일 위쪽에 위치하고 있지만 우리 머리 꼭대기에 있는 것은 아니다. 태어나기 전 척추가 자라 두개골에 연결되면서 처음에는 위로 갔다가 두개골의 앞쪽으로 구부러지고 다시 한 번 방향을 바꿔 눈 바로 위까지 가서 거의 처음 자라기 시작했던 곳으로 자란다. 뇌는 두 부분으로 나눠져 있고 최고 운영 통제 센터는 우뇌에 자리하고 있다.

신경 활동은 뇌의 거의 밑 부분으로 들어가서 1초에 여섯 번 우뇌의 위쪽으로 '옮겨진다'. 한 번 쓱 옮겨질 때마다 그 순간 우리가 누구이며 어디에 있는지에 대한 '그림'을 조립한다. (우리가 깨어 있을 때의 경우이다.) 이 정신적 그림의 주요 초점은 한 개인, 또 '부족'의 일원으로서의 내 정체성을 근간으

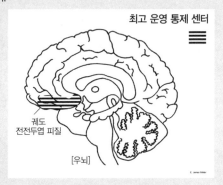

최고 운영 통제 센터

궤도
전전두엽 피질

[우뇌]

로 나 자신답게 행동하는 법에 대한 질문에 답하는 것이다. 각 움직임이 의식적으로 인지하는 것보다 (1/5초) 더 빨리 완료되기 때문에 이 과정을 '패스트 트랙'fast track이라고 부른다. 패스트 트랙의 속도가 빠르기 때문에 우리는 항상 우리가 누구인지를 깨닫기 위해 생각하지 않고 기억할 수 있지만 이와 동시에 모든 패스트 트랙 기능을 우리의 의식적 사고에서 볼 때는 '투명하고' '자동적인' 것으로 여기게 만든다.

패스트 트랙의 움직임이 성공적으로 완료될 때마다 마지막 그림은 뇌의 위쪽에 자리한 전전두엽 피질 prefrontal cortex/ PFC 이라고 부르는 최고 운영 통제 센터에서 조립된다. 몇 가지 매우 중요한 현상들이 PFC에서만 일어난다. 다음은 PFC에서만 일어나는 기능들 중 몇 가지만 나열해본 것이다.

- 정체성 (이런 조건 아래에서 나와 내게 속한 사람들은 무엇을 하는가)
- 개인적 선호도 (어떤 가치가 내가 누구인지를 반영하는가)
- 창의성
- 어떤 활동이 만족스러운지 판단함 (이것이 내가 가고자 하는 곳에 이르게 했는가)

- 목표지향적 행동
- 도덕적·사회적 행동
- 다른 사람을 잘못 이해했을 때 수정함
- 시간이 지나면서 내가 어떻게 하고 있는지 비교함
- 나 자신과 다른 사람의 부정적인 감정을 안정시킴
- 신뢰 (언제 어떤 얼굴을 신뢰해야 할 지 아는 것)
- 가장 해가 되지 않는 해결책을 찾아냄
- 부정적인 결과를 예측함
- 어떤 상황에 대해 순간 순간 업데이트함
- 내가 얼마나 스트레스를 받았는지 파악함
  (내 몸 안에 분비된 스트레스 호르몬 수치 포함)
- 궁금증
- 감사함

궁금증이나 감사함과 같은 전전두엽 피질PFC의 전용 기능을 체크함으로써 PFC까지 도달하는 패스트 트랙이 그 순간 제대로 활성화되고 있는지를 쉽게 테스트해볼 수 있다.

확실히 이러한 기술들은 모두 리더십과 그룹이 온전하게 참여함에 있어서 매우 중요하다. 관계적 기술의 전반적인 훈련이 잘 되어 있지 않으면 패스트 트랙은 위에 도달하기 전에 막히고 만다. 마주하게 되는 현실이 PFC에 도달하지 못할 때마다 위에 나열한 기술들은 멈춰버린다. 리더십이 멈추고 뇌의 나머지 부분도 함께 위태로워지게 된다. PFC가 조절하는 최고 운영 통제 능력이 없으면 우리는 규칙, 문제 해결 그리고 고통을 회피하는 방향으로 눈을 돌리게 된다. 그렇게 되면 뇌는 관계, 정체성 그리고 위에 나열한 능력들을 잊어버리게 된다.

우리의 정체성과 일관되는 행동에 집중하는 것은 우리 뇌의 최고 운영 기능을 최고조에 달하게 할 수 있는 가장 좋은 방법이다. 감정적으로 성숙하는 데 필요한 기술은 성경에서도 가르치고 있고 뇌과학에서도 명백히 밝히고 있다. 이 책을 읽어가면서 이러한 기술들이 우리의 인도법에 어떠한 영향을 미치게 되는지 알게 되고 당신 스스로의 성장에 도움이 될 수 있는 실제적인 방법들을 배우게 될 것이다.

1. 이번 장에서 설명한 RARE 습관을 매우 잘 활용하고 있는 리더를 만나본 적이 있는가? 그 리더와 그가 이끄는 그룹에 끼치는 영향을 어떻게 묘사할 수 있는가?

2. 리더십을 발휘할 때 당신은 뇌의 패스트 트랙과 슬로우 트랙 중 무엇을 더 많이 활용하고 있는가? 그 차이를 어떻게 이해하고 있는가?

3. 당신이 받은 리더십 훈련과 멘토링을 설명해보라. 대체로 슬로우 트랙 관리, 즉 문제 해결 기술에 초점을 맞추고 있었는가 아니면 패스트 트랙인 관계적 기술에 집중했는가?

4. 어떤 리더가 당신의 발전에 가장 많은 영향을 미쳤는가? 여기에 소개한 네 가지 RARE 기술에 비추어 볼 때 몇 점을 주겠는가?

RARE
Leadership

패스트 트랙 시스템이 잘 훈련되면 우리는 어떤 감정에서도 빠르게 기쁨을 회복할 수 있고(관계를 회복하고), 어떤 위기 속에서도 관계성을 유지할 수 있으며, 우리가 어떻게 느끼든지 간에 나 자신답게 행동하는 법을 기억해낸다.

패스트 트랙
리더십 이해하기

Understanding Fast-Track Leadership

RARE 리더와
모래 놀이터 리더의 차이

RARE
Leadership

The Difference Between RARE Leaders and
Sandbox Leaders

최악의 사례에서
배우기

리더들이 감성지능Emotional intelligence 없이 조직을 이끌어갈 때 어떤 일이 일어나는가? 앞서 살펴본 '패스트 트랙', 즉 좀 더 관계적인 리더십 습관을 형성하는 것을 소홀히 하면 어떻게 될까?

아마 우리 중 대부분은 살아오면서 이런 리더들이 남기는 파괴적인 흔적을 경험해본 일이 있을 것이다. 〈하버드 비즈니스 리뷰〉Harvard Business Review는 "모래 놀이터 리더십"sandbox leadership이라는 용어를 만들어냈는데 이 잡지에 따르면 이것은 전염병과 같다고 말한다.

지난 몇 달간 우리는 전국적으로 정부 기관과 기업 이사회에 유아기적 태도childish attitudes가 반영되는 것을 보았다. 거만함,

삐침, 떼쓰기, 인신공격 그리고 신뢰를 배신하는 것이 마치 유행이 된 듯 보인다. 잘 알려진 몇몇 대기업에서 나타나는 현상을 볼 때 모래 놀이터 리더십이 현재 만연해 있다. 타이밍이 이보다 더 나쁠 수 없다. 마치 서로 사이좋게 놀지 않겠다고 떼쓰는 응석받이 어린아이들의 변덕에 거대하고 압도적인 국가의 현안들이 부차적인 것으로 밀리고 있는 듯하다. 견고하고 현실에 기반을 둔 리더십이 어느 때보다 필요한 시점에 어른같이 행동하는 어른이 너무 부족한 것 같다.[1]

모래 놀이터 리더들은 겉으로는 중책을 맡고 있는 어른이지만 감성적 성숙이 덜 되어 영문도 모르고 따라오는 추종자들에게 재앙과 같은 결과를 초래한다. 리더십 조직에서 위치가 올라가면 올라갈수록 모래 놀이터 리더의 영향력이 더 파괴적이 될 수 있다.

- 교회의 분열
- 불륜
- 리더의 피로
- 상사와 직원들 간의 분쟁
- 궁지에 빠진 상처받은 사람들

이외에도 발생할 수 있는 모든 재앙의 원인은 유능하고 카리스마 있지만 감정적 성숙이 부족한 리더로 귀결된다. 현재 리더십이 겪고 있는 위기는 기업, 비영리 단체, 교회, 정부 기관 전반에 걸쳐 리더들이 성숙한 패스트 트랙 기술을 가지고 있지 않은 것과 직접적으로 연관되어 있다. 1장에서 다루었던 패스트 트랙 기술은 우리가 의식하는 것보다 더 빨리 처리되는 뇌의 관계적 습관을 의미한다. 성숙한 사람은 지도자로서 상황이 나빠지고 팀이 혼란스러울 때 이끌어낼 수 있는 폭넓은 패스트 트랙 기술을 개발한다. 모래 놀이터 리더들은 압박을 받으면 어린아이가 된다.

내Marcus가 처음으로 읽은 리더십에 관한 책은 존 맥스웰John Maxwell의 《리더십 불변의 법칙》21 Irrefutable Laws of Leadership이었다. 그중 제 1 법칙은 '한계의 법칙'law of the lid이다. 이는 리더들이 자신의 용량 이상으로 차고 올라갈 수 없다는 말이다. 수년간 많은 리더를 이끌고 그들과 대화를 나누면서 나는 대부분의 리더들을 덮고 있는 첫 번째 한계가 감정적 미성숙임을 확신하게 되었다.

잘 이끌어나가기 위해서는 새로운 패러다임이 필요하다. 바로 이 새 패러다임에 대해 이번 장에서 다룰 것이다.

뇌가 어떻게 작동하는지 발견함으로 우리가 감정, 관계, 성숙을 대하는 시선을 바꾸고 개인과 공동체의 변화를 위한 비결을 알 수 있게 될 것이다. 크리스천 리더들에게 이것은 특히 더 깊은 통찰력을 제시한다. 왜냐하면 이러한 뇌과학의 발견이 수년간 성경이 가르치는 교훈과 일맥상통하기 때문이다.

회개하라!

스티븐 코비 Stephan Covey는 수십 년간 리더들에게 영향력 있는 가이드 역할을 해왔다. 그의 저서 《성공하는 사람들의 8번째 습관》 *The 8th Habit: From Effectiveness to Greatness*에서 패러다임의 힘에 대해 설명한다.

사소하면서 점진적인 변화와 발전을 만들어내고 싶다면 연습, 행동 혹은 태도를 바꾸는 것에 공을 들여라. 하지만 중요하고 비약적인 개선을 원한다면 패러다임에 집중하라.[2]

"패러다임 전환" paradigm shift이라는 용어는 철학자 토마스 쿤 Thomas Khun이 1962년에 출간한 《과학 혁명의 구조》 *The Structure of Scientific Revolution*에서 나온 것이다. 이 책에서 저자는 새로운 사실 그 자체는 사람들이 생각하는 법을 바꾸는 데 영향을 거의 주지 못한다고 주장했다. 우리의 관점을 바꿔야 한다. 관점을 바꾼다는 것은 예수님께서 "회개하라"고 말씀하신 것과 일맥상통한다. 회개라는 말이 헬라어로 '완전히 새로운 방법으로 사물을 보는 것'을 의미하기 때문이다.

패러다임은 사물이 돌아가는 이치를 설명한다. 옛날 오염된 피가 우리를 아프게 한다고 믿었을 때, 환자의 피를 빼는 것으로 낫게 할 수 있다고 생각했다. 세균 이론은 완전히 새로운 패러다임이었고 의학계가 '회개하고' 상황을 새로운 시각으로 보는 데까지 오랜 시간이 걸렸다. 어떻게 사물이 작동하는지에 대해 새롭게 설명함으로써 새로운 방법으로 문제를 해결할 수 있게 된 것이다.

의사들은 옷에 묻은 피를 숨기기 위해 검정 가운을 입는 대신에 세균이 없다는 것을 보여주기 위해, 적어도 상징적으로 흰 가운을 입기 시작했다. 이 패러다임이 바뀌기까지 환자 한 명 한 명을 볼 때마다 손을 씻어야 하는 일은 귀찮고 비효율적인 일이라고 여겼다.

RARE 리더와 관리 중심 리더의 차이점은 문제를 해결하는 방법에서 극명하게 드러난다. 리더에게 문제는 거의 대부분 '사람과 관련된 문제'people problems이며 리더십 기술은 사람들이 참여하는 방식을 바꾸는 일을 포함한다. 사람들이 어떻게 기능하는지에 대한 패러다임은 다음 두 가지를 이해하는 것에 결정적 역할을 한다. ① 무엇이 바뀔 수 있는가 ② 무엇이 그 변화를 이뤄낼 것인가. 서양의 리더십에서 이것은 일반적으로 사람들에게 더 좋은 정보를 제공해서 더 나은 선택을 하게 하는 것이고 그렇게 하면 변화가 일어난다는 것을 의미해왔다. 원래 이런 식으로 돌아가는 것 아닌가?

희미한 공기 그리고 문화적 차이에서 얻은 교훈

나Jim는 히말라야를 여행하면서 실업가들이 관계적 기술을 연마할 수 있도록 훈련하는 방법을 모색하고 있었다. 또한 직장에서 알코올과 다른 중독 문제를 줄이기 위해 같은 기술 훈련법을 사용하려는 계획을 가지고 있었다. 서구적인 생각으로 이 방법은 납득하기 쉽다. 하지만 히말라야산 위에서 나는 흥미로운 패러다임을 마주했다. 그곳에서는 일생 동안 기대할 수 있는 변화는 없다고 여겼다. 변화는 환생하는 생애들 사이에 일어나고 사람들은 '다음 생에는 더운이 좋기'를 위해 일을 했다. 이 문화에서는 장애물을 극복한 사람이나 사장으로 승진한 운송 대리점 사원에 대한 이야기는 존재하지 않았고 우리의 선택이 우리의 현존을 변화시키는 데 아무런 영향을 미치지 않는다고 믿었다. 이런 패러다임에 비추어보니 중독에서 회복되는 문제는 희미한 산 속의 공기 속으로 사라져 버렸다. 패러다임은 이처럼 강력한 것이다.

더 좋은 정보, 더 나은 선택?

지난 400년간 서구 사회의 사고를 지배해 왔던 전통적인 패러다임은 간단한 식으로 요약할 수 있다.

이성 + 좋은 선택 = 변화

이 패러다임은 계몽주의로부터 발전했다. 르네 데카르트Rene Descartes가 유명한 명언 "코기토 에르고 숨"Cogito ergo sum: 나는 생각한다. 고로 존재한다을 말했을 때, 인간으로서 가장 중요한 것은 이성적으로 사고하는 능력이라고 믿는 철학의 혁명을 일으켰다. 영국 철학자들은 한 발짝 더 나아가서 인간은 그들의 선택에 의해 만들어진다고 주장했다. 이 사상가들에 의하면 이성을 기반으로 하는 (미신, 신앙, 계시와는 반대로) 선택이야말로 최고의 선택이라고 말했다. 이러한 학자들은 '주의주의'主意主義, voluntarism라는 철학 이론을 가르쳤는데 여기에서

'이성 + 좋은 선택 = 변화'라는 등식이 성립된다. 영국인들은 바로 이 이성적 발상을 식민지에 주입시켜 뿌리내리게 했고 그 이후로 '사물이 돌아가는 원리'에 대해 우리가 하는 많은 가정들의 근간이 되었다. 물론 교회도 포함된다.

> 주의주의는 사람들에게 좋은 정보를 제공하면 그들은 좋은 선택을 할 것이고 결과적으로 그들의 삶이 바뀔 것이라고 말한다.

이 사상은 사람들에게 좋은 정보를 제공하면 그들은 좋은 선택을 할 것이고 결과적으로 그들의 삶이 바뀔 것이라고 말한다. 대부분의 설교와 제자훈련 프로그램은 이 철학에 근거하여 세워진다. 물론 많은 설교자들도 알고 있겠지만 단순히 사람들에게 좋은 정보를 준다고 해서 그들이 좋은 선택을 하거나 삶이 진정 변화할 것이라고 확신할 수 없다. 사실, 사역과 비즈니스 두 영역 모두 좋은 정보가 꼭 좋은 선택으로 이어지지 않는다는 사실을 확실히 알고 있다. 그래서 우리는 행동을 변화시키기 위해 또 다른 한 가지 요소를 집어넣었는데 바로 책임감 accountability 이다.

왜 책임감이 효과가 없는가

한 사역 리더가 나에게 강력하고 효과 있는 제자훈련 프로그램을 개발해 달라고 여러 번 요청을 해왔다. 이것은 책임감에 중점을 두는 제자훈련을 의미한다. 대부분의 목사들은 사람들에게 단순하게 무엇이 지혜로운지를 말해준다고 해서 그들이 실제로 그렇게 행동하지 않는다는 것을 깨달았다. 그래서 사람들에게 무엇을 해야 할지 말해줘야 하고 강제로라도 어떻게 하고 있는지 보고하게 하고 그렇게 하지 않으면 아무것도 변하는 것이 없을 것이라는 가정을 세웠다.

책임감과 관련된 해결책은 비즈니스 세계에도 만연하다. 주의주의자들은 우리가 변화를 보고 싶으면 (개인이든 공동이든) 사람들에게 그들이 어떻게 행동하기를 원하는지 알려주고, 그 행동을 채택하기로 헌신해야 하며 그들이 약속한 것에 대한 책임을 지게 해야 한다고 믿는다. 사실상 리더십에 관련된 대부분의 책들도 책임감이 변화를 일으키는 주요 요인이라고 말할 것이다.

책임감이라는 해결책이 널리 퍼져 일단 보기에는 합리적인 것이 되었지만 기대한 만큼의 결과를 내는 데는 실패한 것이 증명되었다. 목사들과 기업 경영자들에게 제공하는 거의 모든 제자훈련과 리더십 훈련은 책임감에 기초하고 있다. 하지만 그 결과물을 보면 타락한 리더, 관계의 붕괴, 낙담한 추종자들의 긴 역사를 볼 수 있다.

책임감 패러다임이 공동체를 성장시키기에 충분하지 못한 이유 중 하나는 이 모델이 두려움에 기반을 두고 있기 때문이다.

내가 속한 책임감 그룹을 만날 때 나는 내가 한 약속들을 지키는 데 성공했을 때에만 당당할 수 있다. 만약 내가 실패했을 경우 그 모임에 나가는 것 자체가 두려워진다. 내 그룹을 실망시키고 싶지 않기 때문이다. 기대치에 미치지 못할까 두려워진다. 내가 한 실수로 인한 결과가 두렵다. 이러한 이유로 많은 책임감 그룹이 와해된다. 그룹원들이 실패하기 시작하면 그냥 나오지 않게 되기 때문이다.

정체성, 소속감 그리고 변화

선택은 우리 뇌의 '슬로우 트랙'에서 작동된다. 그렇다면 최고 운영 통제권을 가지고 있는 패스트 트랙에서 작동되는 것은 무엇인가? 바로 **정체성이다. 우리가 누구인지가 우리가 어떤 일을 하게 될지를 결정하**고, 정체성이 선택보다 더 빨리 더 강력하게 작용한다. 정체성이 선택보다 강력하다는 사실은 우리의 이성적인 생각의 틀에서는 잘 맞아 들어가지 않는다. 덧붙여 말하자면 우리의 뇌는 개인적으로 내가 누구인지를 생각할 뿐 아니라 그룹 정체성으로도 생각한다. 그룹과 개인 정체성은 똑같지 않지만 그렇다고 둘을 나누어서 생각할 수도 없다. 나는 언제나 나와 같은 다른 이들에게 내가 어떻게 비춰지는지에 따라 나를 이해하기 때문이다. 나는 여자이고, 목수이고, 시카고 컵스의 팬이고, 캐나다인이고 혹은 내 그룹 정체성으로는 한 명의 리더가 될 수도 있다.

뛰어난 리더들의 네 가지 RARE 습관은 정체성과 소속감을 중심으로 세워진다. 예전 패러다임에는 없었던 이 두 가지 핵심 요소의 힘은 아무리 강조해도 지나치지 않다.

R – 관계성을 유지하라 → 소속감

A – 자신답게 행동하라 → 정체성

R - 기쁨을 회복하라 → 함께 있음을 즐거워함

E - 고난을 잘 견뎌라 → 고난을 통해 서로 가까워짐

소속감과 정체성은 변화의 진짜 열쇠를 제공한다. 책임감 그룹이 효과가 있을 때를 보면 책임감 그 자체의 효과보다는 훌륭한 그룹 리더십의 부산물인 경우가 대부분이다. 강한 관계가 형성되고 소속감이 성장하며 진정한 삶의 변화를 만들어내는 정체성이 생겨난다. 이러한 정체성 요소가 확고해질수록 변화는 더 오래 지속된다. 이 해결책을 짧게 하나의 공식으로 표현하자면 다음과 같다.

정체성 + 소속감 = 변화

오래 지속되는 변화는 한 사람의 정체성이 변하고 자신의 새로운 정체성으로 살아가는 것이 익숙해질 때 일어난다. 최고의 코치, 목사, 선생, 경영인 그리고 리더는 확실한 정체성을 그룹에 주입시키고 사람들이 '이것이 바로 우리의 정체성이며 우리는 이렇게 행동해야 한다'라는 사실을 이해할 수 있도록 도와주는 이들이다. (이 책에서 이 표현을 다시 듣게 될 것이다. 이것이 RARE 리더십의 핵심이다.)

루이스 : 나는 이 사람들과 어울리지 않아요

루이스와 안나 강은 로스앤젤레스 중심부에 있는 이민자 다문화 공

동체에서 교회를 개척한 젊은 부부다. 루이스는 캐나다 명문 대학을 졸업하고 신학 공부를 하기 위해 캘리포니아로 왔다. 동네를 조깅하면서 이 지역이 모든 인종 그룹에게 얼마나 배타적인지를 알게 되었다. 교회를 들여다보니 이와 같은 분리가 교회 공동체에도 존재함을 깨달았다. 루이스는 다양한 문화 간에 다리를 놓고 관계를 최우선시하는 교회를 만들기 시작했다. 루이스는 어려움 중에서 관계가 우선시되지 않았을 때 나타나는 교회의 모습의 예를 나누었다.

교회의 재정과 성도가 급격히 줄어들었고 교회는 어려운 결정을 내려야만 했다. 이 과정에서 확실하게 드러난 것은 관계가 부차적인 것으로 밀려났다는 점이다. 비난, 불신, 상처, 파벌, 남탓이 난무했다. 사람들은 절박하게 책임을 전가하기에 전전긍긍하고 있었다. 도를 넘는 불안, 숫자를 맞추기 위해 고속으로 처리해야 하는 엄청난 압박, 자리를 채우기 위한 끊임없는 회의, 경멸… 다 나열하자면 길고 피곤할 지경이다. 새로운 교회를 개척하면서 이 모델은 우리가 꿈꾸었던 교회가 아니라는 것을 깨닫게 되었다.

하지만 루이스가 교회를 개척할 때 들인 노력은 곧 로스앤젤레스에 사는 이민자 그룹의 대부분이 가난하다는 현실에 부딪쳤다. 루이스와 그의 가족에게 이 문제는 식료품 할인 구매권으로 살아가거나 사역을 아예 그만 둬야 하는 상황으로 이어졌다. 당시 루이스는 석사 학위가 있었고 그의 아내 안나는 두 개의 석사 학위를 취득한 후 박사 과정 중에 있었다. 그랬기 때문에 식료품 할인 구매권 심사원에게 구체적으로 어떤 직업적 기술을 가지고 있는지 말해야 하는 상황은 정말 수치스러웠다. 할인 구매권을 받기 위해 줄을 서서 루이스는 자신의 앞뒤를 보며 '난 이 사람들과 어울리지 않아'라고 생각했다. 그 순간 루이스는 로스앤젤레스와 교회에서의 문제점을 이해할 수 있었다. **우리는 이들과 어울리지 않는다. 그들은 우리의 사람들이 아니다**는 생각이다. 이제 루이스는 말한다.

나는 모든 사람이 속할 수 있는 교회를 개척하라는 소명을 받았음을 믿는다. 나는 관계와 정체성이 최우선시되는 교회를 개척하고자 한다. 예전 코치님이 날 세워놓고 훌륭한 조언을 해주셨던 것이 기억난다. 코치님은 관계를 통해 이끌라고 말씀하셨다. 나는 이제야 이끈다는 것이 신뢰를 키우고 또 신뢰로부터 생겨나는 관계와 연결되어 있음을 이해하게 되었다. 그로 인해 나는 교회가 진보해가는 기준점을 무시하지 않으면서 동시에 우정의 힘을 신뢰하기 시작했다.

정체성과 패스트 트랙

우리의 패스트 트랙 뇌 시스템이 바로 이 순간 세상에서 우리가 누구인지에 대한 그림을 조립하면서 (기억하라. 패스트 트랙은 1초에 여섯 장의 그림을 처리한다.) 우리가 이곳에서 어떻게 살아가야 하는지를 알 수 있도록 돕는 중요한 관계와 경험들의 인식도를 그려나간다. 이러한 그림들은 우리가 화가 난 상사를 대할 때와 한 여름 저녁 할머니 할아버지 댁 소파에 앉아 있을 때 상황에 따라 다르게 그려진다. 이 두 가지 상황에서 패스트 트랙은 우리가 누군인지, 또 그것이 우리 주변에 있는 사람들과 어떻게 맞아 들어가는지에 대한 그림을 제공한다. 가능한 모든 상호 작용을 고려해서 (패스트 트랙은 빠르게 많은 시나리오를 시뮬레이션 한다.) 우리는 동기 부여를 하고 어떤 상황에서든 우리의 첫 반응을 만들어낸다. 이 장에서 우리가 알아야 하는 사실은 패스트 트랙이 우리의 정체성과 우리 주위의 그룹 정체성 간의 정신적 상호 작용으로부터 동기를 생성한다는 것이다. **이 그림에는 언제나 개인과 그룹 정체성이 함께 있다.**

> **뇌 안에 그룹 정체성에 대한 욕구가 강해지면서 성인들은 이 정체성을 보존하는 것에 목숨을 건다.**

매우 미성숙한 뇌(12살 이하 어린이 수준의 뇌)에는 그 목표가 언제나 자신의 개인 정체성을 채우는 것에 있다. 뇌가 점차 성숙해가면서 (13살 이상의 수준) 그룹 정체성을 도우려는 목표가 개발될 가능성이 생긴다. 뇌 안에 그룹 정체성에 대한 욕구가 강해지면서 성인들은 이 정체성을 보존하는 것에 목숨을 건다. (예를 들면 자살 폭탄 같은 것이 있다.) 초대교인들도 그들의 정체성이 매우 강력했기 때문에 로마에 의해 자신과 아이들이 모두 기꺼이 고문당하고 죽기를 감수했다. 이것은 초대교회가 믿었던 것 때문이 아니라 교인들이 가지고 있던 주님을 위한 사랑 때문이었고 그것이 죽음을 기꺼이 감수하게 한 것이다. 그들은 자기 자신과 그룹 정체성을 유지하기 위해 죽었다.

안나 : 기쁨으로 뇌 재훈련하기

그룹 그리고 개인 정체성 모두 두려움 혹은 기쁨에 의해 힘을 얻는다. 기쁨 안에서 우리는 함께할 때 즐겁다. 두려움에 있을 때 우리는 위협을 함께 경계한다. 루이스 목사의 아내 안나는 상담학으로 석사 학위를 땄다. 안나는 어릴 때 한국에서 미국으로 와서 여러 계모들을 만나며 살아왔다. 그녀는 어디에서도 소속감을 느낄 수 없었다. 십대 때 그녀는 크리스천이 되었는데 크리스천이 되면 자신의 삶이 나쁜 쪽에서 좋은 쪽으로 바뀔 수 있다고 들었기 때문이었다.

하지만 선한 크리스천의 삶은 일어나지 않았다. 그래서 안나는 신앙에 대해 좀 더 진지한 그룹을 찾았고 자신의 신념을 열정적으로 믿는 리더를 만났다. 하지만 이 그룹의 정체성은 두려움을 근간으로 세워져 있었기 때문에 리더에 대한 충성심이 높았던 반면 멤버들 간의 신뢰도는 낮았다. 외부인에 대한 그들의 불신은 훨씬 더 강했고 악마에 대한 두려움은 매우 컸다. 어느 비극적인 날, 그 리더는 악령을 쫓아낸다는 명목으로 한 멤버를 때려 죽였고 그들은 모두 감옥에 갇히게 되었다.

거의 한 해 동안 그들 중 아무도 진술을 하지 않았기 때문에 충성심과 두려움으로 감옥 생활을 버텼다. 결국에는 자신들이 여러 다양한 방식으로 학대 받았음을 깨닫고 입을 열었다. 그들은 자신들의 수치를 직면하면서 자유롭게 이야기했고 그후 영적으로 해방됨과 동시에 문자 그대로 감옥에서 풀려났다.

안나는 크리스천 상담학을 공부하면서 자신 또한 상담을 받았으며 내면의 치유에 대해 배워 다른 이들을 위해 섬기기 시작했다. 하지만 남편과 아이들과 함께한 그녀 자신의 감정적 삶은 여전히 통제 불능 상태였다. 안나는 자신이 알고 있는 모든 방식으로 슬로우 트랙을 훈련했지만 그녀의 패스트 트랙 정체성은 기술이 부족해지거나 나쁜 기억에 맞닥뜨리면 주기적으로 닫혀버렸다. 옳은 일을 선택하려 하지만 날뛰는 감정의 야생마를 타고 있으면서 목사의 아내, 교회 개척자, 엄마로 사는 것은 어려운 일이다. 진정한 도움을 받으려고 할 때마다 그녀의 의지가 꺾이는 것 같았다. 안나는 크리스천으로서 가져야 할 삶을 계속 찾으려 애썼다. 그때 그녀는 자신 안에 훈련할 수 있는 패스트 트랙이 있음을 알게 되었다.

안나는 짐과 그의 아내 키티가 인도하는 훈련에 참가했는데 그곳에서 자신의 뇌를 기쁨으로 재훈련시킬 수 있음을 배웠다. 그녀는 키티에게 면담을 신청했고 그 만남에서 "나는 시간도 돈도 많지 않지만 딱 한 시간이 있어요. 패스트 트랙 기술을 가르쳐주세요"라고 말했다. 5년의 훈련 기간 후 안나는 짐과 두 명의 동료와 함께 *Joyful Journey: Listening to Immanuel* 기쁨의 여행이라는 책의 공동 저자가 되었다. 그녀는 교회를 개척하고 성장시키는 리더들을 훈련시키고 루이스와 함께 히스패닉 성경 학교에서 사역하고 있다. 루이스는 자신의 학위를 모두 합쳐놓은 것보다 가난과 약함을 통해 배운 것이 자신을 더 효과적인 리더로 만드는 데 기여했다고 자신 있게 말할 것이다. 루이스와 안나는 모래 놀이터에 빠지지 않고 계속해서 RARE 기술을 연마하고 있다.

기쁨, 두려움, 연료 공급하기

정체성은 어떠한 행동을 취하거나 혹은 행동에 저항하기 위한 가장 강력한 발전소를 생산한다고 말할 수 있다. 정체성은 주의주의의 이성주의자들의 사고방식에는 그다지 큰 자리를 차지하지 않는다. 좋은 정보를 얻으면 좋은 선택을 하게 할 것이라는 말을 믿는 많은 이들이 자살 폭탄 테러범들의 동기가 무엇인지 궁금해한다. 무엇이 그런 힘을 갖게 하는가?

모든 종교의 극단주의자들(좀 약하게는 조직폭력배나 이단과 같은)은 힘의 원천지로 패스트 트랙 정체성에 의존한다. 테러범이나 극단적 행동의 발전소를 돌리는 연료는 두려움이다. 두려움은 폭발적으로 동기를 부여하는 연료이다. RARE 리더십은 같은 발전소를 쓰지만 전혀 다른 그리고 더 강력한 연료를 사용한다. RARE 리더십의 패스트 트랙 정체성의 연료는 바로 기쁨이다. 기쁨은 두려움에 비해 훨씬 덜 폭발적이면서 여전히 더 강력하다. 두려

> 불량배에는 길거리 불량배가 있고, 자비로운 불량배도 있다.

움으로 얻는 동기부여는 히틀러, 스탈린, 마오쩌둥, ISIS 그리고 동네 깡패와 같은 포식자를 낳는다. 기쁨으로 동기부여를 얻으면 예수님, 만델라, 마틴 루터 킹, 마더 테레사 그리고 RARE 리더십과 같은 보호자를 낳는다. 연료를 바꾸는 것이 변화의 열쇠이다. 두 가지 패스트 트랙 연료가 어떻게 작용하는지 다음과 같이 나타낼 수 있다.

패스트 트랙 연료	정체성 有	정체성 無
기쁨	RARE 발전소	파티 타임
두려움	종교적 극단주의	불량배

기쁨 + 정체성 = RARE 발전소

기쁨 (정체성 無) = 파티 타임

두려움 + 정체성 = 테러범/종교적 극단주의

두려움 (정체성 無) = 불량배

불량배에는 길거리 불량배가 있고 또 루이스가 대형교회에서 만난 사람들과 같이 자비로운 불량배도 있다. 어떤 경우가 됐든 우리는 이 둘을 만나면 엄청 두들겨 맞은 듯한 느낌을 받는다. 정체성이 없는 기쁨은 이미 너무 많은 교회들이 개발해놓은 프로그램과 같다. 또 정체성 없는 두려움은 많은 학교와 직장에서 볼 수 있는 환경과 같다.

당신 모습 그대로

다음 장에서 더 자세히 살펴보겠지만 신경학적 연구들을 통해 인간의 뇌가 기쁨을 위해 설계되었다는 것을 알 수 있다. 패스트 트랙 안내 기능은 기쁨으로 힘을 얻을 때 최상으로 작용한다. 밑에서부터 꼭대기까지 뇌는 기쁨을 찾는 기계와 같고 인간의 다른 어떤 경험보다 기쁨을 추구한다. 내가 하나님이 나를 창조하신 모습 그대로의 사람이 되고 싶어서 내 삶에 변화를 준다면 이러한 변화들은 나 자신답게 행동하고 '내 사람'들의 얼굴에 미소를 짓게 할 때 생기는 기쁨으로부터 우러나오는 것이다. 다른 사람들이 뭐라고 생각할지 혹은 무슨 말을 할지 두려워하며 변화를 만들기보다는 내가 누구인지에 대한 확신과 내 그룹에 가져오는 기쁨으로 변화를 만들어야 한다.

내Marcus가 많은 훈련을 인도했던 한 교회가 이 장에서 논했던 두 가지 패러다임의 전형적인 예를 보여준다. 한쪽 면에서 보면 이 교회의 회복 사역 리더들은 약자와 강자가 주기적으로 상호작용할 수 있는 훌륭한 문화를 조성했다. 거의 300명에 가까운 사람들이 매주 모여 예배를 드리고 지원 그룹으로 나누어져 훈련된 평신도 사역자들과 함께 배우고 치유 받고 기도하는 시간을 가졌다.

이 교회를 방문할 때마다 이 그룹이 만들어낸 놀라운 수준의 소속감과 "우리는 당신의 있는 모습 그대로를 사랑합니다. 그리고 예수님을 찾을 수 있도록 최선을 다할 것입니다"라고 말하는 명확한 정체성에 깊은 감동을 받는다. 이 회복 그룹의 멤버들은 서로의 집에 자주 찾아가거나 식당에서 만나고 교회에서 서로를 찾는다. 강자들(도움을 필요로 하는 사람들에게 먼저 손을 내미는 사람들)은 좀 더 약한 사람들과 연결된다. 일생 전반에 걸쳐 곤궁했던 사람들도 함께 교제한다. 나는 이러한 모임에서 스트리퍼, 알코올 중독자, 폭주족, 학대당한 여성, 골수 헤비메탈 팬들을 다 만나보았다. 이들 중 많은 사람이 점점 더 소속감을 느끼면서 삶의 변화를 목격했다.

또 다른 한 면으로 이 교회의 리더십 팀은 이와 같은 종류의 문화를 조성하지 못했다. 소외, 불신, 강하고 매우 성공한 목사에 대한 두려움이 리더십 환경을 해롭게 하고 있었다. 겉으로 보이는 교회의 성장과 '성공'으로 낮은 기쁨의 리더십과 긴장감이 가려져 있었다. 리더들은 그룹 안에서 높은 수준의 책임감에 사로 잡혀 있었지만 이러한 책임감이 담임목사가 교회 안에서 일어나는 모든 일을 통제(관리)하는 또 한 가지의 방법이었을 뿐이었다는 허탈한 기분을 느낄 수 있었다.

이 두 그룹의 대비는 엄청난 것이었다. 둘 중 하나는 폭발해서 교회를 거의 파괴할 뻔했다. 다른 한 그룹은 이에 따르는 어려운 변화를 지날 때 서로를 섬겼다. 어떤 그룹이 번창하고 또 어떤 그룹이 겨우 살아남았는지 알 수 있겠는가?

패스트 트랙을 무시하는 이유

만약 패스트 트랙 해결책이 의식적 선택인 슬로우 트랙보다 훨씬 우월한 것이라면 왜 지금까지 우리 뇌의 이 놀라운 부분에 대해 들어본 적이 없었던 것일까? 여기에는 세 가지 이유가 있다. 첫째는 주의주의, 둘째는 패스트 트랙의 속도, 세 번째는 슬로우 트랙이 특별한 훈련 없이는 패스트 트랙을 모니터할 수 없기 때문이다.

앞서 봤듯이, 주의주의는 인간에게 중요한 모든 것이 의식, 사고 트랙 안에 존재한다고 믿는 렌즈 혹은 패러다임이다. 사물이 어떤 원리로 작용하는지, 크리스천은 무엇을 믿고 어떻게 행동해야 하는지, 문제를 어떻게 해결해야 하는지 이 모든 것이 의지의 문제라고 말한다. 하지만 여기에는 패스트 트랙이 없기 때문에 의식적 사고를 들여다보는 것으로는 해결책을 절대 찾을 수가 없다.

초의식supra-conscious의 속도는 일초에 여섯 사이클을 도는 데 반해 의식은 일초에 다섯 사이클을 처리한다. 패스트 트랙과의 이 정도 속도 차이만으로 우리가 의식적 그림을 모을 때마다 패스트 트랙은 이미 지나가버리고 만다. 우리가 한 번도 의식적으로 패스트 트랙을 '보지 못하기' 때문에 그것이 존재했다는 사실조차 기억하지 못한다. 우리는 이것을 본능적인 반응, 직관, 자동 반사 혹은 '난 원래 이렇게 타고났어'와 같은 표현들을 사용해서 우리가 모르고 지나왔던 것을 설명하고자 한다.

의식적 정신은 패스트 트랙의 정체성과 현실을 따라가기 위해 줄에 묶인 강아지처럼 연결되어 있다. 엄밀한 의미에서 슬로우 트랙은 패스트 트랙이 작동하고 있는지 아닌지 모니터할 수 없다. 슬로우 트랙은 마치 패스트 트랙이 하는 일이 언제나 완료된 것을 전제로 계속 진행된다. 제한된 습관(성숙 기술의 부족)으로 인해 패스트 트랙이 막히면 좌뇌의 관리 시스템이 그냥 인생 전반을 관리하며 나아가는 방향으로 빗나가고 만다. '보스'(패스트 트랙)가 의식을 잃었다는 사실을 눈치챌 정도로 훈련이 되어 있지 않았다면 말이다. 패스트 트랙이 작동하고 있는지 알아볼 수 있는 테스트도 있다. 이는 패스트 트랙을 다시 작동하게 만들기 위해 따를 수 있는 절차라고도 볼 수 있다. 이러한 테스트와 '리셋 과정'reset procedures은 RARE 리더들이 가지고 있는 가장 특별한 도구이다. 이 테스트와 리셋 방식은 다음 장에서 더 자세히 알아보도록 한다.

정체성 그룹 : 동지들과 팀 만들기

행동을 변화시키기 위해 책임감 그룹에 기대지 않고 RARE 패러다임을 유지하기 위한 정체성 그룹을 만들 것을 권하고 싶다. 책임감 그룹이 사람들에게 자신의 행동과 그들이 약속대로 잘 살아왔는지를 함께 모여 솔직하게 나누게 하는 반면에 정체성 그룹은 사람들이 자신이 누구이며 자신답게 사는 것이 어떤 것인지, 하나님이 그들이 어떻게 행동하도록 창조하셨는지를 기억하는 것을 도와주는 일에 초점을 맞춘다.

리더로서 우리는 가면을 벗고 우리의 약함을 내보일 수 있는 곳이 필요하다. 우리는 우리의 약한 상태에서 충분히 회복하고 성장할 수 있도록 오랫동안 보호해줄 사람들이 필요하다. 우리는 또 우리가 누구인지 상기시켜줄 누군가가 필요하다. 그 필요를 채워주는 것이 바로 정체성 그룹이다. 정체성 그룹은 우리 안에 최선을 소환하고 구원받은 우리 자신답게 행동하는 것을 도와준다.

나Jim는 몇 년간 몇몇 동료들과 함께 만든 정체성 그룹에 속해 있다. 서로의 행동을 평가하거나 이런저런 약속들을 꼭 지키라고 권고하지 않는다는 점에서 책임감 그룹은 아니다. 오히려 우리의 어려움을 이야기하고 가지고 있는 문제점들에 대해 솔직하게 나눌 수 있는 곳이다. 서로를 고치려 들지 않는다. 대신에 우리는 문제와 관련된 감정들을 인증해주고 서로에게서 최선의 것을 이끌어낸다. 종종 우리의 상황과 관련해서 하나님의 임재와 평강을 찾을 수 있도록 서로를 도와준다.

> 우리는 서로 고치려 들지 않는다. 대신 서로에게서 최선의 것을 이끌어낸다.

나Marcus는 최근 전역에 흩어져 살고 있지만 친한 친구들 몇 명과 정체성 그룹을 만들기 시작했다. 우리가 당면한 문제들에 대해 서로 문자를 보내거나 전화로 논의하는 일은 흔히 있는 일이었다. 작년에 나는 불안과 싸우고 있었다. 이 정체성 그룹의 한 친구는 몇 시간 동안이나 내가 겪고 있는 어려움에 대한 토로를 들어주었다. 이 과정 중에 팀 멤버들 중 다수가 심각한 불안을 겪은 적이 있다는 사실을 알게 되어 놀랐다. 나 혼자 불안을 느끼는 것이 아니라는 것을 알게 되자 마음이 편안해졌다.

그들 중 몇 명은 중요한 변화를 만들어낼 수 있는 좋은 조언을 해주었다. 그들은 나를 판단하지 않았다. 오히려 엉망진창인 상황 가운

데에서도 하나님을 찾을 수 있게 도와주었다. 그들은 나에게 조언을 해주고 내 문제를 처리해나갈 수 있도록 필요할 때마다 항상 문을 열어두었다. 어떨 때는 내가 그들이 겪고 있는 일들을 듣기도 했다. 우리의 목표는 언제나 같았다. 문제와 관련된 감정을 인증해주고 평강의 자리로 나아갈 수 있게 도와주는 것이었다.

정체성과 친밀감

소속감과 정체성에는 역설적인 부분이 있다. 어떤 면에서 우리 모두는 타락한 인간이기 때문에 모든 인간의 그룹 정체성이 '왜곡'되어 있다고 말할 수 있다. RARE 패러다임이 효과가 있는 이유는 우리가 크리스천으로서 예수님의 삶을 보고 더 높은 기준으로 우리의 개인적 정체성과 그룹 정체성을 끌어올리려고 무던히 애를 쓰기 때문이다. 우리는 인간으로 오신 예수님의 삶을 더 높은 기준의 모델로 삼는다.

하지만 여기서 우리의 뇌는 이해의 선을 넘지 못한다. 우리 뇌의 슬로우 트랙은 예수님의 삶에 대한 정보를 분석하고 이에 영감을 얻을 수는 있지만 그 자체로 우리의 정체성을 바꾸지는 못한다. 단순히 예수님이 어떻게 경건함을 보이셨는지에 대한 진리를 아는 것만으로 우리를 경건하게 만들지 않듯이 말이다. 예를 들어, 이사야는 하나님이 거룩하다는 것을 알고 있었지만 초월적인 하나님의 임재를 경험하면서 그의 정체성이 변했다. 거룩한 하나님과 대면하면서 이사야는 자신의 죄성을 깨닫게 되고 거룩한 하나님과 마주하면서 치유 받고 변화된다.

여기에서 좋은 소식은 하나님이 인간과의 소통을 멈추지 않으셨다는 것이다. 프란시스 쉐퍼 Francis Schaeffer는 "하나님은 거기 계시고 말씀하신다"고 말했다. 뇌의 패스트 트랙은 언어지향적이 아니다. 그리고 하나님은 말로 우리의 패스트 트랙과 소통하지 않으신다. 하나님이 하시는 일은 말보다 훨씬 더 깊은 차원의 것이다. 그렇기 때문에 많은 목사와 크리스천 들이 하나님께 "이끌려서", "인도되어", "끌려서"라는 말을 한다. 이런 말들로 자신들의 삶 속에서 나타난 비언어적인 하나님의 임재 경험을 묘사해보려고 하는 것이다.

목사들은 자주 성도들에게 "주님께서 이 말씀을 내 마음에 주셨다" 혹은 "오늘 하나님께서 이 문제를 다루라고 이끄심을 느꼈다"고 말한다. 뇌과학 용어로 주님의 인도를 받는다는 발상은 하나님께서 비언어적인 우리 뇌의 패스트 트랙을 통해 언어만으로는 도달할 수 없는 깊은 차원으로 우리와 소통하신다고 다시 말할 수 있다.

이렇게 이야기했지만 슬로우 트랙에도 그 역할이 있다. 어떻게 하나님이 우리를 인도해주시는지 살펴보게 하고 우리가 경험하는 것을 언어로 표현하도록 도와준다. 이것은 이러한 언어들이 하나님으로부터 왔다는 의미는 아니지만 우리가 이끌림을 받았을 때 느끼는 감정을 언어로 표현할 수 있음을 의미한다.

항상 계시고 말씀하시는 인격적인 하나님과 소통하는 것은 우리의 왜곡된 정체성을 극복하는 데 매우 중요하다. 이러한 종류의 하나님과의 친밀감은 자신의 패스트 트랙을 주목하는, 감정적으로 성숙한 리더들의 전형적인 특징이라고 할 수 있다.

파올로 : 약함과 변화

리더십에 관한 책 중에 약함을 다루는 책은 많지 않을 것이다. 하지만 약함을 대하는 우리의 태도는 리더로서의 우리를 규정한다. 모래 놀이터 리더들은 자신의 약함을 숨기기에 급급하고 다른 사람들의 약함을 공격하거나 드러나게 한다. 반면에 RARE 리더들은 자신의 약함을 솔직하게 드러내고 약자와 강자가 함께 정기적으로 소통하는 공동체를 세운다(회복 그룹에서 봤듯이 말이다). 이에 대해서는 'Chapter 8. 자신답게 행동하라'에서 더 많은 이야기를 나눌 것이다.

파올로Paulo와 이에다Ieda는 모두가 사랑하는 선교사 리더이자 훈련사였다. 파올로는 사람을 대하는 기술과 스타일 그리고 매력적인 성격을 가지고 있었다. 첫 만남에서부터 그의 미소와 따스함이 낯선 사람들을 편안하게 만들었고 에너지가 끊임없이 넘쳐났다. 파올로는 비전을 가진 사람이었고 곧 리더, 선교사들을 훈련하며 팀을 이끌게 되었다. 하지만 파올로에게 있었던 숱한 지식도 자신의 불륜을 막지 못했다. 그는 이 사건으로 마치 사냥꾼의 총에 맞은 오리처럼 하늘에서 추락하고 말았다.

파올로는 그의 결혼생활과 가정을 새롭게 세워가는 과정 중에 자신의 약점을 문제점으로 인정하는 RARE의 길을 따랐다. 그는 성 중독 프로그램에 들어갔다. 하지만 대부분의 리더들과 달리 파올로는 자신의 불륜 사건을 사용하여 다른 이들에게 그들의 약점을 어떻게 다룰 수 있는지에 대해 가르치기 시작했다. 대부분의 리더들과는 달리 자신의 성 중독을 숨기기보다는 그가 배울 수 있는 모든 것을 배우고 다른 이들도 자신의 삶 속에 존재하는 약점들을 솔직하게 나누도록 가르치는 길을 선택했다.

> 약함을 대하는 우리의 태도는 리더로서의 우리를 규정한다.

그러던 중 파올로가 '인생모델'을 알게 되었을 때 그는 이미 성 중독에서 벗어난 상태였다. 파올로는 "내 인생에 일어난 변화는 성령님과 내 아내 이에다의 도움 없이는 불가능한 일이었다"고 말한다.

하지만 파올로의 리더십과 사역은 그의 불륜 사실이 드러나자마자 즉시 사라져버렸다. 브라질에서는 리더가 공적인 수치를 당하면 회복할 길이 없었다. 리더가 자신의 약점을 치유하고 성장시킬 수 있는 방법을 보여주기보다 숨기기에 급급하면 수치심과 수치를 당할 것에 대한 두려움이 그를 지배하게 된다. 파올로는 '인생모델'에서 불륜 사건의 수치심으로부터 기쁨을 회복하는 방법 그리고 이것을 다른 사람들에게 가르치는 방법을 배우게 되었다. 패스트 트랙이 어떻게 기쁨을 회복시키는지 그리고 어떻게 이 습관을 개발할 수 있는지에 대해서는 앞으로 더 자세히 설명하도록 하겠다.

많은 리더들이 약점에 대해 이야기할 때 숨기려고 하거나 가명을 쓰고 싶어 할 것이다. 하지만 파올로 엔리크 유프라지오 다 실바는 자신의 이름을 그의 이야기에 실명으로 넣었다. 자신의 진정한 정체성을 찾았고 다른 사람들을 변화로 이끌어갈 준비가 되어 있기 때문이다. 이것이 바로 RARE 리더라는 표시이다.

두려움의 대상이었던 인종차별주의 리더의 변화

대부분 그룹의 전형적인 모습은 강자들은 서로 잘 뭉치고 약자들은 스스로를 지켜야만 하는 모습일 것이다. 일반적으로 힘으로 보이는 것들이 실제로는 불안과 두려움을 근간으로 하고 있다. 힘은 대부분의 경우 우리 자신의 이미지를 관리하기 위해 사용되는 관리 기술의 집합체라고 할 수 있다. 많은 강자들이 훌륭한 성숙도와 대인관계 기술을 가지고 있지만 기쁨이 아닌 두려움이 그 힘의 동기가 된다. 그 결과 우리는 영리하게 다른 사람들을 조종하는 조종자가 되는 동시에 우리 자신이 만들어놓은 거짓에 스스로 고립된다. 이런 경우, 우리의 정체성이 사람들을 관리하지만 우리는 그들의 사람이 아니고 그들 또한 우리의 사람이 아니다.

자신의 약점을 잘 숨기는 강자는 함께 어울리기를 좋아한다. 서로를 저녁 식사에 초대한다. 아이들도 같이 놀고 결국에는 교회를 함께 운영해 나가게 된다. 시간이 지나면서 그 무리 안에 거하는 사람은 자신의 약점을 잘 숨긴 또 다른 강자일 뿐이다. 이러한 생활 패턴은 변화에 거스르는 안전지대를 형성한다. 이와 동시에 거기에는 항상 진리와 선택에 대한 많은 말들이 오간다. 단순히 말해 더 강한 사람은 더 나은 선택을 한다고 믿는다.

두려움에서 소속감으로 우리의 패스트 트랙 사고방식을 바꾸는 것이 어떻게 변화를 만들어내는지 한 예를 들어 설명하는 것이 이해를 도울 수 있을 듯하다.

아드리안 볼크Adriaan Volk는 남아프리카에서 인종차별이 자행되던 시기의 말기쯤 치안부의 책임자였다. 1980대 후반 볼크는 남아프리카에서 가장 큰 두려움의 대상이었다. 〈BBC News Hours〉BBC 뉴스 시간는 그에 대한 특별한 사연을 보도했는데 중심 내용은 그의 잔인함이 아닌, 변화에 대한 것이었다. 현재 그는 흑인 가족과 함께 살고 가난한 이웃들에게 음식을 나누어 주며 살고 있다.

아드리안 볼크는 자신의 정체성을 그리스도의 관점에서 새롭게 조명해보고 그 정체성이 죄악되고 사랑이 없음을 보게 되었다. 그는 그리스도의 명령에 따라 그가 다른 사람들을 사랑하고 가난한 자들을 돌보기 위해 창조되었음을 깨닫고 이로 인해 극적인 방법으로 안전지대로부터 빠져나왔다. 오늘날 그는 인종차별 정권에서 가장 강력한 리더 중 하나로 살았을 때는 알지 못했던 기쁨 가운데 살고 있다. 그는 보금자리를 찾았고 자신이 핍박하던 사람들과 새로운 그룹 정체성을 찾았다. 아드리안은 변화된 것이다.

이성적 사고방식으로 보면 볼크는 진리를 찾았고 더 나은 선택을 했다고 말할 것이다. 하지만 RARE 사고방식으로 보면 볼크가 그의 힘을 약점으로 보게 되면서 변화했다고 말할 수 있다. 하나님과 소통하고 완전히 새로운 가정과 살게 됨으로 그는 새로운 그룹 정체성을 키웠다. 두려움에서 기쁨으로 삶의 추진력을 바꿈으로써 볼크의 정체성 또한 변화된 것이다.

변화는 약자와 강자가 공통의 정체성과 소속감을 갖는 문화에서 서로 상호 작용을 할 때 일어난다. 사람 간에 신뢰를 쌓아가는 이 길은 사도 바울이 이야기하는 이상적인 교회에서 찾을 수 있다. 사도 바울은 주인과 종, 부자와 가난한 자, 유대인과 이방인, 지혜자와 어리석은 자가 다 함께 주님의 식탁에서 공통의 정체성을 갖는 교회를 꿈꿨다. 이런 공동체는 변화하는 문화의 가장 강력한 요소들을 합쳐서 새로운 정체성을 창조하고, 소속감을 느낄 수 있는 장소를 제공한다. 강자를 안전지대에서 끄집어내고 약자를 위해 성숙해가는 길을 제시한다. 이런 변화를 이뤄내는 추진력에 대해서는 다음 장에서 살펴보도록 하겠다.

어떻게 변화가 일어나는가

이제 왜 진정한 변화를 만들어내거나 곁길로 치우치지 않기 위해 RARE 기술이 필요한지 명확해졌을 것이다. 다시 말하지만 RARE 기술은 우리 뇌의 '패스트 트랙' 성장을 강화하는 것이다.

저절로 패스트 트랙이 개발되겠지 하는 생각으로 그냥 두면 우리는 성숙하지 못하고 결국 압박을 받는 상황이 되면 늘 실패하고 만다. 우리가 안락함을 추구하고 우리의 약점을 숨기기 원하기 때문이다. 또한 모든 사람이 그렇듯 무엇이 진리인지 알고 그에 따라 옳은 선택을 하려 함에도 불구하고 사라지지 않는 우리의 약점을 어떻게 다루어야 할지 모르기 때문이다. 어떻게 변화가 일어나는지를 설명하는 패러다임을 바꿀 때 새로운 답을 얻는 것이 가능하다. RARE 리더십은 개인과 그룹의 정체성을 어떻게 세우는지에 대한 이해가 있을 때 얻을 수 있다. 이 책의 나머지 부분을 읽어가면서 정체성을 어떻게 세울 수 있는지 알게 될 것이다.

패스트 트랙 안에서의 개인 정체성과 그룹 정체성

뇌의 마스터 시스템master system은 우뇌에 본부를 두고 다음과 같은 많은 기능을 소화한다: 면역체계, 집중하기, 순간순간 우선순위 세우기, 언제 우리의 의견을 바꿔야 할지 결정하기 등이 있다. 하지만 패스트 트랙의 가장 중요한 측면은 성공적인 정체성을 세우는 일이다.

① 나는 누구인가?
② 내 정체성 그룹은 누구인가?
③ 이러한 상황 속에서 지금 당장 우리 답게 행동하는 것은 어떤 것인가?

이 세 가지 우선순위가 마스터 시스템이 고려하도록 깔려 있는 것의 핵심이라고 할 수 있다.

만약 우리가 이 세 가지 뇌의 우선순위를 부정적인 면에서 생각해본다면 트라우마나 외상 후 스트레스PTSD가 있는 경우 '지금 나는 누구이며 이러한 상황에서 내가 또는 내 사람들이 어떻게 자신답게 행동해야 하는가?'에 대한 질문에 답하는 능력이 떨어진다는 사실을 발견할 수 있다. 우리의 정체성 센터가 방해를 받으면 그 순간 모든 관심이 문제와 그 문제를 어떻게 멈추는가에 집중된다.

리더의 패스트 트랙이 성숙하고 잘 발달되어 있으면 스트레스에 대해 매우 다른 반응을 보인다. 문제를 멈추게 하려고 애쓰기보다 성숙한 뇌는 우리의 정체성, 목표, 목적, 팀이 가장 중요한 것에 초점을 맞출 수 있게 한다. 일단 우리가 우리답게 행동할 때 이러한 문제들을 해결할 수 있는 최고의 창의력과 에너지를 발휘할 수 있다. 그리고 이러할 때 우리는 최소한의 손상 없이 중요한 목표에 도달할 수 있다. 리더가 확실한 그룹 정체성을 지탱해줄 때 자신이 인도하는 그룹으로부터 이러한 창의력과 집약된 노력을 끌어낼 수 있다. 관계를 문제보다 훨씬 중요하게 여기게 되는 것이다.

패스트 트랙의 가장 꼭대기에 위치한 최고 운영자 전전두엽 피질은 우리가 지속적으로 관계성을 유지할 때 매일의 경험을 통해 개인과 그룹 정체성을 키워나간다. 이 운영 기능이 꺼지면 다시 문제에 집중하게 되고 이 기능은 경험을 통해 배우는 것이 거의 없게 된다. 패스트 트랙이 켜져 있고 관계성을 유지할 때에만 학습하고 더 정교해진다.

1. 혹시 '모래 놀이터 리더'를 만나본 적이 있는가? 그들의 특징은 무엇인가? 그들과 함께 일하는 것은 어떠했는가?

2. 이 장의 어떤 이야기가 가장 강하게 와 닿았는가? 어떤 면에서 그러했는가?

3. 교회 내에서 책임감 그룹이 실패하는 경우를 본 적이 있는가? 무엇이 더 효과적이었을 것이라고 생각하는가?

4. 당신의 정체성은 두려움이 주도하는가 아니면 기쁨으로 추진력을 얻고 있는가? 정체성의 추진력에 따라 리더십에 대한 이해가 어떻게 달라지는가?

5. 당신의 정체성은 당신이 약점을 대하는 태도에 어떻게 영향을 미치는가? 리더에게 이 부분이 왜 그렇게 중요한가?

• CHAPTER 03 •

뇌 속의
엘리베이터

The Elevator in Your Brain

감정 능력 키우기

서론에 등장했던 짐 마티니는 기업 경영인으로 끊임없이 자기 개발하는 방법을 배워가는 사람이다. 마티니는 최고의 효율을 끌어내기 위해 자신의 패스트 트랙을 훈련한다. 내Jim가 마티니를 만났을 때 나는 그에게 '최적화人'the optimizer이라는 별명을 붙여주었다. 마티니는 판매 실적, 건강, 수입 그리고 자기 자신을 최적의 상태로 유지했다. 그는 다음과 같이 말한다.

처음에는 시간을, 다음에는 감정을 관리할 수 있다는 것을 배웠다. 그다음에는 '하루가 저물 때, 모든 일을 마쳤는지 묻지 않고 내가 한 일이 하지 않은 일보다 더 중요했는지 물어보는 법'을 배웠다. 그 후에는 시간을 관리하는 것만으로는 충분치 않고 에너지를 관리하는 것도 매우 중요하다는 것을 배우게 되었다. 우리는 시간은 있지만 에너지가 없는 경우가 대부분이다.

사회생활 초창기 때, 나는 시간 관리에 대해 알게 되었다. 하지만 내 패러다임은 여전히 모든 일을 완수하기 위해 시간을 효율적으로 사용해야 한다는 틀에 갇혀 있었다. 나는 창의적이고 야망이 있는 사람이었기에 '모든 일'이라고 하면 엄청난 양의 일을 의미했다. 나는 사무실에 제일 일찍 출근하고 제일 늦게 퇴근하는 사원이었다.

우리 아이들이 고등학교에 다니고 있을 때 두 가지 일이 동시에 일어났다. 지멘스사Siemens, 세계적인 공업 회사를 대리하여 대형 건강 증진 시스템인 카이저 퍼머낸테Kaiser Permanente의 회계를 관리하는 국내 회계 담당자로 막 인계를 받은 상황이었다. 이에 따라 내 시간을 써야 하는 가능성과 수요는 내가 관리할 수 있는 능력치를 훨씬 넘어서게 되었다. 그때, 우리 아이들이 곧 대학에 입학하여 집을 떠난다는 것이 생각났다. 그래서 아이들이 떠나기 전에 함께 시간을 보내기 위해 내 시간을 더 잘 관리해야 했다.

한 친한 친구가 나에게 《성공하는 사람들의 7가지 습관》*The Seven Habits of Highly Effective People*이라는 책을 소개해주었다. 이 책의 저자 스티븐 코비의 발상은 나에게 크게 와 닿았다. 이 습관들을 코치해준다는 말에 바로 신청했다. 나는 그중에서도 최고일 뿐 아니라 집에 아이를 키우고 있는 코치를 만나게 해 달라고 요청했다. 그렇게 해서 만난 킵 Kip과 함께 훈련하면 서 나의 삶은 완전히 바뀌었다. 우리는 "끝을 생각하며 시작 하라" 그리고 "소중한 것을 먼저 하라"와 같은 습관들을 함께 연습해 나가기 시작했다. 킵은 나에게 자기 사명선언문 personal mission statement을 써볼 것을 권했다. 그는 내 정체성을 끌어냈 다. 하나님은 나를 어떤 사람으로 창조하셨는가? 내 삶의 목 적은 무엇인가? 킵은 "명료화된 관계적 가치"라고 부르는 리 스트를 작성하고 주간 계획표로 사용할 것을 권했다.

- 나는 창조주이시며 전인류를 사랑하는 분과 생명을 주는 관 계를 맺고 있다.
- 하나님은 매일 나를 변화시키신다.
- 우리는 매일 서로 안에 거한다.
- 하나님은 매일 나를 통해 세상에 영향력을 끼치신다.
- 나는 내 용량을 책임지는 청지기이다. (나는 스스로 돌봄으로 위대한 삶의 토대를 매일 새롭게 한다.)
- 미쉘과 나는 우리의 멋진 관계로 인해 기쁨을 누린다.
- 우리는 마리오와 루이자와 함께하는 따뜻하고 친밀한 관계 에서 기쁨을 누린다.
- 우리는 우리의 대가족과 입양된 가족을 사랑하고 소중하게

여긴다.

- 우리는 직장에서 만나게 되는 사람들을 사랑하고 소중하게
  여긴다.
- 우리는 크고 지속적인 영향을 세상에 미친다.

나는 크게 미소 짓고 있다. 그리고 이 목록에 쓰인 말이 모두 진실이 될 수 있도록 노력하고 있다. 나는 의욕에 넘쳐 전율하고 있다. 패스트 트랙이 확실하게 실행되고 있는 것이다.

이런 방식으로 패스트 트랙을 활성화시키던 첫 해에 나는 국내에서 영업 담당자 이인자 자리에 오르게 되었지만 같은 해에 7주의 휴가를 모두 사용했다. 이런 과정 중에 흥미로운 사실을 알게 되었다. 여태껏 나는 마치 포춘 500사 리스트에 올라 있는 회사에서 최고 영업 담당자처럼 사는 것이 최고 가치 있는 목표인 것처럼 행동하고 있었던 것이다. 하지만 보다시피 우리 회사는 사실 리스트에 올라와 있지도 않았다. 실상은 이랬지만 역설적이게도 나는 여전히 일을 잘 해내고 있었다. 패스트 트랙을 통해 나는 내가 진짜 누구인지 깊이 이해하면서 살아갈 수 있었고 이를 통해 여전히 좋은 실적을 내면서 동시에 더 큰 내가 될 수 있었다.

에너지, 동기부여, 참여는 순조롭게 실행되는 패스트 트랙과 확고하고 기쁨이 충만한 정체성이 함께할 때 나오는 결과물이다. 정체성

은 패스트 트랙의 핵심 기능이다. 정체성이 확고하고 우리의 가치, 가정, 사회생활, 사명에 맞아 떨어질 때 우리는 우리 자신과 우리가 속해 있는 그룹을 이와 같은 방향으로 이끌어갈 수 있게 된다. **인도하는 역량은 학습되고 최적화될 수 있다.**

만약 우리가 다른 사람과 소통하는 것을 핵심 목적과 기술로 나눈다면 기술은 우리가 흔히 말하는 감성지능EQ 혹은 감정 능력이라고 할 수 있다(이 두 용어는 다니엘 골먼이 만든 용어이다¹). 핵심 목적은 우리 정체성을 개인과 그룹으로 유지하고 인도하는 것이다. 그렇다면 이 패스트 트랙 유도 시스템이 실제로 어떻게 작용하는 것일까?

뇌를 '보다' : 뇌과학의 돌파구

1990년대 전까지 뇌는 죽은 후에야 연구할 수 있었다. 뇌 기능은 뇌 손상을 입은 사람들을 대상으로 실험하면서 연구되었고 그후에 그 사람들이 죽으면 뇌의 어느 부분이 손상되었는지를 확인하는 식이었다. 뇌를 대충 측정하는 데 엑스레이도 사용되었지만 엑스레이로 찍은 뇌의 부분이 어떤 기능을 하는지는 알 수가 없었다. 1980년대 중반까지도 여전히 외부 수행 검사를 사용하여 뇌 기능을 확인했다. 만약 누군가 색깔을 보지 못한다면 뇌의 색깔 센터에 문제가 있는 것이고 누가 오른손을 못 쓴다고 하면 뇌 안의 오른손잡이 통제 센터에 문제가 있을 것이라 유추하는 식이었다.

나Jim는 수련의 한 일환으로 재향 군인 관리국 병원에서 근무하는 신경외과 의사들에게 이런 신경학적 검사를 시행한 적이 있다. 그때 나는 마치 인간 뇌를 스캔하는 기계가 된 느낌이었다.

기술이 발달하면서 손상 없이 살아 있는 뇌를 검사할 수 있는 컴퓨터화 된 뇌 스캐너가 등장했다. 드디어 살아 있는 뇌를 과학적으로 연구할 수 있게 된 것이다. 따라서 우리는 이제 영적 경험이 일어나기 위해 뇌의 어떤 부분이 작동해야 하는지 살펴보고 말할 수 있게 되었다. 이러한 새로운 정보와 처리 과정에 관한 기존의 지식이 합체하여 뇌의 어디가 '막혀' 제대로 기능하는 걸 방해하는지 알아볼 수 있게 되었다.

'정신의학의 아인슈타인'이라고 불리는 UCLA의 앨런 쇼어 박사 Dr. Alan Schore는 많은 연구 분야를 통합하여 뇌의 논리 정연한 모델을 만드는 데 기여한 주요 인물이다. 쇼어 박사가 집필한 세 권의 책 중 첫 번째 책에는 뇌가 어떻게 기쁨을 통해 정체성과 동기를 학습하는지에 대한 내용이 들어 있는데 여기에는 과학적 근거를 좀 더 깊이 들여다보고 싶은 사람들을 위해 100장이 넘는 참고 문헌이 실려 있다.[2]

뇌 연구소에서 드러난 것은 우뇌의 밑에서 시작해서 네 가지 주요 단계를 거쳐 앞으로 뻗어가는 경험 처리 경로 사진이었다.[3] 위로 올라가는 과정에서 뇌는 이 순간 세상에 비쳐 보이는 '내가 있는 곳'에 대한 그림을 만들어낸다. 이런 관계적 그림은 1초에 6회 업데이트 된다. 높은 탄성과 넓은

성경 말씀 전반에 걸쳐 우리는 기쁨이 우리가 고난을 견뎌낼 수 있게 하는 동기임을 볼 수 있다.

용량을 지닌 사람들은 이런 처리 과정이 막힘없이 진행된다. 기쁨이 희박한 다른 뇌는 (관계적 능력이 너무 부족한) 여기저기서 '막히고' 또 다른 부분에서는 급기야 그 기능이 꺼지면서 '이 세계에서 내가 있는 곳'에 대한 그림이 완성되지 못한다. 기능을 잘하는 뇌와 실패하는 뇌 사이의 중요한 포인트는 기쁨이 고갈되어 두려움으로부터 동기 부여를 얻는지 여부에 달려 있다. 패스트 트랙 처리 기능이 불완전하면 이는 우리를 고찰 없이 순간적으로 반응하게 하고 비효과적인 삶과 사람들을 인도하는 것에 미칠 수 있는 심각한 영향에 대해 융통성 없는 태도를 보이게 하는, 소위 '연락이 끊긴' 모습으로 나타나게 된다.

기쁨은 재생 가능한 에너지의 원천으로, 뇌는 기쁨을 선호하도록 설계되어 있다. 다시 말하지만, 이것은 리더들에게 좋은 소식이다. 당신이 이끌고 있는 사람들이 사기가 저하되어 힘들어할 때, 혹은 당신이 갈등 속에서 당신의 마음을 다잡기 위해 분투하고 있을 때 뇌과학을 통해 어쩌면 기대하지 못했던 도움을 얻게 될 수도 있다.

과학은 성경이 말하는 기쁨의 중요성을 다시 한 번 상기시켜준다. 예수님은 우리의 기쁨을 온전히 하기 위해 오셨다고 말씀하셨다.[4] 시편에서는 기쁨을 하나님의 얼굴 안에서 찾을 수 있다고 가르친다.[5] 대제사장은 일상적 축복으로 하나님의 얼굴이 우리에게 비추시기를 구한다고 하였다.[6] **성경 말씀 전반에 걸쳐 우리는 기쁨이 우리가 고난을 견뎌낼 수 있게 하는 동기임을 볼 수 있다.**

예수님은 다가올 기쁨을 위하여 십자가 고난을 견디셨다.[7] 핍박도 기쁨으로 맞이해야 하는 것이다.[8] 시험도 기쁨으로 맞이해야 한다.[9] 사도 바울은 골로새 교인들을 위해 고난 받는 것을 기뻐했다.[10] 사도 바울과 실라는 갇힌 감옥 안에서 맞은 상처를 견디며 찬송했다.[11] 성경에는 기쁨이 어떻게 우리의 용량을 키워 고난을 견디게 하는지에 대한 많은 말씀이 있다. 느헤미야는 "여호와로 인하여 기뻐하는 것이 너희의 힘이니라"라고 썼다.[12] 이 새로운 뇌과학의 결론은 관계적 기쁨, 즉 관계에서 오는 기쁨이 우리의 정신을 더 강하고 탄성이 높아지게 만드는 자연스러운 수단이라는 것이다. 기쁨은 참여를 이루어내는 자연스럽고 지속 가능한 연료이며 짐 마티니가 그의 삶에서 발견했듯이 우리 삶의 장기간에 걸쳐 가장 바람직하고 강력한 동기부여 요인임을 알 수 있다. (마티니는 현재 CEO이면서 '인생모델'에서 자원봉사활동을 최적화하고 있다.) 기쁨을 기반으로 그룹 정체성을 세우는 것은 리더십이 가야 할 최적의 길이다.

뇌 속 엘리베이터가 고장 날 때

패스트 트랙 처리 경로가 어떻게 작동하는지 이해하기 위해 4층 빌딩에 있는 엘리베이터를 떠올려 보자. 엘리베이터가 2층과 3층 사이에서 멈추거나 4

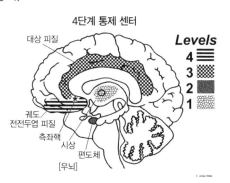

4단계 통제 센터

대상 피질
궤도 전전두엽 피질
측좌핵
시상
편도체
[우뇌]

Levels
4
3
2
1

층에서 문이 열리지 않으면 어떻게 되는가? 사람과 물건이 그들이 가고자 하는 곳에 도달하지 못해 시간이 지체된다. 이런 일이 뇌에서 일어나면 리더십과 정체성의 중요한 부분이 제때 도달하지 못하거나 어긋나게 된다.

대부분의 사람들이 뇌가 좌뇌와 우뇌로 나눠져 있다는 것을 알고 있다. 우뇌는 우리의 핵심 정체성을 지배한다. 대부분 비언어적인 영역이고 좌뇌보다 훨씬 더 빠른 속도로 작동한다. 우뇌 측의 마스터 시스템은 우리가 의식적으로 생각하는 것보다 빠르게 우리의 감정과 관계에 영향을 미친다. 우뇌는 밑에서부터 위로 기쁜 관계를 탐색하고, 세우고, 이를 통해 강해진다. 이러한 설계는 뇌 기능의 네 가지 단계로 순차적으로 나타나며 뇌의 아래 부분에서 시작해 꼭대기로 움직인다.

1단계 : 애착 센터 - 시상(視床)과 측좌핵(側坐核)

이 부분은 뇌의 가장 깊숙한 곳에 위치해 있으며 가장 기본적인 것을 담당한다. 애착 센터는 우리가 누군가와 함께 있고 싶을 때 불이 켜진다.

나Marcus는 24살 된 딸과 함께 커피숍에 앉아 이 글을 쓰고 있었다. 그때 딸의 핸드폰이 울렸고 딸은 벌떡 일어났다. "어머나! 네가 전화를 하다니!" 대학 동기에게 안부를 묻는 딸의 얼굴과 목소리에 기쁨이 가득했다. 핸드폰에서 친구의 이름을 본 순간 친구와 기쁨으로 연결된 데 대한 기대감으로 애착 센터에 불이 켜진 것이다.

애착 센터의 핵심은 관계이다. 이 센터의 가장 큰 즐거움은 기쁨이 충만한 애착관계에서 비롯된다. 이에 반해 가장 큰 고통은 관계의 부재이다. 우리의 가장 깊숙한 필요, 가장 절박한 욕구는 기쁨이 충만한 관계를 맺는 것이다. 사람들은 기쁨을 주는 관계를 얻기 위해 사역을 그만 두고, 가정을 버리기도 하며 신용카드를 마구 긁어 대는 정신 나간 짓을 하기도 한다. 1단계에서 가장 흔히 생기는 문제는 중독이다. 우리는 이러한 위험을 무릅쓰고 기쁨의 가치를 무시한다.

당신이 개 한 마리를 보았다고 해보자. 1단계에서 우리 주위의 세상 중 어떤 부분이 지금 이 순간 개인적으로 의미 있다고 결정하면 그 정보는 엘리베이터에 놓여 제일 꼭대기 층, 즉 4층에 거하는 최고 경영자에게 층층이 올라가기 시작한다. 1단계에서 개가 당신에게 중요한지를 결정하고 이 개를 엘리베이터에 태워 2층으로 올라간다.

2단계 : 평가 센터 - 편도체

2단계는 많은 사람에게 투쟁-도피 반응fight-or-flight response으로 알려져 있다. 경험을 처리하는 엘리베이터가 2층에 도달하면 그 안에 있는 존재를 조사하여 이것이 좋은 것인지, 나쁜 것인지 아니면 무서운 것인지를 살펴본다. 좋은, 나쁜, 무서운 순간들에 대한 중요한 기억의 장서를 뒤져보고 나서 이 순간 엘리베이터에 실린 경험의 가치를 결정한다. 이 장서는 다음과 같이 말할 수 있다. 개는 큰 소리로 짖고 달려든다. 개 = 무서운 것 / 개는 문다, 개 = 나쁜 것 / 개는 아무도 나를 사랑하지 않을 때 나를 사랑해준다, 개 = 좋은 것. 2단계는 이유를 묻지 않고 자신의 결정을 번복하지 않으며 장서를 확인한다. 이 장서에 저장되어 있는 책들(기억)은 영원히 그곳에 있다. 외상 후 스트레스PTSD의 경우, 엘리베이터는 2층에 멈춰 있다. 국가적 코드 레드, 즉 매우 심각한 상황에 대한 위기 경보가 울리고 더 이상 생각을 할 수 없는 상태가 된다.

투쟁-도피 반응으로 삶을 살아가는 리더들은 스스로 기쁨을 경험하지 못하고 자신이 있는 환경에서 기쁨을 창조하는 것에 어려움을 느낄 것이다. 일단 두려움이 주 동기가 되면 삶의 거의 모든 것이 해결해야 할 문제들로 바뀌어버린다.

3단계 : 조율 센터 - 대상 피질

앞서 등장한 개는 이제 좋은 쪽이든 나쁜 쪽이든 아니면 무서운 쪽이든 꼬리표 하나를 붙이고 3층으로 올라간다. 여기에서 엘리베이터는 그 내용물을 직접적으로 볼 수 있는 범위 안으로 들어오게 된다. 3층 엘리베이터 문은 "여기에 공감하는 사람이 있는가?"라는 질문과 함께 열린다. 개를 예로 든다면 "이 강아지가 얼마나 예쁜지 보이는가?"라는 질문이 들어올 수도 있다. 우리는 한 번에 다른 한 사람과 우리의 반응을 비교해볼 수 있는 조율 층에 와 있다. 과학 용어로 이를 "상호적 마음"mutual mind이라고 부른다. 이것을 가지고 우리는 다른 사람들의 마음에 다리를 놓는다.

3층 처리 부서는 사람들을 '읽고' 그들의 감정과 일치시킨다. 이 기술이 완전히 개발되면 우리는 평안을 느끼게 된다. 3층으로 가면 우리는 하나님과 맞춰가고 삶에 대한 하나님의 측면을 인식함으로 평안을 얻게 된다. 우리가 우리의 생각을 하나님의 생각과 일치시켜 가면 평강을 느낀다. 이것이 바로 사도 바울이 골로새서 3장 15절에서 말한 "그리스도의 평강이 너희 마음을 주장하게 하라"는 의미이다.

나Marcus는 이를 다음과 같은 방식으로 바라본다. 내 마음이 불안한 생각으로 가득 차고 그 모든 생각을 뒤져 하나님을 구할 때 내 안에 평강을 주는 생각들을 찾으면 하나님을 찾았음을 알 수 있다. 하나님의 음성을 들었다는 것은 아니다. 이는 내 생각이 그분의 생각과 동일선상으로 가고 있다는 것을 의미한다.

3층에는 하나님을 의식하는 뇌의 연결선도 있지만 이곳에서 우리는 다른 사람들과 연결된다. 그래서 우리 주위에 관계적으로 무슨 일이 일어나고 있는지 이해할 수 있다. 3단계가 작동할 때 우리는 절대 소외감을 느끼지 않는다. 이 3층의 구조나 훈련에 결함이 생기면 사람들은 사회적으로 어색해지고 일상적으로 다른 사람들을 오해하는 경우가 많다. 이러한 사람들은 아무것도 없는 데에서 무엇인가 부정적인 것을 '본다'. 사람들과 맞춰 나가고 그들의 감정에 맞춰 조율하는 법을 배우는 것은 중요한 관계적 기술이다. 이 기술이 없으면 군중 속에서도 소외감을 느끼게 될 것이다.

다른 사람이 우리의 현실을 어떻게 보고 있는가에 대한 질문에 답을 얻고 나면 엘리베이터는 제일 꼭대기 층으로 올라간다. 여기에서는 이러한 상황 속에서 내가 어떻게 행동하게 되는지에 대해 최종 결정을 내리게 된다.

4단계 : 정체성 센터 – 전전두엽 피질

이곳에서 내 사람들의 핵심 가치를 통해 내가 삶을 잘 이끌어가도록 도와주고 중요한 일에 매진하며, 기쁘고 관계적인 나 자신답게 행동하게 만들어준다. 일단 내 정체성을 기반으로 하는 반응이 명확해지면 패스트 트랙은 끝이 나고 그 경험은 실행을 위해 의식적인 슬로우 트랙 관리 체제로 넘어간다.

이 네 번째 단계는 뇌의 가장 높은 수준의 기능을 나타낸다. 우리의 정체성은 관계적 기쁨을 경험하면서 지속적으로 주도권을 잡고 성장할 수 있는 용량을 키워 나간다. 사람들이 함께 모이기를 즐겨하고 역경을 견뎌낼 때마다 그들의 기쁨의 힘은 커지고 감정적 용량도 넓어진다.

패스트 트랙 엘리베이터는 이제 우리를 우뇌의 꼭대기 층까지 안내해주었다. 우리는 이 경험에 160밀리세컨드(1초의 1/6) 정도 들어왔다. 이제는 우리가 그 강아지를 쓰다듬어주고 싶다는 사실을 인지하고, 관리 기능을 하는 슬로우 트랙에게 명령을 보내 강아지의 주인이 쓰다듬게 해줄 것인지를 알아보게 할 것이다. 이 과정은 좀 더 긴 시간이 걸린다. 좌뇌 관리 기능은 아직 우리가 개를 봤다는 것을 모르지만 40밀리세컨드가 지난 후 의식적 사고가 처음에 찍었던 개의 사진을 완성하면 그 사실을 알아차리게 된다.

이 책에서 살펴보고 있는 RARE 습관은 우뇌의 이 네 가지 단계를 모두 연결시키는 것이라고 할 수 있다. 이 네 가지 단계를 함께 연동하기 위해서, 또 인간의 뇌를 기쁨으로 작동하는 관계적 기계로 만들기 위해서는 훈련이 필요하다. 모든 일이 순리대로만 작동한다면 뇌도 순조롭게 가동된다. 평소의 나답게 느껴지고 낮은 스트레스 지수와 높은 기쁨의 레벨로 기능한다. 하지만 이 과정이 무너지면, 우리의 뇌는 오작동하기 시작한다. 높은 기쁨 레벨과 낮은 스트레스 지수 대신에 두려움에 휘둘려 살게 되고 삶에서 부딪치는 문제들이 주인공으로 등장하면서 우리의 관계적 용량을 압도하게 된다.

포식자로 태어난다

컴퓨터와 달리 뇌는 성장하면서 스스로 조립해 나가야 한다. 스스로 무엇이 필요한지를 찾아서 먹어야 한다. 아기들에게 배고픔을 가르쳐줄 필요가 없다. 스스로 먹어야 한다는 욕구가 이미 깔려 있기 때문이다. 우리가 태어나면 먹을 수 있는 세상이 이미 존재한다. 심지어 엄마들까지 아기들의 먹잇감으로 존재한다. 모든 것이 아기 입으로 들어간다. 해결해야 할 문제는 내가 먹고 싶은 것을 얻는 방법을 찾는 일이고 뇌는 가장 쉬운 해결책을 찾기 위해 노력한다. 이것이 우리의 기본적 '포식자'predatory 반응이다. 모든 사람이 포식자로 태어난다. 포식자가 되기 위해 학습해야 할 필요는 없다.

네 가지 단계는 한 층씩 성장하고 발달한다

우리가 태어날 때 3단계는 미완성이고 4단계는 아직 만들어지지 않은 상태이다. 우뇌의 주요 부분의 성장은 생후 18개월이 되면 대부분 끝난다. 이 과정이 시사하는 것은 뇌는 성장하는 과정 중에 훈련해야 한다는 것이다. 리더십과 정체성이 지배하는 뇌의 꼭대기, 즉 최고 운영자 층을 키우는 것은 그 밑 3층을 견고하고 제 기능을 할 수 있게 만드는 것에 달려 있다. 공사는 엄격한 계획표에 따라 진행되는데, 많은 경우 4층은 그 아래층에 큰 문제가 있는 상태에서 만들어진다. 그렇다면 우리가 마주하는 대부분의 문제들이 생후 6개월 정도에 만들어진 – 이 시기에 감정 능력을 패스트 트랙에 세우는 것이 적절한지 그렇지 않은지와는 무관하게 - 3층에 생긴 결함에 의해 생긴다는 것은 놀랄 일이 아니다. (3층에서 우리는 관계적으로 일치시키는 기능을 배운다.)

훈련된 보호적 태도

우리는 성장하면서 모든 것이 지금 당장 먹을 수 있는 것이 아님을 배워나가야 한다. 다시 말해서, 우리는 우리의 정체성을 유지하기 위해 필요한 대부분의 최상의 자원을 얻을 수 있는 방법을 찾는 족족 사용하는 것이 아니라 저장해야 하는 것임을 깨닫는다. 여기에 감정 능력 기술이 등장한다. 우리가 가치 있다고 여기는 것을 보호하는 일은 성숙함과 뇌에서 마지막으로 발달하는 기능이 하는 역할이다. 우리는 이 4층에 있는 꼭대기 층을 오른쪽, 궤도, 전전두엽이라고 부른다. 이것의 목적은 우리 그리고 우리 주변의 사람들에게 기쁨의 정체성을 만들어주는 것이다. 여기가 바로 RARE 리더십을 성장시키고 훈련하는 곳이다.

보호자 반응protector responses은 모두 학습된다. 보호자 반응은 단순하고 빠른 포식자의 움직임보다 훨씬 더 정교하다. 어떤 면에서 리더십은 전적으로 약점을 다루는 방식이라고 할 수 있다. 약점 때문에 나타나는 결과를 예측하고, 미연에 방지하고, 보수하고, 강화하는 것이다. 시장 잠재력, 팀 형성, 동기부여, 훈련, 이 모든 것이 리더가 약점에 어떻게 반응하는지에 달려 있다.

뇌의 패스트 트랙이 훈련되지 않은 포식자같이 반응하는데 슬로우 트랙은 그런 반응을 통제하고 전문가, 크리스천 혹은 부모 행세를 하려고 애쓰는 상황이 종종 벌어진다. 이러한 상황이 뇌의 논리적 측면에 있는 슬로우 트랙을 사용하고 있다는 점을 감안하면 최선이라고 할 수 있겠지만 만약 우리가 실제적으로 패스트 트랙을 포식자가 아닌 보호자로 훈련할 수 있으면 완전히 새로운 세상이 열리게 될 것이다. **우리는 감히 이러한 훈련이 가능할 뿐만 아니라 좋은 리더를 만드는 최선의 방법이라고 말하고 싶다.**

포식자 사고방식은 뇌에 깔려 있기 때문에 아예 없어지지는 않는다. 많은 크리스천이 충동적인 성적 생각, 반응, 욕구, 이해타산을 없애기 위해 무의미하게 분투하고 그 싸움에서 지고 만다. 우리는 다른 사람들을 착취하는 방법을 알고 태어난다. 아기, 야수, 주교는 모두 어떻게 타인의 약점을 이용할 수 있는지 알고 있다!

실제적 해결책은 포식자적인 생각을 억누르는 것이 아니라 약점에 더 잘 반응하는 법을 찾는 것이다. 다른 사람들을 보호하는 사람은 포식자만큼 약점을 발견하는 것도 잘해야 한다. 여기서 필요한 것은 내가, 또 나와 같은 사람들이 우리가 만나는 헐벗고, 가난한, 길을 잃은, 혼란스러운, 어쩌면 상처받기 쉬운 사람들에게 어떻게 반응해야 하는지를 강하게 감지하는 것이다.

두려움이 장악할 때

패스트 트랙에 관계적 기쁨이 고갈되면 엘리베이터는 3층에서 막히고 만다. 아무도 우리의 경험을 이해하거나 함께하려고 하지 않을 때 우리는 두려움을 느낀다. 뇌에 동기부여의 연료를 생성하는 방법은 기쁨의 유대감과 두려움의 유대감 이 두 가지다. 우리가 이것을 '유대감' bond이라고 부르는 이유는 기쁨이나 두려움을 상호교환 하는 것이 다른 사람들과 함께 일하는 우리의 방식이 되기 때문이다.

내가 누군가와 기쁨의 유대감을 가지고 있으면 그 사람과 만나는 것을 손꼽아 기다린다. 그 사람과 함께함으로 기쁨을 얻고, 함께 있는 생각만으로도 기쁘다. 하지만 2층 평가 단계에서 내가 유대관계를 가지고 있는 이 사람이 나쁘거나 무서운 사람이라는 메시지가 전달되면 기쁨 대신 두려움이 장악하게 된다. 그렇게 되면 자유롭게 행동하지 못하게 될 것이다. 나답게 행동하기는커녕 이 관계에서 얻고자 하는 것을 얻기 위해 필요한 모습으로 보일 수 있도록 교묘하게 만들어진 가면을 써야 할 것이다.

내가 기쁨으로 기능할 때는 뇌 앞쪽에 가까운 위 두 층에 의해 작동한다. 두려움으로 기능할 때는 뇌의 밑 부분과 뒤쪽에 가까운 2층에 의존하여 작동한다. 뇌 뒤쪽은 좋은 부분이 아니다. 엘리베이터가 2층과 3층 사이에서 멈추면 다음과 같은 상황이 벌어진다.

- 비관계적
- 문제에만 집중함
- 사람이나 문제가 사라지길 기다림
- 문제에 대한 관계적 해결책을 찾지 못함
- 소외감, 혼자임을 느낌 (다 내 탓으로 돌림)
- 부정적 감정을 더 강렬하게 경험함

두려움에 의해 뇌 뒤쪽이 작동하면 어떤 일에든 두려움을 느끼고 있다는 사실을 인지하지 못하게 된다. 우리는 자주 자급자족할 수 있다고 판단한다. 하지만 실상 우리의 생각은 부정적 결과와 그 결과를 멈추게 하는 것에 급급하게 된다.
내가 해야 하는 일을 하지 않으면 어떻게 될까?

- 실직하게 될 것이다.
- 상사가 화를 낼 것이다.
- 이사회가 만족하지 않을 것이다.
- 내 아내가 나를 죽일 것이다.

이러한 동기들은 너무나 보편적으로 느끼는 감정이라 많은 그룹에서 알아채지 못하고 지나가 버린다. 사실 우뇌 기술이 부족한 리더는 자주 "당신이 하지 않으면 무슨 일이 일어날까" 하는 사고방식으로 동기부여를 하고 문제를 해결하며 행동을 취하게 하려 한다.

우리는 리더가 단순히 자신을 기쁘게 만드는 일만 한다고 말하는 것이 아니다. 오히려 그 반대이다. 우리가 하고자 하는 말은 어떤 그룹에서든지 두려움이 지배적인 동기부여가 되면 그 그룹은 위험한 존재가 된다는 것이다. 두려움이 리더의 첫 번째 동기부여 방식이 되면 그 리더는 에너지가 소진되고 그 과정에서 그룹에 역기능을 초래하게 될 것이다. 중요한 포인트는 우리가 어떻게 문제를 해결하는가이다. 문제를 관계적이고 창의적으로, 그룹으로써, 또 하고 있는 일에 우리가 가지고 있는 최고의 부분을 가지고 참여하면서 문제를 해결할 것인가? 아니면 나를 실제보다 더 강해보이게 만드는 가면 뒤에 숨어 고독 속에서 수치와 실패를 피하려 하면서 문제를 풀어갈 것인가?

어떻게 소외감이 패스트 트랙을 손상시키는가

안셀름 Anselm은 차 없이 운전을 배웠다. 차를 보기는 했지만 그의 가족은 차 없이 시골에서 살았다. 그는 비디오 게임으로 운전을 배웠다. 게임에서는 더 빨리 달리는 것이 더 잘하는 것이었고 사고가 나면 그저 다시 시작하면 되었다. 미국에 도착하자마자 안셀름은 면허를 따고 차를 구입했다. 그리고 첫 해에만 만 불이 넘는 과태료를 내야 했다. 우리는 운전을 배우기 위해 차가 필요하다. 피아노를 치기 위해서는 피아노가 필요하다. 이와 마찬가지로 참여를 배우기 위해서는 참여해야만 한다.

안셀름이 이를 깨달았기를 소망하지만 실제 삶에서 차사고가 났다고 해서 꼭 깨달음을 얻게 되는 것은 아니다. 우리는 뭔가 잘못될 수도 있다는 것을 예측하고 실제로 잘못되었을 때 회복하는 법을 배워야 한다. 예견하고 회복하는 과정은 둘 다 패스트 트랙 마스터 시스템에서 이루어진다. 그리고 우리는 이것을 혼자 소외되었을 때가 아닌 관계에 참여할 때 배우게 된다.

여기에서 얻을 수 있는 격언이 있다. **패스트 트랙 시스템은 소외감 속에서 훈련된 만큼의 소외감을 만들어낸다.**

우리가 헷갈릴 수도 있는 것은 자신이 소외되었다고 생각하는 사람들이 실제적으로 정말 혼자 있다기보다는 마치 정어리 통조림처럼 좁은 공간에 많은 사람과 함께 앉아 있을 수도 있기 때문이다. 소외감을 가장 정확히 탐지할 수 있는 방법은 그룹의 기쁨 레벨을 살펴보는 것이다. 사람들이 그룹 업무에 참여할 때 기쁨 레벨이 높을수록 (함께 모이는 것을 즐겨 함) 그 그룹의 소외감 수준도 내려간다. 사람들이 그룹 업무에서 기쁨을 찾지 못하고 기쁨을 찾기 위해 그룹원들끼리 격의 없는 자리에서 따로 모여야 한다면 업무를 할 때 소외감이 그들의 패스트 트랙을 장악하게 된다. 그들은 충돌 후 회복되지도 못하고 기쁨으로 돌아가지도 않는다. 가장 흔하게 이것은 패스트 트랙에 의한 해결책을 향상시키기보다 관리 규칙으로 이끌고 갈 때 나타난다. 우리의 내적 반응이 우리 자신의 능력을 알 수 있게 해준다. 만약 우리가 "직원들의 이야기를 들어보자. 그러면 직원들은 다시 행복해질 거야"라고 반응한다면 우리의 능력은 높아지고 패스트 트랙은 직원들이 소외감을 이겨낼 수 있도록 작동할 것이다. 우리 자신의 패스트 트랙에 쥐가 나면 그 즉시 짜증이 나고 그렇게 낭비된 시간을 관리할 수 있는 방향으로 가게 된다. 그럴 때 우리는 관리 기술을 향상시키는 것을 무시하지 않으면서 더 나은 관계적 참여로 나아갈 수 있도록 지도해줄 사람이 필요하다.

귀하고(Rare) 멋진 삶

이쯤 되면 당신 자신의 패스트 트랙에 대해 좀 더 이해하게 됐을 것이다. 좋은 소식은 이 귀하고 멋진 삶을 만들어주는 습관이 학습될 수 있다는 점이다. 우리는 개성, 의미 그리고 목적을 가지고 삶을 살아가고 다른 이들을 이끌어갈 수 있게 된다.

다음 장에서는 우리의 패스트 트랙에 수리가 필요한지 알 수 있는 지표들을 살펴볼 것이다. 그 전에 다음 페이지에 나오는 패스트 트랙 기능을 테스트해보자.

Part 1. 패스트 트랙 리더십 이해하기

패스트 트랙 기능 테스트

우리는 패스트 트랙 기능을 금방 잃어버릴 수 있다. 뇌의 운영 통제 센터 PFC는 피로, 스트레스, 우울감, 혹은 그저 압박 받는다는 느낌을 느끼는 것만으로 깜박 잠에 들 수 있다. 마약을 할 경우에는 아예 기절해버릴 수도 있다. 많은 요인들로 인해 영업시간 중에도 '최고 운영 본부'front office: 뇌의 앞쪽를 비우는 일이 생길 수 있다. 뇌가 생각보다 빠르게 작동하기 때문에 기분 나쁘게 하는 사람을 만나거나 두려워하는 문제에 대해 듣는 그 즉시 '문을 쾅 닫아' 버릴 수도 있다. (뇌 기능이 꺼져버린다)

패스트 트랙이 잘 작동하는지 테스트할 수 있는 방법이 없으면 우리는 언제 우리의 최고 운영 기능을 잃었는지 의식적으로 알 수가 없다. 이 장의 시작에 언급했듯이, 뇌 스캐너가 뇌가 작동하고 있는지 보여줄 수 있지만 비용과 크기 때문에 직장에 들고 가는 것이 가능하지 않다. 전에도 말했지만, 이 기기가 발명되기 전까지 내Jim가 인간 '뇌 스캐너'가 되어야 했던 적도 있었다. 더 고전적인 방법으로 뇌의 작동을 테스트하기 위해 뇌의 각기 다른 시스템의 특수한 기능을 이용했다. 뇌의 각 부분이 특수한 기능을 가지고 있기 때문에 이러한 기능들을 테스트하는 것이 가능하다. 예를 들어 이미지를 보여주면서 뇌의 시각 센터를 검사할 수 있다. 최고 운영자인 전전두엽에는 많은 특수 기능들을 가지고 있기 때문에 많은 검사가 가능하다. 다음은 관찰하기 쉬운 몇 가지 예시들이다.

- 궁금증 – 나는 다른 사람들이 무슨 생각을 하는지에 진심으로 관심을 가지고 있는가? 아니면 내 입장만을 반복해서 표명하고 있는가?

- 관계가 문제보다 더 크다 – 나는 이 사건을 통해 어떻게 하면 우리 관계에서 힘을 끌어낼 수 있는지를 생각하고 있는가? 아니면 문제를 해결하는 것에 집중하고 있는가? (혹은 좀 더 원시적인 생각으로 문제를 그저 멈추게 하려고 하는가?)

- 우리는 혼자라고 느끼지 않는다 – 우리는 가능하지 않은 상황에서도 우리 곁을 지켜줄 사람들을 기억하고 그들이 상기시켜주는 우리의 본 모습을 통해 위로 받는다.

- 감사 – 우리는 장미 향기를 즐길 수 있고 삶의 단순한 즐거움을 음미할 수 있다.

- 평강 – 고요함이 고통의 기저에 깔려 있다. 이 상황을 잘 헤쳐나갈 수 있는 방법을 알게 (혹은 발견하게) 될 것이라 확신한다. 이를 통해 '비불안 임재'non-anxious pres-ence를 느끼게 된다.

우리 뇌의 최고 운영 기능이 더 잘 훈련되고 강해질수록 스트레스, 문제, 곤경을 겪는 시간 동안 이러한 수행 능력을 계속 더 유지할 수 있다. 뇌의 최고 운영 센터를 키우고 강화하는 방법은 앞으로 이 책에서 다루게 될 것이다. 한 번에 5분 정도 지속할 수 있는 감사함을 키우는 것으로 시작하라.

토론질문

1. 이 장에서 특별히 공감되는 이야기가 있었는가? 왜 공감이 되었는가?

2. 왜 패스트 트랙 훈련이 리더들에게 중요한가? 이런 훈련을 무시했을 때 나타나는 부정적 결과는 무엇인가? 잘 훈련함으로 얻을 수 있는 긍정적 이익은 무엇인가?

3. 이 장에서 패스트 트랙 시스템은 태어날 때 부분적으로만 완성된 4층 엘리베이터로 묘사되었다. 패스트 트랙 훈련을 마저 끝내지 못한 이 엘리베이터 시스템을 완성하는 것으로 생각할 수 있다. 이는 보수(치유) 혹은 새로운 건설(성장)을 필요로 한다. 당신의 삶에서 수리가 필요한 부분을 인식하고 있는가?

4. 공동체에서 기쁨이 깨졌다는 것을 보여주는 조짐에는 어떤 것이 있는가?

5. 기쁨이 부족한 상태에서 그룹을 관리하는 것과 그룹을 인도하는 것에는 어떤 차이점이 있는가?

CHAPTER 04

패스트 트랙에
수리가 필요할 때

RARE
Leadership

When the Fast Track Needs Fixing

해를 끼치는
공동체의 대가

디트리히 본회퍼Dietrich Bonhoeffer와 마틴 루터 킹 주니어Martin Luther King Jr.의 포스터가 본사 입구 맞은편 벽에 커다랗게 걸려 있었다. 본사 안에는 나치당에 의해 철저하게 무너진 사람들의 회복을 위해 헌신하는 독일인 공동체가 모여 있었다. 토마스 게를라흐 Thomas Gerlach가 공동체를 이끌어가는 것을 도왔다. 토마스는 이스라엘에 살면서 키부츠kibbutz, 이스라엘의 생활 공동체에서 일한 적이 있었다. 그는 성인이 된 후 여생을 본회퍼와 같은 크리스천 공동체를 세우는 데 헌신했다. 그는 제자도의 대가에 대해 잘 알고 있었다. 그럼에도 그러한 삶을 사는 데 주저할 수 없었다.

> 하나님의 사랑을
> 필요로 하는
> 사람들은 경멸의
> 대상이 되었다.

본회퍼의 포스터는 토마스와 그의 가족에게 훨씬 더 깊은 상처를 떠올리게 했다. 토마스의 할아버지는 본회퍼를 체포해서 가둔 나치 친위대였다. 구속사의 놀라운 이야기처럼 토마스의 아버지와 토마스는 본회퍼의 글을 발견하고 그로 인해 변화되었다.

제자도의 대가는 의절의 대가로 시작되었다. 토마스와 그의 아버지는 할아버지가 저지른 죄를 만회하기로 결단하고 자신들의 삶을 본회퍼에게서 영감을 얻는 공동체를 설립하고 친위대가 저지른 사악한 행위들을 최대한 원상태로 돌아가게 만드는 것에 헌신했다. 이를 위하여 생존자들을 돕는 일에 자신의 삶과 모든 자원을 사용했다. 자신의 집에 공동체를 세우고 감정적으로 가장 많은 피해를 입은 생존자들이 다시 살아가는 법을 배우는 곳으로 사용했다. 문 앞에 서서 본회퍼의 포스터를 보는 것만으로 조용하게 환영幻影을 불러일으키는 듯했다.

이보다 더 관계적으로 리더십에 투자한 가족은 없을 것이다. 그들은 매일의 삶을 공유했다. 가정은 자연스러우면서도 영적이었다. 약자와 강자가 함께 살아갔다. 약자에게는 부드럽게 반응하는 것이 그들 삶의 규칙이었다. 기도하고 마음속 요새를 해결하며 성경공부를 엄격하게 하고 적용하는 것이 삶의 절대적인 가치였다. 삶은 매우 고달팠지만 그 삶을 결연히 마주했다.

하지만 무언가 뜻대로 되지 않았다. 삶의 모든 면을 치밀하게 관리하면서도 기쁨 레벨이 높아지지 않았고 수년 동안 모두가 점점 더 피곤해졌다.

아무도 그들의 패스트 트랙 연료가 변하지 않았음을 보지 못했다. 내 Jim가 이 공동체를 방문했을 때, 사람들은 하나님에 대해 많은 말을 했지만 리더와 또 서로에 대한 분노를 회피하는 것으로 날마다 끌려가고 있음을 깨닫지 못했다. 말로 터뜨리지는 않았지만 공동체에서 아무도 분노로부터 기쁨을 회복하는 방법을 알지 못했다. 그 결과, 결과 산출이 절박한 상황이 되면 누군가는 화를 내거나 위협을 해야 했다. 몇 명의 공동체 멤버는 달력만큼이나 정확하게 정기적으로 돌발행동을 했고 또 다른 멤버들은 압박을 받는 상황이 되면 분노를 터뜨렸다.

공동체 리더들은 그룹이 제자리를 유지하게 하기 위해 가장 큰 분노를 사용해야 했다. 하나님께서 분노하실 것이라는 위협을 가장 많이 사용했다. 하나님은 기쁨이 없이 통제하는 분으로 여겨졌고 하나님의 사랑을 필요로 하는 사람들은 경멸의 대상이 되었다.

리더십에서 비롯된 갈등은 하나님의 성품과 그룹 정체성으로부터 생겼다. 토마스가 분노, 좌절, 불안, 약속됐던 치유에 대한 실망감 그리고 버림받는 것에 대한 두려움과 힘겹게 싸우는 동안 그의 정체성은 무너지기 시작했다. 그는 하나님의 사랑과 기쁨에 대해 이야기하고 싶어 했지만 그의 소망은 공동체에 영적인 공격으로 간주되었다.

결국 이러한 정체성을 막는 방해물이 공동체를 무너뜨렸다. 토마스는 다음과 같이 말한다.

나는 변화를 만들어내기 전에 내 의지와는 상관없이 변하고 말았다. 내 모든 소망이 끝나고 사랑하는 아내도 죽고 사역이 실패하자 나 자신이 무너졌고 무력해졌다. 나는 도저히 내 삶을 살아갈 수 없었고 내 자신을 이끌어가는 것조차 할 수 없었다. 그 순간 위로와 힘을 찾고 있던 나에게 하나님은 내가 통제하려고 하는 모든 것들을 내려놓을 때 자유가 임하리라 말씀하셨다. 내가 통제하려는 마음을 포기하면 하나님이 통치하신다. 모욕적인 환경에서 벗어나고자 하는 간절한 마음을 느끼면서 종 된 리더십을 받아들였다.

영적 학대에서 벗어난 후 나는 교차로에 서 있었다. 다시 내 속의 불안정감을 해소하기 위해 가능한 빠르게 내 삶의 통제권을 다시 잡을 것인가? 아니면 반대 방향을 선택해 하나님께 주도권을 드리고 나의 불안정함과 무력함을 인정하고 갈 것인가? 주도권을 포기하기로 선택함으로써 로마서에 묘사된 사도 바울처럼 내 자아가 죽는 과정이 시작되었다. 하지만 변화의 동기는 실패 가운데에서도 기쁨과 자유로부터 찾을 수 있었다.

내가 경험한 자유는 내가 가진 것 중 가장 가치 있는 것이다. 자유는 보호하고 돌봐야 한다. 그렇지 않으면 눈 깜짝할 사이에 잃어버리고 만다. 나는 다시 이 조그맣지만 오랜 전통을 가진 교회의 목사가 되었다. 나는 다른 사람들을 통제할 수 있고 그 결과로 그들의 자유와 함께 나의 자유로 잃을 수 있는 힘을 가진 자리에 올랐다. 하지만 종이 되는 것에 대해 더 이해하게 되면서 나의 동기는 내가 무엇을 하고 또 성취하고 있는지가 아닌 내가 누구이며, 또 이 순간 어떻게 느끼는지에서 시작되었다. 이것이 특히 내가 설교를 할 때 나를 자유롭게 한다. 나는 하나님 그리고 나 스스로와 대화하고 다른 사람들이 그것을 듣는다. 회중은 이런 방식의 설교를 좋아한다. 이것이 바로 기쁨이 작동한 것이리라!

교회에 있으면 하나님과 내가 사랑하는 사람들과 함께 있음으로 인해 기쁨을 누릴 수 있다. 사역하는 것도 쉽고, 다른 사람들에게 동기를 부여하는 리더십을 발휘하며 대하기 매우 어려운 사람들과도 좋은 교제를 나눌 수 있게 되었다.

패스트 트랙에 문제를 가지고 있는 리더는 자신과 다른 이들에게 동기를 생성하기 위해 개인적으로 회복해야 하는 기쁨으로 돌아가는 길을 모든 감정을 동원하여 막아버린다.

어떻게 부정적 감정을 회피하는 것이 해로워지는가

우리 Jim 교회의 장로들 중 수치심이라는 부정적인 감정으로 행동에 동기부여하는 이가 있었다. 그는 자신의 일을 나에게 떠넘기려 했고 이를 위해 내 안에 있는 죄책감과 수치심을 끄집어내려 했다. 그는 내가 '선한 크리스천'이라면 자신이 나에게 떠맡기려 하는 일을 어떻게 감수해야 하는지 설득하려 했다. 내가 거절하면 할수록 그는 점점 더 화를 냈다. 10분쯤 지나자 장로님은 결국 폭발했다. "당신은 전혀 죄책감을 느끼려 하지 않는군요!" 이 말에 나는 그렇다고 대답했다.

우리는 자주 불쾌한 감정들을 회피함으로 우리 자신에게 동기를 부여하려 한다. 미루는 버릇은 임박한 부정적 결과를 피하려고 하는 노력에서 나타나는 동기부여의 패턴이다. 프로젝트가 '곧 실패할 예정'이라는 수준에 이르러서야 겨우 일을 끝마치게 되는 것이다. 장기적으로 보면 나쁜 감정을 피하는 것으로 동기부여를 하는 것은 지속하기 어렵다. 일에 집중하기보다는 (업무를 마치는 것과 같은) 기분이 나아질 수 있는 다른 방법을 찾게 될 것이다. 예를 들면, 커피를 마신다거나 브라우니를 딱 하나 더 먹는 방식으로 말이다.

많은 사람이 동기부여를 얻기 위해 자신과 다른 사람들에게 앞으로 벌어질 수 있는 일들을 아래와 같이 상기시키면서 불쾌한 감정을 회피하려 한다.

- 그렇게 하면 누구누구를 화나게 할 거야!
- 나 화나게 하지 마!
- 그가 알게 되면 어떡하지?
- 나 살찔 것 같아.
- 내가 안 하면 그러면 ….

리더가 그룹 내에서 누가 화를 낼 것인가에 좌지우지되기 시작하면 가장 감정적으로 불안정한 사람에게 주도권을 내어주게 되는 꼴이 된다. 또 리더가 언성을 높이고 그룹 내에서 두려움과 분노를 선동하는 길로 돌아가야 하는 상황이 되었다면 그 리더는 회피를 통해 다른 이들을 동기부여하는 위험한 자극을 사용하고 있는 것이다.

'큰 여섯 가지' 부정적인 감정인 분노, 두려움, 슬픔, 수치심, 역겨움, 좌절감을 느낀다고 해서 이러한 감정들로 인해 우리의 관계가 망가지게 둘 필요는 없다. 하지만 감정이 관계로 가는 길을 막을 때 이러한 감정을 동기부여로 사용하는 것은 위험하다. 수치심으로 나를 자극하려 했던 그 장로님은 수치심이 내 관계를 막고, 그 고통을 피하기 위해 내가 열심히 일할 것이라고 예상했을 것이다. 내가 수치심을 느끼기는 했지만 나와 함께하는 것을 즐겨 하지 않는 사람들과의 관계도 계속 유지할 수 있었기 때문에 그의 자극은 효과가 없었다.

여기에서 상황이 해로워진다. 이제 그 장로님과 같은 리더는 자신의 방식을 밀어붙이기 위해 나를 관계에서 차단하는 다른 방법을 모색해야 했다. 그 장로님이 수치심을 회피하기 위해 일하려는 사람들 사이에 있어야 했기 때문에 나 같은 사람은 제거 대상이 되었다. 당신은 이런 위험한 패턴을 겪어본 적이 있는가?

경고 신호

그렇다면 어떻게 패스트 트랙 훈련이 필요하다는 것을 눈치챌 수 있을까? 앞서 봤듯이 '관리하는' 슬로우 트랙은 패스트 트랙이 무엇을 하고 있는지 잘 살필 수가 없다. 슬로우 트랙이 패스트 트랙의 안내 없이 작동할 때 몇 가지 패턴이 나타난다.

소외감 증가 – 이런 태도는 "차라리 나 혼자서 할 거야!" 혹은 "결국 나밖에 일할 사람이 없네"와 같은 특징을 보인다. 사람들은 관리 대상이 되고 리더는 냉담하게 바라보며 그룹 내에서 친분을 쌓지 않는다. 서로에게서 안식처를 찾기보다는 그룹 멤버들은 거절과 비난으로부터 오는 소외감을 회피하려 한다.

부정적 결과를 경고함으로 동기부여하려는 태도 증가 – 이러한 태도는 "당신이 이것을 하지 않으면 이런저런 일이 생길 것이다"라고 말하는 식으로 표출된다. '수행 검토 중 뭔가 드러날지도 모른다.' 혹은 '결과를 기대하는 사람이 화를 내고 위협하는 일이 생길 수 있다.' 등의 태도를 보인다.

내가 상황을 더 악화시키지 않으면 다른 사람들이 내 말을 듣지 않을 것이라는 생각은 우리의 패스트 트랙이 멈추고 관계적 해결책 대신 '부정적 경험을 피하려는 관리 체제'가 작동하게 한다. 다른 사람의 약점(혹은 내 자신의 약점)은 좋은 결과를 내지 못하게 하는 방해물이 된다.

포식자처럼 행동 – 이것은 누군가 우리의 약점을 비난하거나 권력을 남용하고 사람들이 '일인자'를 찾을 때 일어난다.

그렇다면 우리는 무엇을 해야 하는가?

치유는 좋은 관계적 습관(패스트 트랙)과 함께 더 좋은 엘리베이터를 만드는 방법을 열어준다. 그렇다고 치유가 학습하지 않은 습관을 갑자기 만들어주는 것은 아니다.

패스트 트랙이 손상된 시스템을 복구하는 것에 대한 길고 긴 목록을 제시하는 것은 이 책의 주제 범위를 넘어서는 일이다. 하지만 패스트 트랙을 훈련할 것인지 혹은 손상된 시스템을 치유할 필요가 있는 것인지 결단할 필요가 있다.

다음에 소개할 두 가지 예시가 우리의 이해를 도와줄 것이다.

분노한 한 사람의 치유

내Marcus 아버지는 트리니티 신학교Trinity Evangelical Divinity School에서 교편을 잡으셨고 그곳에서 많은 미래의 리더들을 만났다. 그중 한 학생은 잘생긴 외모에 언변도 좋은 친절한 젊은이였다. 그에게는 아름다운 아내와 두 명의 자녀가 있었다. 그는 어떤 교회든 탐낼 만한 졸업생이었다. 겉으로 볼 때는 모든 것이 한 폭의 아름다운 그림처럼 완벽해보였다. 그러나 어느 토요일 오전에 이 학생이 아버지께 전화를 걸어 혹시 와서 만날 수 있는지 물었다. 상황을 보니 그는 분노에 차서 전화기를 방에 집어던졌고 아이들은 두려움에 벌벌 떨고 있었다. 이런 일이 한두 번이 아니었기에 그의 아내는 그에게 최후통첩을 보낸 상황이었다.

그날 아침 아버지가 그를 만났을 때 그 젊은이가 포르노 중독이라는 사실을 숨기고 있었음을 알게 되었다. 다행히도 우리 아버지는 그 학생의 삶에 자리 잡은 강한 요새를 해결하는 것과 어렸을 때 받았던 트라우마를 치유할 수 있도록 도와줄 수 있었다. 그 덕분에 그는 가정을 지키고 수년간 성공적으로 사역할 수 있게 되었다. 예비 졸업생이었던 그는 어떤 교회라도 기꺼이 받아주었을 만한 인재였다. 하지만 다른 평가 기준이 없는 이상 그는 시

> 기쁨의 레벨이 낮은 환경에서 온 사람들은 종교적 대의에 이끌린다.

한폭탄과 같은 상태로 사역의 리더십에 들어가게 됐을 것이다.

잉글랜드 북부에서 경험한 새로운 습관

내Jim가 잉글랜드 북부에 도착했을 때 마침 첫눈이 내리고 있었다. 마르타Martha는 나를 자신의 공동체에 초대해 나에게 기쁨에 대해 가르쳐 달라고 했다.

마르타는 다양한 공동체에 참여하면서 너무 많은 리더십이 관계가 아닌 힘을 강조하고 있음을 목격했다. 내가 방문한 공동체는 그룹의 대부분이 자라오면서 형성된 패턴으로부터 자신들을 '재습관화' re-habiting 하는 것을 중심으로 돌아가고 있었다. 여기에는 그들의 리더십 방식도 포함되어 있었다. 그 공동체는 많은 멤버들이 상처 입은 채로 찾아온다는 사실을 인식하고 있었다. 이런 상처들로 인해 공동체 생활의 부담과 청빈 서원에 입각한 대우에 격한 감정적 반응을 보였다. 마르타는 기쁨 레벨이 낮은 환경에서 온 사람들이 종교적 대의에 이끌린다는 것을 알아챘다. 그리고 이들의 상처가 종종 공동체 전체의 기쁨 레벨을 낮추는 원인이 되었음을 알게 되었다. 간부들은 전

세계에 흩어져 있는 선교 리더들이 현장에서 느끼는 중압감이 그들의 용량을 초과하게 되는 것을 걱정했다. 풀타임으로 선교 사역을 하는 것 외에 현지에서 숙소까지 운영해야 하는 사역자들이 공동체의 상처받은 구성원들이 그 순간 주어진 일을 잘 수행하기 위해 성숙하고 관계적인 방법으로 살아갈 수 있도록 돕는 데 애를 쓰고 있었다. 대부분의 경우 이 정도의 업무량은 현지 리더들에게 엄청난 압박감을 주었다. 이 부분에 대해서는 더 많은 이야기가 있지만 우리의 목적에 따라 거두절미하고 말하자면 그 공동체의 리더였던 아일랜드 출신의 팻 Pat은 처음에는 나와 내가 하는 일에 대해 의심을 품었었다. 하지만 나는 그의 이야기를 들으면서 기꺼이 목소리를 내려는 태도와 문제에 대한 분별력, 자신을 따르는 사람들을 보호하려는 열정에 경의를 표했다. 패스트 트랙의 풍성한 공급이 있었기에 이런 상황에서도 나는 나답게 행동할 수 있었고 관계성을 유지한 덕분에 팻과 나는 금방 친구가 되었다.

문제는 치유가 없으면 뇌를 훈련할 수 없다는 점이다. 훈련이 없으면 결국 뇌를 회복할 수 없다. 치유는 좋은 관계적 습관과 더불어 더 좋은 '엘리베이터'를 만드는 길을 열어준다.

마르타는 다음과 같은 결론을 내린다. "공동체에 기쁨과 평화가 있으려면 리더가 기쁨 그리고 평강을 기반으로 하는 삶을 살아가는 것이 매우 중요하다. 어쩔 수 없이 문제는 발생하고 성숙도도 언제나 가변적이다. 하지만 리더십의 좋은 모델이 있으면 공동체가 풍족해지고 성장할 것이다."

성공적인 리더십에 패스트 트랙 훈련이 중요한 이유

우뇌는 우리의 가장 깊은 감정이 자리 잡고 애착이 형성되는 비언어적 기능을 담당한다. 강아지 혹은 케이크 한 조각, 위스키 한 잔, 학대하는 삼촌, 아니면 갓 태어난 아기 그 어떤 것에 대한 애착이든 상관없이 애착은 패스트 트랙 시스템 내에서 형성된다. 잘 훈련된 패스트 트랙은 형성된 애착에 보호적이고 생명을 불어넣는 방식으로 작동한다. 잘 훈련되지 않은 마스터 시스템은 포식자와 같고 방어적이며 두려움에 묶여 있고 이기적인 성향을 보인다.

앞서 불완전하게 훈련된 패스트 트랙의 결과에 대해 간단히 살펴봤듯이, 우리가 이끌어가야 할 많은 사람들이 얼마나 부정적인 감정에 사로잡혀 있고 소외감에 의해 행동하며 경솔하게 반응하고 다른 사람들을 이용하는 성향을 가지고 있는지 확실하게 알게 되었을 것이다. 리더들은 단순히 자기 자신 안에 있는 이러한 문제들을 극복해야 할 뿐 아니라 그들이 이끌고 있는 그룹 내에서도 이런 요인들을 해결할 수 있게 도와줘야 한다. **진정한 의미로 이끌어가는 것이 가능하게 되기 전부터 말이다.**

두려움에 떠는 뇌

마지막으로 소외감의 위험성에 대한 몇 마디 덧붙이겠다. 훈련되지 않은 패스트 트랙은 소외감 속에서 작동한다. 이것은 두려움과 직접적으로 연결되어 있다. 뇌는 '나 혼자 남겨지는' 상황에 대한 두려움을 가지고 있다. 버림받음, 거절, 도움의 부재, 압도하는 감정으로 이 끄는 그 어떤 것이라도 피해야 할 대상이 된다. 우리가 도움을 요청 할 수 있는 다른 사람들이 있다는 사실을 알고 '나답게 또 내 사람 들답게 행동하는 것'(하나님이 우리를 창조하신 최상의 모습)을 기억하 기보다 혼자서 문제를 해결하려 한다.

대부분의 리더십 관련 문제를 결합하면 다음과 같다. **리더가 인도하기 가장 어려운 때는 정확히 각각의 그룹 멤버가 자신이 혼자라고 생각하고 소외되었다고 느낄 때이다.** 모든 사람이 그저 문제가 사라지고 그냥 멈추기만을 바란다.

두려움 모드로 작동할 때 생기는 단점들을 여기서 다루기에는 너무 광범위하다. 그렇지만 뇌가 두려움 모드로 작동할 때 소외감이 장악했다는 정보를 의식적 뇌에 보내지 않기 때문에 슬로우 트랙이 그 어떤 안내도 경고도 없이 작동하게 된다는 사실을 반드시 언급할 필요가 있다. 슬로우 트랙이 무언가를 감지한다 할지라도 "나는 이 일을 혼자 처리하고 싶어"라고 받아들이게 된다.

다음 장에서 우리는 미성숙한 리더가 일을 바라보는 시선과 감정적으로 성숙한 리더가 일을 바라보는 시선을 살펴볼 것이다. 그 과정 중에 생동하는 리더십을 위한 놀라운 핵심요소가 밝혀질 것이다.

관리 보조가 좌뇌 슬로우 트랙을 관리한다

뇌의 최고 운영 기능은 맨 꼭대기 층(오른쪽 전전두엽)에 있지만 건강한 뇌는 대부분의 에너지를 그곳에서 소모하지 않는다. 다시 말해 건강한 패스트 트랙 시스템은 뇌가 하는 대부분의 역할을 담당하지 않는다. 우리가 진실되고 기쁨이 충만한 관계적인 우리답게 행동하면 최고 운영자는 주의 깊게 보고 배운다. 마스터 시스템이 의식적 생각보다 더 빠른 속도로 작동함으로 우리의 정체성을 따라간다는 사실을 기억해야 한다. 우리는 갑자기 멈춰 서서 "내가 누구지?" 하지 않는다. 우리가 누구인지, 즉 우리의 정체성은 우리 주위에 무슨 일이 일어나고 있는지 돌아보기도 전에 언제나 당연하게 여긴다(심각하게 손상된 뇌가 아니라면 말이다).

우리 주위의 삶을 관리하는 어려운 일은 좌측 전전두엽에 위치한 '보조 감독 사무실'에서 실행된다. 이 관리 보조는 뇌를 작동하면서 많은 에너지를 소모한다. 수년간 뇌의 이 부분이 에너지를 많이 소모하기 때문에 과학자들은 좌뇌 보조가 뇌기능의 총책임을 맡고 있다고 잘못 생각해왔다.

우리의 성실한 슬로우 트랙 보조는 의식의 속도로 우리 삶을 관리한다. 우리는 왼쪽 전두엽 전부에 위치한 관리 사무실에서 어떤 생각과 작업이 진행 중인지 의식적으로 인지할 수 있다. 우리의 계획과 실행도 의식 앞에 펼쳐져 있기 때문에 인지할 수 있는 것이다. 이곳의 관리자는 개념, 계획, 동의, 계약, 규칙, 문제 인식, 문제 해결, 선택 등과 같은 도구를 사용하여 일한다. 이러한 계획들이 우리의 정체성과 일관되게 가게 되면 오른쪽 꼭대기 층에 위치한 패스트 트랙 최고 운영자는 기꺼이 그저 바라볼 뿐이다.

하지만 우리가 살펴볼 수 있는 느린 의식적 활동이 우리가 직접적으로 볼 수 없는 빠른 정체성 활동보다 더 중요하다고 생각하면 큰 오산이다. 의식의 속도로 진행되는 활동은 문제를 해결하기는 하지만 가장 중요한 문제가 해결되었는지, 문제가 가장 해가 되지 않는 방법으로 해결되었는지, 우리의 조직이 함께 유지되고 어긋나가지 않았는지에 대해서는 보장하지 않는다. 더 멀리 볼 것도 없이 교회 내의 다툼, 교회의 분열, 조직이 사명을 잃어버리는 것만 봐도 문제에 집중하는 것이 어떤 손상을 초래하는지 알 수 있다.

슬로우 트랙 관리자가 패스트 트랙의 최고 운영자 정체성이 '사무실을 비웠는지' 알아채는 경우도 드물다. 일반적으로 패스트 트랙의 전원이 꺼진 증상들을 눈치채지도 못한다. 우리가 귀하게 여기는 사람에 대한 모든 감각을 잃어버린 채 작동한다. 우리가 문제의 부분일 수도 있음을 깨닫지 못하고 문제가 관계보다 더 크게 보인다. 그럼에도 불구하고 우리의 관리 시스템은 계속해서 의식적으로 앞으로 나아가며 결과물을 산출하기 위해 무엇이든지 하려 하고, 우리와 동의하지 않는 사람은 누구든지 문제로 인식해버린다.

슬로우 트랙이 혼자 작동할 때 그 관리자는 단순히 설명하고 남 탓을 하며 그 순간 자신이 납득한 대로 문제를 해결한다. 어떤 사람에게 '납득이 되는 것'이 제3자의 입장에서 볼 때는 눈에 드러나게 이상한 생각인 경우가 있다. 그런 슬로우 트랙이 감시도 받지 않고 리더의 머릿속에서 운행하고 있으면, 자신이 설명하는 바를 주위 사람들은 동의하지 않을 수도 있다. 이렇게 되면 리더의 관계적 회로가 끊어지게 될 것이다.

다음 부분에서 우리는 무엇이 일반적으로 최고 운영자 패스트 트랙의 의식을 잃게 하는지, 또 어떻게 이 '보스'를 깨울 수 있는지 살펴볼 것이다. 또한 어떻게 정교하고 능력 있는 그룹 정체성을 키우고 발전시키는, 더 강한 패스트 트랙 최고 운영 기능을 만들 수 있는지 알아볼 것이다.

1. 토마스 게르라흐의 이야기 중 가장 영감을 주는 요소는 무엇이었는가? 리더십에 대한 교훈 중 어떤 것이 가장 명확하게 와 닿았는가?

2. '큰 여섯 가지' 부정적인 감정들 중 특별히 리더가 사람들의 행동에 동기부여를 하기 위해 필요했다고 생각되는 상황을 겪어본 적이 있는가? 어떤 감정이었는가? 그것이 당신의 경험에 어떤 영향을 미쳤는가?

3. 당신이 일을 끝내기 위해 동기부여할 때 가장 많이 사용하는 부정적인 감정은 무엇인가? 또 다른 사람들을 동기부여하기 위해 가장 많은 사용하는 감정은 무엇인가?

4. 제대로 개발되지 않은 패스트 트랙이 리더에게, 또 그 공동체에 미치는 위험을 어떻게 요약할 수 있겠는가?

CHAPTER 05

패스트 트랙에서
눈을 떼지 말라

RARE
Leadership

Don't Take Your Eye Off the Fast Track

당신 자신을 알면
결과를 얻는다

2004년 올림픽에서 미국 대표 사격선수는 두 번째 금메달을 따기까지 단 한 발만을 남겨두고 총을 겨누었다. 전 라운드에서 9.3점 이하를 쏜 적이 없었고 금메달을 따기 위해 상대적으로 무난한 점수인 7.2점만 쏘면 되는 상황이었다. 그는 충분히 시간을 갖고 사격 자세를 잡고 숨을 고른 후 차분히 방아쇠를 당겼다. 그리고 총알이 과녁 정중앙에 꽂히는 순간을 바라보았다. 드디어 해냈다! 그는 펄쩍 뛰어오르며 인생의 한방을 축하했다.

하지만 기쁨은 잠시뿐이었다. 알고 보니 그 선수는 정중앙을 맞추기는 했으나 잘못된 과녁을 쏜 것이었다! 결과는 0점 처리되어 8위로 시합을 마쳤고 한동안 가슴앓이를 해야 했다.

리더십에도 선택해야 할 두 가지의 주요한 타깃이 있다. 두 번째 타깃(#2)은 가장 대중적이고 더 이상의 협상의 여지가 없어 보이는 과녁이다. 바로 '결과 산출'이다. 수량을 맞추는 것이 우리의 주요 타깃이 되면, 이익을 창출하거나 시합에서 승리하고 혹은 시장을 확장하고 사역을 성장시키는 것에 초점을 맞춘다. 많은 사람이 이런 것들에 초점을 맞추는 것을 당연한 것으로 여기기 때문에 대안이 있을 수도 있다는 생각조차 하지 않는다. 우리가 주장하는 것은 리더들이 #2 타깃은 2순위로 두고 첫 번째 타깃(#1)을 최우선으로 여겨야 한다는 것이다. #1 타깃은 바로 그룹 정체성을 세우는 일이다. 리더십에서 가장 중요한 목표는 조직의 문화를 조성하는 일이다. 이것은 "우리가 누구인가?" "우리답게 행동하는 것은 어떤 것인가?" 하는 질문에 대한 답을 제시한다.

#1 타깃 : 정체성	#2 타깃 : 결과물
리더십	관리
패스트 트랙	슬로우 트랙
1순위에 있는 경우	1순위에 있는 경우
기쁨에 기반	두려움에 기반
높은 동기부여	낮은 동기부여
높은 유대감	낮은 유대감
높은 희생	낮은 희생

결과물은 천천히 움직이는 타깃으로 우리의 의식적 관심을 집중

시킨다. 슬로우 트랙, 즉 의식적 사고는 당연하다고 생각하는 것을 타 깃으로 잡고 관리하여 해결하는 쪽으로 움직인다. 이와 대조적으로 RARE 리더는 강력한 그룹 정체성을 최우선적인 목표로 할 때 뇌와 우리 밑에서 일하고 있는 정신 속 모든 것이 힘을 얻는다는 사실을 안다. 따라서 우리가 누구인지를 알면 우리가 원하는 결과물을 얻을 수 있다.

해병대야말로 결과물을 얻으려고 하지만 그룹 정체성에 집중하는 그룹의 전형적인 예라고 할 수 있다. 해병대라고 해서 모든 전투에서 이기는 것은 아니다. 하지만 그들은 자신들이 마주하는 모든 상황에 서 해병대답게 행동한다. 어떨 때는 꼭 승리해야 할 때도 있다. 하지 만 성공이 항상 승리로만 정의 내릴 수 있는 것은 아니다. 성공은 결 과가 어떻든지 간에 해병대처럼 싸울 때 얻을 수 있다.

내 Marcus 친구 중 한 명이 한 스포츠 심리학 그룹에서 실행한 흥미 로운 실험에 대해 말해준 적이 있다. 그 실험에서 해병대원들을 한 그 룹으로, 프로 운동선수들을 또 다른 그룹으로 묶어 같은 훈련을 진 행했다. 표면적으로는 간단한 과제 같아 보였다. 그들은 들판을 가로 질러 달려가서 울타리를 손으로 치고 할 수 있는 한 빨리 달려서 시 작점으로 돌아오면 됐다. 이 단순한 시험의 묘미는 이 실험이 플로리 다에서 시행되었다는 점과 들판 옆에 작은 물웅덩이가 있었다는 점 이다. 이 실험을 고안한 연구진은 물웅덩이에 가짜 악어를 넣어 놓고 신호를 주면 그 가짜 악어가 물에서 튀어나오게 했다. 이 실험의 핵 심은 이 두 그룹이 어떻게 다르게 반응하는가를 보는 것이었다.

프로 운동선수들이 먼저 출발했다. 선수들은 예상대로 경쟁을 위해 훈련해왔던 속도로 달리기 시작했다. 하지만 악어가 물에서 튀어 나오자마자 경주는 갑작스럽게 끝나버리고 선수들은 제각기 흩어져 버렸다. 선수들 중 아무도 경주를 끝내지 못했다.

해병대가 나타났을 때 무슨 일이 일어날 것인지 예상하지 못했고 앞서 출발했던 운동선수들에게 어떤 일이 일어났는지도 모르는 상태였다. 그들은 그저 출발선에 정렬했다가 호루라기 소리에 출발했다. 울타리까지 반 정도 되는 지점에서 악어가 나타났다. 해병대원들의 반응은 즉각적이고 공통적이었다. 그들은 모두 멈춰 서서 악어를 마주 보고 웃음을 터뜨렸다. 말할 것도 없이 해병대원들 모두 완주했다.

이 두 그룹의 차이는 해병대 그룹은 고난을 견디고 잠재적 위협에 대항하는 훈련을 받아왔다는 점이다. 그에 반해 운동선수 그룹은 단순히 경쟁을 하기 위해 훈련 받았다. 이와 마찬가지로 많은 리더들 또한 경쟁이라는 개념은 이해하고 있다. 자신의 경쟁자보다 더 나은 결과물을 얻기를 원한다. 하지만 이것은 고난을 어떻게 이겨내야 하는 지를 아는 것과는 차원이 다른 문제이다.

존 맥스웰John Maxwell은 모건 우튼Morgan Wooten 이라는 놀라운 고등학교 농구 코치의 이야기를 들려준다. 그는 모든 종류의 우승 기록을 갈아치웠다. (그는 활동 기간 중 1274승 192패를 기록했다).[1] 그는 지속적으로 이기는 결과를 가져왔다. 하지만 우튼의 프로그램을 자세히 들여다보면 결과가 최우선

> 높은 수준의 감정적 성숙을 지닌 리더들은 언제나 공동체를 세운다.

타깃이 아니었음을 알 수 있다. 그의 타깃은 변화의 문화를 조성하는 일이었다. 우튼의 집에 선수들 중 한 명이 와서 가족들과 같이 묵는 일은 이상한 일이 아니었다. 자신의 선수들을 이용해 프로그램을 짜는 여느 코치와는 달리 우튼은 자신의 프로그램을 이용해 선수들의 삶을 변화시켰다.

던지 : 그냥 우리가 하던 대로 하자!

강력한 그룹 정체성을 세우는 것이 우리의 첫 번째 목표가 되어야 한다는 사실을 이해하게 되면 우리가 조직으로서 어느 위치에 있는지 평가할 수 있는 기준점을 설정할 수 있다. 기쁨으로 동기부여하는 그룹은 탁월함이라는 것이 사실은 그저 자신들의 정체성과 그들이 하는 일의 일부라는 것을 이해한다. 하지만 결과물을 최우선 목표로 놓으면 일을 수행할 때 두려움으로 동기부여를 하게 된다. 이로 인해 동기부여, 유대감, 탁월성이 모두 낮아지고 대의를 위해 희생해야 할 이유가 존재하지 않는 해로운 환경이 조성된다.

높은 수준의 감정적 성숙을 지닌 리더들은 언제나 공동체를 세우는 사람들이다. RARE 리더는 사람들 안의 최상의 것을 끌어내고 문제가 심각한 도전으로 다가올 때 어떻게 하면 자신답게 행동할 수 있는지를 상기시킨다.

내 Marcus가 인디애나폴리스에서 살고 있을 때 토니 던지 Tony Dungy는 프로미식축구팀 콜츠의 감독으로 재직 중이었다. 던지는 매체와의 인터뷰에서 종종 다음과 같은 말을 하곤 했다. "그냥 우리가 하던 대로 해낸다면 문제없을 겁니다." 나는 "그냥 우리가 하던 대로 하자"라는 이 표현이 정말 마음에 든다. 던지는 "얘들아, 우리 반드시 이기자!"라고 말하지 않았다. "우리는 승리하

> 건강한 정체성을 가진 그룹은 어려운 시기에 가장 밝게 빛난다.

기 위해 무엇이든 할 것이다"라고도 말하지 않았다. 그는 말했다. "우리는 최선을 다해 가능한 우리의 최상위 버전으로 게임에 임할 것이다. 그렇게 한다면 우리는 패배보다 승리를 더 많이 맛보게 될 것이다." 과연 이 말은 효과가 있었다. 던지가 감독으로 재직할 때 콜츠는 NFL National Football League의 최다승을 이룬 팀이 되었다.

웨인 고든과 그의 사람들

한 그룹의 정체성은 다음 두 질문에 대한 답으로 형성된다. "내 사람들은 누구인가?" 그리고 "우리답게 행동하는 것은 무엇인가?"이러한 현상은 고등학교에서 흔히 볼 수 있다. 십대들은 자신이 어울리는 사람이 누구인지에 따라 자신의 정체성을 만들어낸다. 자신이 인기 많은 그룹의 일원이라고 생각하면 자신이 누구이며 그 그룹원이라면 어떻게 행동해야 하는지 알게 된다. 만약 내가 고스족Goth (1980년대에 유행한 록 음악의 한 형태. 가사가 주로 세상의 종말, 죽음, 악에 대한 내용을 담음 - 역주)에 속해 있으면 자신의 사람들이 어떻게 행동해야 하는지에 대한 다른 기대치를 가지고 다른 정체성을 가지

게 되겠지만 나의 정체성이 여전히 내가 속해 있는 그룹에 의해 형성된다는 것은 변함이 없다.

모든 그룹 정체성이 건강한 것은 아니다. 2장에서 봤듯이 테러범, 갱단, 이단 들은 세상 그 누구보다 강한 그룹 정체성을 가지고 있다. 이들의 리더들은 그룹원들이 자신의 그룹 외의 사람들을 두려워하고 심지어 미워하게 하는 그룹 정체성을 만든다. 이러한 그룹 정체성은 파괴적인 목표에 꼼짝없이 매여 있게 된다.

건강한 그룹 정체성의 특징은 다름 아닌 기쁨이다. 사람들은 그룹에 속하는 것을 즐거워한다. 그리고 서로 함께하는 시간을 고대한다. 멤버들은 어떤 문제가 생기든지 그룹이 자신과 함께 맞서줄 것이라는 사실을 알고 있다. 한 개인을 혼자 고난 속에 남겨두지 않는다. 사실 건강한 정체성을 가진 그룹은 어려운 시기에 가장 밝게 빛난다. 그들이 함께 있고 그 누구도 혼자 남겨 두지 않는다는 원칙에는 의심의 여지가 없다.

웨인 고든(코치)가 인생 경험에 대해 쓴 책은 적어도 네 권 정도 있다. 나Jim는 시카고 런데일 지역에 있는 그의 교회를 방문한 적이 있다. 코치 웨인 고든은 범죄율이 높은 지역에서 40년 동안 목사로 사역하고 있었다. 슬프도록 아이러니하게도 나는 코치가 사는 지역에서는 #2 타깃(결과물을 관리하는 목표)을 쉽게 피할 수 있겠다고 생각했다. 그가 처해 있는 상황은 그 어떤 것도 관리하는 것 자체가 불가능했기 때문이다. 코치는 사람들이 그의 집에 침입하는 것도, 이웃이 죽임을 당하는 것도, 마약을 파는 것도, 경찰이 사람들의 머리를 내

려치는 것도, 젊은이들이 감옥에 가는 것도, 그 어느 것 하나 막을 수가 없었다.

하지만 중독 상담가, 변호사, 교사, 강사, 목사, 직업 훈련사, 요리사, 의료진 그리고 코치와 함께 일하는 간사들 모두 이런 상황 속에서도 코치가 확실한 결과를 가져왔다고 분명하게 이야기한다. 코치의 저서 《리더십 혁명: 누가 내 이웃인가, 시카고를 위한 진정한 소망》*Leadership Revolutions, Who Is My Neighbor, Real Hope for Chicago*을 보면 코치와 함께한 하루가 어떠한지를 말해준다. 코치는 관계를 통해 리더를 세우는 일에 전념하고 있다. 코치와 함께하는 리더들은 그의 이웃에 살고 있는 사람들이다. 그는 확고한 크리스천 정체성을 형성하는 도구를 사용하여 그들의 가정과 교회 주위에서 생기는 압박을 견뎌낼 수 있게 했다. 그가 세운 모든 리더가 정체성의 변화를 경험한 사람들이다. 그들은 그룹 안에서 서로에게 이렇게 변화된 정체성을 반영할 뿐 아니라 변화가 가능하다고 믿지 않는 사람들이 새로운 정체성을 찾을 수 있도록 길거리로 나섰다.

코치 고든과 비저너리인 시민 평등권 지도자 존 퍼킨스John Perkins는 변화를 일으키는 관계적 리더십 개발을 크리스천 공동체 개발 협회CCDA를 통해 미국의 도심지역과 전 세계에 전달했다. 코치는 현재 이 책의 토대가 된 '인생모델'에서 일하면서 그의 리더십 훈련의 효과를 극대화하고 있다.

기쁨이 패스트 트랙을 변화시킨다는 사실을 알게 되면서 사회적 문제가 많은 도심 지역을 섬기는 더 나은 리더들을 양성하고 귀여운

손녀딸을 통해 더 많은 기쁨을 줄 수 있게 되기를 소망한다. 코치야 말로 RARE 리더이다.

킴 : 진심 어린 참여

킴 스페커 Kim Specker 는 리더들과 전문가들의 인생을 변화시키는 코치다. 킴은 건강 증진 조직 코치로 상을 받은 수석 코치다. 그 전에는 소기업 컨설턴트 회사를 운영했고 그 이전에는 포춘지가 선정한 500 기업 중 한 회사에서 부서장 division controller 직책을 맡았었다. 경력 관리와 채용, 고객 관계의 전문가였음을 볼 때 킴은 감정 능력과 관리 능력이 뛰어난 사람이라는 것을 알 수 있다.

킴은 패스트 트랙과 슬로우 트랙 측면을 골고루 갖춘 리더다. 그녀는 어디에 집중해야 하는지 배웠다. 킴의 말을 들어보면 그녀가 관계에 집중할 때 어떻게 노련한 관리 기술이 함께 뒤따라왔는지 알 수 있다.

나는 내 리더십 스타일에 변화를 줘야겠다는 자극을 받았다. 만약 어떤 팀이 내 목표와 열망에 도달하기 위해 도움을 주기를 원한다면 나도 그들의 목표와 열망에 도달할 수 있게 도와야 한다는 사실을 깨달았기 때문이다. 나는 내 팀에 참여할 때 결과 중심적인 결과물이 아닌 진심 어린 참여로 목표를 전환해야 했다. 또한 팀원들의 열정과 삶의 목적에 대해서도 알아가야 했다.

최근 나에게 주어진 역할에서 내가 이룬 성공은 증거에 기반한 결과물로 평가되고 있다. 점점 더 많은 사람들이 내가 조직에 기여한 바가 내 책임 하에 어떤 특정 상품을 제공하는 것 이상이라는 것을 기꺼이 인정해주고 있다. 관계적 그리고 정서적으로 성숙한 덕분에 나의 팀이 기쁨과 평안을 누릴 수 있게 되었다. 나의 관계적 유대감과, 긴장 상태에서 그룹을 안정시킬 수 있는 능력이 리더십에 기여했다고 인정받은 것이다.

이 정도 안정된 RARE 패스트 트랙 리더십에 도달하기 위해 킴은 구체적으로 변화해야 했다. 그녀는 이것이 어디에 집중해야 하는지 명확하게 알려준 '인생모델'의 공이라고 이야기한다.

나는 내 삶에도 변화를 줘야겠다고 결심하게 되었다. 당시 내가 원하는 방식으로 반응하지 않는 사람들에게 인내심이 부족하고 참을성이 없었고 이로 인해 긴장감, 불안 그리고 실망감의 분위기를 조성했기 때문이다. 계속해서 좌절감에 빠져 살고 있었고 다른 사람들에 대해 내가 가지고 있던 기대치는 그들 자신이 느끼는 것보다 훨씬 높았다. 가끔 내 스스로에게 언제 삶이 더 나아질 것인가 자문하기도 했다. 나는 좌절과 실망감 속에서 만족 없는 삶을 살아가는 것에 지쳐 있었다. 내가 진정으로 내 삶과 내 주위 사람들과 함께하는 것을 즐기고 있다고 말할 수 있게 되기를 소망했다.

나는 내가 진심으로 사람들의 이익을 최우선시한다는 평판으로 인해 사람들이 우리 팀에 들어오고 싶어 했으면 좋겠다고 생각했다. 내가 소망하기는 경쟁이 벌어지는 시장에서든 자원봉사를 하는 역할이든 가장 재능 있는 사람들이 우리 팀으로 오고 싶어 했으면 좋겠다.

메리엘렌과 빌 : 관계적 성숙도 구축

빌 생 시르 박사Dr. Bill St. Cyr는 뇌과학과 치유에 대해 독학을 하며 많은 부분에서 '인생모델'과 같은 결론을 내렸다. 빌이 공동체 안에서 치유하는 방법을 개발하고 있는 동안, 후에 그의 아내가 된 메리엘렌Maryellen은 대부분의 학교, 심지어 크리스천 기관에도 퍼져 있는 유해한 학습 환경의 대안을 찾기 위해 교육의 역사를 뒤지고 있었다. 그녀는 영국 교육자 샬롯 메이슨Charlotte Mason의 연구에서 하나의 교수 모델을 찾았다. 그것은 그리스도에 대한 깊은 헌신과 아이들의 형성 과정에 대한 예리한 이해를 결합시켜 놓은 모델이었다. 빌과 메리엘렌이 만났을 때 그들은 마치 옛날 광고에서 초콜릿이 피넛버터를 만나듯이 서로가 찰떡궁합이라고 느꼈다. 빌은 앰블사이드 국제학교Ambleside Schools International를 구상했고 기쁨 레벨이 높고 뇌 친화적인 독특한 크리스천 학교 시스템을 구축하기 시작했다. 앰블사이드 국제 학교에 대해 잠시 살펴보자.

앰블사이드 국제학교의 사명은 하나님, 자신, 다른 사람들, 사상, 직업 그리고 하나님이 지으신 창조물과의 관계가 자유롭고 충만한 삶을 써 나갈 수 있도록 학생들에게 자율권을 주는 '살아 있는' 교육을 제공하는 것이다. 단순히 정보를 전달하는 것이 아니라 성장에 집중하고, 단기적인 수행에 초점을 맞추기보다는 전인격적 성장을 최우선으로 한다. 그리고 학생들의 삶, 영적, 지능적, 개인의 현재와 미래 모든 측면에서 잘 살아가는 데에 필요한 도구를 제공한다. 한마디로 말하자면, 우리의 목표는 강하고 건강하며 기쁨이 충만한 일꾼, 배우자, 부모 그리고 그리스도의 제자가 되는 것에 필요한 성숙도를 구축하는 것이다.

… 14살짜리 아이가 몸이 피곤할 때도 감정적 고통을 잘 관리하고 주어진 과업에 집중하는 모습을 상상해보라. 아이는 자신의 책임에 대해 명확히 알고 있고 자신에게 주어진 의무를 자신의 최대 능력을 발휘하여 해낸다. 관계적으로도 잘 적응하고 선생님과 반 친구와도 잘 지내며 호기심이 많고 여러 분야에 대한 지식을 얻고자 많은 질문을 한다. 조심성 있고 깔끔하고 정확하다. 그렇다면 이런 학생이 고등학교에서, 대학교에서 또 삶에서 얼마나 잘 해낼 수 있을지 자문해보라. 답은 확실하다….

하지만 이렇게 애를 쓰는 중에 생 시르 부부는 RARE 공동체를 만들고자 하는 모든 리더들이 겪는 어려움을 대표하는 문제에 맞닥뜨리게 되었다.

아동 학습 단계 – 우리가 유익을 주고자 하는 사람들
선생님 단계 – 구성원을 이끌고 관리하는 자로 훈련하는 일꾼들
행정관 단계 – 일꾼들을 이끌도록 훈련하는 관리체계
부모 단계 – 구성원들을 형성하는 공동체
이사회와 공동체 단계 – 비관계적인 법률 구조와의 접점
문화 단계 – 세계의 관계적 규칙과 동향
개인 단계 – 제7일째 되는 날 안식하며 가정과 직장에 감사드림

아동 – 어린 아이는 관계적·학업적 성숙 기술을 개발하기 위해 필요한 최적의 분위기와 영감이 되는 생각, 기쁨이 넘치는 지원이 주어졌을 때 잘 자란다. 집중하거나 관계를 맺고 기쁘게 학습하는 것에 어려움을 겪고 있는 아이들을 포함해서 모든 아이가 이러하다. 그러므로 아동 단계일 때 생 시르가 고안한 모델을 효과적으로 만들기 가장 쉬운 단계임을 알 수 있다.

선생님 – 기쁨으로 배우는 학습자를 키우는 일은 평생에 걸쳐 해야 하는 과업이지만 앰블사이드 국제학교의 설립자들은 모든 선생님들이 최악의 날에도, 가장 어려운 학생을 다룰 때에도 관계성을 지속시킬 수 있도록 그들의 패스트 트랙 정체성을 재훈련해야 한다고 여

겼다. 빌은 다음과 같이 말한다.

그래서, 우리는 앰블사이드 학교에서 듣는 수업이 담당 선생님의 감정적·관계적 성숙도를 넘어가지 않게 하고 또한 학교가 교장의 감정적·관계적 성숙도를 넘어 가지 않게 해야 한다는 것을 깨달았다. 이런 생각은 학교 리더십의 책임과 그에 필요한 기술을 판단하는 데 있어 아주 다른 관점을 제시한다.

행정관 – 행정관은 법률상의 요구사항에 따르고 비인격적인 효율성을 조직하며 철저히 비관계적인 수행 목표를 설정하는 모양으로 학교를 운영해야 한다. 대부분의 학교에서 이러한 운영 결과를 얻기 위해 행정관을 임용한다. 거의 모든 행렬과 규칙이 슬로우 트랙일 때, 비관계적 관리 업무가 쉽게 주요 목표가 된다.

앰블사이드 국제학교에서는 학교의 수장에 대한 직무 해설을 새롭게 정의한다. 자원을 효율적으로 관리하는 것도 필수적이지만 학교에 최적의 분위기를 유지하고 선생님과 학생들이 잘 자라고 있는지 확인하는 것이 최우선이 된다. 관리는 사명을 위해 존재하고 그 사명은 바로 성숙이다. 사람을 관리하는 것으로 성숙에 이르게 할 수는 없다.

부모 – 부모들은 다양한 단계의 성숙도와 잠재력을 가지고 온다.

부모들은 또한 패스트 트랙에 결함을 가지고 있고 이를 자녀들이 물려받기도 한다. 두려움에 의해 자신의 정체성을 세운 부모는 학교도 두려움을 기반으로 운영되면서 더 나은 결과물을 내야 한다고 생각한다. 성난 고객을 상대하는 것은 피곤한 일이다. 빌은 부모들이 갖고 있는 기대치에 대한 관찰담을 덧붙인다.

크리스천 사립학교 네트워크에서 부모들은 자신의 가장 소중한 두 가지를 우리에게 위임한다. 첫째는 그들의 자녀이고 두 번째는 돈이다. 부모는 아이들이 잘 자라고 학교의 양육 방식이 기쁨 충만하고 스트레스는 없어 보일 때 자녀의 교육을 우리에게 계속 맡긴다. 우리는 우리의 사명을 고려해서 학생, 교사, 학교 리더십이 잘 육성되어 가는지 그 정도를 지속적으로 평가할 수 있는, 그리고 약점이 드러날 때 성장을 용이하게 하는 구조와 절차를 만들어왔다.

우리가 당면한 문제들 중 하나는 아이가 잘 자라고 있음을 결정하는 우리의 기준과 한 특정 부모의 이해 간 간격이 생길 수도 있다는 점이다. 예를 들어, 어떤 부모는 아이가 잘 자란다는 것을 감정적 고통이 전혀 없는 것과 연결시킨다. 이런 경우, 아이가 괴로워하면 학교에 있는 어른들이 잘 못 하고 있기 때문이라고 생각한다. 이와는 대조적으로 우리는 기쁨과 분투의 중요성을 강조한다. 물론 학창 시절은 많은 기쁜 경험들로 채워져야 한다. 하지만 어떤 순간에는 아이가 피곤해도, 실망감과 좌절을 느낄 때도, 다른 아이들이 불친절하게 대해도 계속 노력하며 나아가고 서로 용서를 주고받아야 할 때가 있다. 앰블사이드 학교에서는 아이가 잘 자라나는 데 필수적인 측면을 감정적 고통을 다룰 수 있는 능력이 있고 자신의 최상위 상태를 유지하며 빠르게 기쁨을 회복하는 것으로 이해한다. 일반적으로 아이의 성장에 대한 기대치가 우리와 다른 부모들에게는 잘 맞지 않는다.

이사회와 공동체 – 이사회 멤버들은 리더십과 관리 요건 간 접점을 찾는 데 생기는 또다른 큰 어려움을 대변한다. 행정관과 같이 이사회는 법률적 세계에 속해 있다. 일반적으로 이사회는 거의 전적으로 슬로우 트랙 활동으로 운영된다. 거기에 더 천천히 가야 한다면 로버트 회의법 Robert's Rules (여러 사람의 의견을 하나로 수렴하여 그 회의 목적 달성과 효율적인 운영을 위해 만들어진 가장 모범적인 규칙으로서, 오늘날까지도 국제적으로나 우리나라의 공공기관 및 사회단체와 교회 등에서 널리 사용되고 있다. 흔히 '만국통상법'이라고 부른다. – 역주)에 의존한다. 이사회라고 해서 모두 관리만 하는 것은 아니다. 한 조직의 비전과 사명을 대변한다. 이사회 멤버들이 슬로우 트랙 세상에서 패스트 트랙 학교를 설명할 수 있게 도와주는 일은 자원도 시간도 부족한 상황에서 리더십이 고민해야 할 과제이다. 하지만 빌은 RARE 시각을 가지고 우리에게 말한다.

어떤 공동체이든 리더십은 필수적으로 사역자 기능을 수행해야 한다는 것을 깨달았다. 모든 공동체에서 고통은 생길 수 있고 고통은 언제나 리더의 발목을 잡는다. 리더가 사역자의 기능을 한다는 것은 공동체의 아픔을 자신이 감당하고 그 아픔을 그리스도께 내어 드리는 것이다. 그러면서 공동체의 상처를 불쌍히 여기는 마음을 잃지 않고 관계적 연결줄을 놓지 않는다. 그렇게 함으로써 공동체의 고통은 소멸하기 시작할 것이다. 만약 리더가 자신을 내어 드려 고통을 자신의 것으로 껴안으려 하지 않고 오히려 그 고통을 "퉤" 하고 공동체에 도로 내뱉어 버리면 이런 공동체는 예외 없이 더욱더 위험하고 해로워진다.

문화 - 메리엘렌과 빌은 그들의 학교에 들어오는 아이들의 사회적 기술이 지속적으로 쇠퇴하고 있음을 말해줄 것이다. 학교에 도착했을 때 아이들의 EQ는 매해 점점 낮아지고 있다. 계속해서 더 많은 교과 과정과 선생님들은 약화된 아이들의 패스트 트랙 컨디션을 고치는 데 집중할 수밖에 없다. 대다수의 부모들은 어떻게 패스트 트랙을 관계적으로 바로잡을 수 있는지에 대한 이해가 아예 없다. 부모들은 직장 일, 깨어진 관계, 스마트폰 그리고 다른 강력한 방해 요소들에 정신이 팔려 실제로 자신들이 가지고 있는 기술을 연습하지 않는다. 빌은 다음과 같이 말한다.

우리는 영감을 주는 발상이 동기부여를 하는 데에 필수적이고 강력한 영향을 미친다는 것을 항상 이해하고 있었다. 더 나아가 '영감을 주는 발상'과 '단순한 정보' 간의 차이를 인지해 왔다. 정보는 단순한 사실을 진술하는 것인 반면에 하나의 발상은 새로운 방식으로 바라보는 것이다. 발상은 관계를 형성하고 변화시킨다. 발상은 단순히 데이터를 분석하는 개념이 아니다. 발상은 형성에 중요한 필요한 통찰력이면서 마음과 마음이 소통하는 계시이다.

우리는 관계적 역동성을 최우선시하는 법을 배우고 있다. 직원, 교장, 교사 그리고 학생들 가운데 신뢰와 관계적 연결을 형성하는 방식으로 서로와 함께 참여하는 방법을 모색한다. 이런 관계적 용량을 키우는 것은 우리에게 영감을 주는 발상을 가지고 모두와 함께 달려 나가는 토대가 된다.

개인 - 여느 리더들과 같이 RARE 리더들도 밤에 귀가할 때 산적해 있는 모든 문제들과 요구사항들이 집까지 쫓아오려 한다. 가족들이 따뜻하게 맞이하고 깊은 안식을 누릴 수 있는 아늑한 둥지를 만들기 위해서는 패스트 트랙 훈련을 아주 깊이 적용할 줄 알아야 한다. 가정에서는 가장 높은 단계의 패스트 트랙 기술이 필요하다. 따라서 가장 많은 훈련을 필요로 한다. 기쁨은 우리의 가정 내에 가장 깊은 필요와 가장 강력한 동기부여로 자리 잡는다.

가장 중요한 것

사업가들과 전문가들의 코치로 일하고 있는 킴 스페커가 사람이나 기업을 이끌어갈 때 패스트 트랙에 눈을 떼지 않는 것에 대해 하는 말을 들어보고자 한다.

리더십이 더 이상 스스로를 결과에 기반한 리더십으로 제한하지 않고 그들 자신이 개인적으로 발전하고 성숙하는 데 조직과 회사의 어떤 능력이 필요한지 고려한다면 변화가 일어날 것이다. 조직은 조직원들에 대한 그들의 사회적 책임을 보여줘야 한다.

리더십은 중차대한 책임을 맡는다. 리더의 영향력과 힘은 한 사람의 가슴에 불을 붙일 수도 꺼버릴 수도 있다. 감정적·관계적 성숙은 팀원의 열정과 강점에 불을 지피기 위해 필요하다. 당신은 가장 많은 권한을 부여하는 리더가 되기 위한 감정적·관계적 성숙도를 향상시키기 위해 무엇을 하고 있는가?

RARE 리더들은 결과가 중요하다는 것도 알고 있지만 결과물에만 시선을 집중하지 않는다. 패스트 트랙 리더는 자신의 조직이나 사역을 결과물 타깃으로 몰아가지 않는다. RARE 리더는 그룹 정체성을 목표로 한다.

《좋은 기업에서 위대한 기업으로》*Good to Great*[2]의 저자 짐콜린스Jim Collins가 책에서 말했듯이, RARE 리더는 위대한 그룹 정체성을 가진 팀을 세움으로써 결과물을 얻을 수 있는 최고의 기회를 제공하게 된다. 결국에 진정한 목표는 소속감과 정체성에 뿌리내린 변화된 공동체를 창조하는 것이다. 변화된 정체성을 창조하려는 이러한 노력이 성공할 때 가장 중요한 것을 잃는 일은 결코 없을 것이다.

상호적 마음 상태가 강한 그룹 정체성을 발달시킨다

패스트 트랙 엘리베이터는 3층에 멈춰서 그곳에서만 일어나는 과정을 거치게 된다. 이 필수적인 과정이 없으면 우리는 그 즉시 다른 사람들이 호감을 느끼는 자신 본연의 모습으로 행동하지 못한다. 이것은 매우 빨리 작동하기 때문에 비록 이 과정의 부재를 느낄 수 있기는 하지만, 그 과정을 설명할 수 있는 단어가 없다. 그래서 우리는 이를 **상호적 마음** mutual mind이라고 부르기로 한다. 정체성, 그룹 정체성, 동기부여, 규율, 잠재력의 활성화, 우리의 비전을 따라가는 것에 중요한 모든 것이 상호적 마음 상태에서 개발된다. 두 명의 뇌가 상호적 마음 상태를 구축하면 우리는 상대가 '알아챈다', '이해한다', '진심이다' 더나아가 '나를 안다'고 느낀다.

상호적 마음 상태는 거울 신경으로 작동한다. 이 신경들은 다른 사람의 마음속에 자신과 닮은 활동을 '보는' 것으로 활성화된다. 거울 신경은 어느 정도까지는 종 간에도 작용한다. 당신의 반려견도 당신이 슬픈지 눈치채고, 당신도 강아지가 산책을 가고 싶어 하는지 알 수 있다. 우리가 그룹 정체성을 개발할 때 우리는 다른 마음속에 우리와 같이 생각하는 거울 신경을 활성화하고 관계적 기쁨으로 반응하는 것을 강화할 수 있도록 노력한다.

상호적 마음 상태는 일반적으로 몸짓, 얼굴 표정, 목소리 톤, 일치된 에너지 레벨 그리고 거울에 비친 감정들 등의 면대면 상황에서 발달한다. 심하게 넘어져 다쳤는지 걱정하고 있는데 옆에 있던 사람들이 그 모습을 보고 웃는 것에 화가 나본 적이 있는가? 그 사람들이 웃은 것은 상호적 마음이 부족함을 증명한다. 왜냐하면 둘 다 뭔가 크고 예상치 못한 일이 일어났다는 것을 알면서도 그들이 웃을 때 당신의 몸에 대한 상호적 관심을 느끼지 못하기 때문이다.

상호적 마음 상태는 의식적인 사고보다 더 빨리 작동한다. 상호적 마음 상태가 없으면 사람들은 같은 반응, 동기부여 그리고 방향성을 공유하지 못한다. 당연히 리더는 같은 시간에 같은 방향으로 같은 목표를 향해 함께 일하기 위해 그룹을 조직하고, 이끌며, 동기를 부여하려면 이 상호적 마음 상태를 형성하는 것에 능숙해야 한다.

트라우마는 성공적으로 상호적 마음 상태에 참여하는 것을 지속적으로 방해하는 사건들로부터 생겨난다. 상호적 마음 상태를 유지하는 것은 학습되고 습득되는 기술이다. 이 기술은 우리의 감정이 강해질수록 연마하기가 더 어려워진다. 삶에서 스트레스가 많아지거나 흥분 상태가 될 때 우리의 상호적 마음 상태를 유지할 수 있도록 조절하지 않으면 우리의 관계적 회로가 꺼지고 패스트 트랙 엘리베이터가 고장 나며 최고 운영자가 있는 꼭대기 층의 불을 꺼버리는 결과를 초래할 것이다. 당연히 감정이 격해지는 즉시, 또 사람들과 함께 있을 때 빨리 침착해질 수 있는 능력은 중요한 시작점이다. 상호적 마음 상태를 회복하는 것은 3층의 용량을 키우게 된다. 이렇게 회복하는 데에는 종종 상호적 마음 기술과 힘을 키우는 법을 아는 코치의 지도를 필요로 한다.

모든 뇌는 깨어난 것보다 더 많은 정체성 잠재력을 가지고 있다. 상호적 마음은 우리 그룹 내에 기쁨과 의욕 넘치는 정체성을 키우기 위해 거울 잠재력을 사용한다. 자아의 새로운 부분을 깨우는 것은 그룹 정체성을 확립하는 것에 도움을 준다. 이런 그룹에서는 과거의 나보다 훨씬 더 나은 내가 될 것이라는 것을 알 수 있기 때문이다. 그룹 정체성을 세우는 상호적 마음 상태와 기술은 패스트 트랙 기능을 강화하고 키우는 데 동일하게 적용된다.

1. 이 장에서 소개된 이야기 중 어떤 이야기가 당신과 가장 많이 연관되어 있었는가? 그 이야기를 통해 무엇을 배웠는가?

2. 결과물을 최우선 타깃으로 삼았을 때 장점과 단점은 무엇이라고 보는가?

3. 그룹 정체성을 목표로 하는 것이 어떻게 더 나은 리더십 환경을 만들 수 있는가?

4. 결과 중심적인 사역지나 조직에서 일해본 적이 있는가? 이 장에서 설명한 정체성에 기반하는 조직과 어떤 차이점이 있었는가? 정체성 기반 문화와 결과 중심 문화 둘 다에서 일해본 적이 있다면 그 차이를 어떻게 설명하겠는가?

5. 이 장에서 말하는 강한 그룹 정체성을 세우기 위해 최우선적으로 필요한 요소는 무엇이라고 보는가?

RARE
Leadership

리더로서 우리는 가면을 벗고 우리의 약함을 내보일 수 있는 곳이 필요하다. 그 필요
를 채워주는 것이 바로 정체성 그룹이다. 정체성 그룹은 우리 안에 최선을 소환하고
구원받은 우리 자신답게 행동하는 것을 도와준다.

Part 2

레어 리더십 키우기

Understanding Fast-Track Leadership

CHAPTER 06

출발점:
모방, 정체성, 친밀감

RARE
Leadership

Where You Start: Imitation, Identity, Intimacy

변화 요법
배우기

많은 목사들이 크리스 코르시Chris Coursey의 이야기에 공감할 것이다. 크리스는 큰 회중을 이끌어본 적은 없지만 주님을 사랑하고 좋은 목사가 되기 위해 열심히 일했다. 일반적으로 사람들은 크리스를 좋아한다. 그는 항상 미소 지으며 잘 웃고 사람들에게 더없이 다정한 목사다.

하지만 상담사와 목사로 일한 지 몇 년이 지나 크리스는 자신의 사역에 기쁨이 사라졌다고 토로했다. 많은 목사들처럼 올바른 일을 하려고 갖은 애를 썼지만 그 안에 평안이 없었다. 크리스는 이 모든 일에 무엇인가가 빠졌으며 변화해야 할 때가 왔음을 직감했다.

요즘 크리스는 기쁨이 충만한 리더로서 패스트 트랙 기술을 가르치는 심도 있는 훈련 프로그램을 구축하는 것에 일조했다. 하지만 크리스의 변화가 하룻밤 새 일어난 것은 아니었다. 새로운 습관을 형성하는 데에는 수개월의 훈련이 필요하다. 앞서 살펴봤듯이, 좋은 생각이 실제 습관으로 굳어지기 위해 우리 뇌의 백질이 형성되는 데에는 많은 시간이 걸린다.

크리스가 극도로 지쳐 있는 두려움 중심의 리더에서 자신의 동기와 에너지를 기쁨을 통해 재충전하는 법을 터득한 리더로 변화한 데에는 여러 가지 요인이 있었다. 크리스의 변화 요법에 녹아 있는 주요 실천 사항들을 살펴보도록 하자.

모방 연습 – 크리스는 짐 와일더와 함께 이 책이 목적하는 바와 같이 사람들이 패스트 트랙 기술을 배울 수 있게 도와주는 훈련 양식들을 구축하는 일을 하기 시작했다. 크리스와 짐은 함께 THRIVE라는 것을 만들어냈다. THRIVE는 일주일 단위로 진행되는 일련의 훈련 행사로, 이를 통해 사람들은 중요한 뇌의 패스트 트랙 습관을 형성하는 데에 필요한 기술을 배우고 연습할 수 있다. 자신들이 개발 중인 훈련을 시험해보기 위해 크리스는 여러 그룹, 그의 아내, 다른 목사들 그리고 여러 명의 친구들과 함께 최대한 많은 연습을 했다. 그 결과 크리스는 자신의 감정 용량을 키우게 되었고 그 결과 뇌에 새로운 습관들이 자리 잡기 시작했다.

하나님과의 친밀감 – 하나님을 구하고 다른 이들과 함께 그 과정을 나누는 것은 크리스가 성장하는 데에 결정적인 역할을 했다. 그는 이것을 다음과 같이 설명한다.

〔주님과 함께 대화하듯 하는 기도는〕내 안에 일어난 모든 변화에 매우 긴밀하게 얽혀 있다. 나, 우리 그룹 그리고 나의 멘토들은 규칙적으로 예수님과 만나는 방법을 간구했고 주님이 나를 한 명의 사역자가 아닌 한 인간으로서 내가 어떤 사람인지 인정해주시는 것을 느꼈다. 그리고 주님은 내 약점들도 보여주셨다. 내가 그때까지 그래왔듯 하나님을 두려움에 의해 섬기는 대신에 예수님은 나의 안전한 자원이 되어주셨다.

예수님과의 전환점은 내 건강이 악화되기 시작한 시점에 일어났다. 한 달 중 일주일은 침대에 똑바로 누워 있어야 했다. 이런 시기에 예수님은 내 안에 순전하지 못한 충성심을 보여주셨다. 나는 스스로 워낙 충직한 종이라 내가 사역을 떠나야 한다면 다 죽을 때까지 하다가 들것에 실려 나가게 될 것이라고 생각했다. 예수님은 내가 가지고 있는 문제들이 많은 두려움으로부터 비롯된 것임을 알게 해주셨다. 여기에는 버림받을 것에 대한 두려움도 포함되어 있었고 이것이 바로 나의 충성심을 왜곡하고 있다는 것을 깨닫게 되었다.

정체성 그룹 - 크리스는 자신과 가장 가까이 있는 공동체 외부에 있는 그리고 자신의 문제를 단계별로 함께 처리해 나갈 수 있는 사람들과 관계를 맺었다. 이렇게 맺은 '동맹군'들은 스트레스를 받는 상황에서 그가 실제로 어떤 사람인지, 또 이러한 어려움 속에서 어떻게 자신의 최선을 끌어올릴 수 있는지 발견하게 도와주었다. 그들은 크

Part 2. 레어 리더십 키우기

리스 안에 내재되어 있는 최고의 것을 이끌어내고 예수님과의 관계 속에서 성장할 수 있게 도와주었다. 이런 과정들은 전화로, 혹은 커피 한 잔을 하면서, 또는 온라인 포럼 등을 통해 이루어졌다. 이 네트워크는 전역으로 흩어져 있었으므로 서로를 직접 만났을 때 그 기쁨이 항상 배가 되었다.

크리스의 정체성 그룹이 도움을 준 방법 중 하나는 스트레스 무게를 줄이고 그의 가족과 자신의 성장에 더 많은 시간을 투자할 수 있도록 격려해주는 것이었다. 그들의 응원 속에 크리스는 시간을 아끼기 위해 많은 요청을 단호히 거절할 수 있었다. 크리스의 지인들에게 크리스가 거절을 한다는 것은 익숙하지 않은 일이었다. 사람들 기분을 잘 맞춰주는 사람으로서 크리스는 일상적으로 모든 일에 예스로 응했기 때문이었다. 이러한 상황 속에 스트레스가 격해지면서 크리스와 아내 젠은 용기 있는 걸음을 떼어 직분을 내려놓았다. 그 시기에 대해 크리스는 다음과 같이 말한다.

내가 실제로 사역을 내려놓은 후 우리는 할아버지 할머니 집으로 들어가서 살게 되었다. 직장을 잃은 셈이었다. 돈이 들어올 구석이 하나도 없었다. 마치 모든 것을 포기해버린 느낌이었다. 나는 눈을 가린 채 어디로 향하는지 알 수도 없는 곳으로 발걸음을 뗀 것이었다. 몇 달이 지나자 내가 상상도 할 수 없는 방법으로 모든 일이 일어나기 시작했다. 집, 직장 그리고 새로운 사역지를 갖게 된 것이다.

떠나는 것에는 대가가 따랐다. 변화를 만들어내는 것에도 대가를 지불해야 했다. 하지만 모든 것이 내가 절대 상상할 수도 없는 방식으로 이루어졌다. 지금은 특정 회중에게 목회를 하고 있지 않고, 또 두려움에 떨며 사는 대신에 기쁨에 의해 살아가고 있고 내 가정을 가꿀 수 있는 기회가 생겼으며 목사님들을 훈련시키고 도와주기 위해 전 세계를 돌아다니고 있다. 나는 교회에서 초등학생들을 가르치는 일을 포함해서 사람들을 인도할 수 있는 기회가 있음을 즐기고 있다. 초등학생들이야말로 얼마나 힘든 대상인지!

오늘날 크리스는 처음 이 과정을 시작할 때만 해도 가능할 것이라고 생각하지 않았던 평안과 기쁨으로 살아가고 있다. 이것은 단순히 크리스의 삶이 더 쉬워졌기 때문이 아니다. 몇 년 전, 크리스는 사다리에서 떨어져 허리를 다쳤다. 그 때문에 허리 아래쪽에 만성적 통증을 느끼게 되었지만 좋은 남편, 활달한 두 아들의 아버지 또 사역자로서 최선을 다하고 있다. 크리스와 젠은 패스트 트랙 훈련 요법을 계속해서 실행하고 있으며 삶의 어려움 속에서도 높은 기쁨의 수위를 유지하는 것에 도움이 되는 친밀한 기도의 시간을 영위하고 있다.

이번 장에서 우리는 RARE 리더가 될 수 있는 특수한 습관을 형성하는 데 필요한 세 가지 원리를 제시하려 한다. 그 세 가지는 바로 모방, 정체성 그룹 그리고 하나님과의 친밀감이다.

모방 훈련

어느 한 리더나 동료를 존경해서 그들을 모방하려 했거나 그들의 자리에서 성공할 수 있었던 실마리를 찾으려고 노력해본 경험이 있을 것이다. 이것이 바로 당신의 패스트 트랙 기술을 연마하는 방법이다! 패스트 트랙 기술은 모방을 통해 습득된다. 우뇌는 말로 배우지 않는다. 모방과 연습으로 습득한다. 뇌의 정체성 센터에는 거울 신경이 밀집해 있다. (거울 신경에 대해서는 Chapter 5의 RARE 리더십을 위한 뇌과학 부분에서 다루었다.) 거울 신경은 그것이 보는 것을 반영한다. 그렇기 때문에 거울 신경은 모방을 통해서만 습득한다. 그래서 크리스와 나Jim는 우리의 기술들을 직접 보고 따라할 수 있는 포럼 등에서 진행할 수 있도록 THRIVE 훈련 프로그램을 개발했던 것이다.

메리 : 나는 그들을 사랑하고 그들은 여기서 일하는 것을 사모한다

몇 년 전, 메리 웰첼Mary Whelchel은 〈크리스천 직장 여성〉이라는 라디오 광고방송을 시작했다. 메리는 시카고에 위치한 무디 교회The Moody Church에서 여성들을 위한 사역의 책임자로 섬기고 있었지만 스스로를 리더라고 생각해본 적이 전혀 없었다. 그녀는 단순히 하나님의 나라를 위해 뭔가를 하는 것에 열정을 가지고 있을 뿐이었다. "수년간 리더십에 관련된 문제들은 그냥 휙 지나쳐버리고 나중에야 무엇이 옳고 그른지 알게 되었어요. 나는 프로젝트 중심의 사람

사도 바울은 사람들에게 성숙한 크리스천의 삶을 사는 것에 대해 가르칠 때 그들에게 롤 모델을 제시하는 것이 최고의 방법임을 깨달았다.

이었고 '제발 내 일 좀 할 수 있게 내버려둬' 하는 태도를 가지고 있었어요."

메리의 영향력이 커져 새로 팀을 꾸리게 되었을 때 일을 실행하려면 단순히 문제가 생길 때마다 그 문제를 해결할 수 있는 사람들로 구멍을 메우는 것 이상으로 도움이 필요하다는 것을 금세 깨달았다. 메리는 이사회에 인사부 경험이 있는 한 이사에게 부탁해서 훌륭한 팀을 꾸리는 일에 도움을 줄 수 있는 감정적으로 성숙하고, 관계적인 면에서도 뛰어난 담당자를 고용할 수 있었다. 새로 온 담당자를 보는 것만으로 많은 것을 배웠다. 그 담당자는 매우 관계지향적인 사람이었다. 그녀에게 보고하는 한 사람 한 사람에게 마음을 쓰고 그들의 가족들에게도 진정성 있는 관심을 기울였다. 재미있는 활동을 시작하고 사람들을 특별하게 인정해주었다. 그녀는 사람들이 일하러 오는 것을 기꺼이 사모할 수 있는 분위기를 조성했다.

매우 관계지향적인 이 담당자는 9년 동안 그 자리에 있다가 물러나면서 자기만큼 감정적으로 성숙하고 관계지향적인 후임을 찾는 것을 도와주었다. 요즘 메리는 "이 세상 최고의 팀을 만났어요 … 나는 그들을 사랑하고 그들은 여기서 일 하는 것을 사모한답니다"라고 말한다.

처음 이 길을 가게 되었을 때 메리는 관계적 기술이 필요한지조차 몰랐다. 10년 넘게 고차원적인 관계적 기술을 가지고 있는 사람들을 봐오면서 그녀 자신의 관계적 기술도 눈에 띄게 향상되었다. 이것이 바로 우리가 패스트 트랙 기술을 배워나가는 방법이다. 관계적 기술은 단순히 책을 읽는다고 키워지는 것이 아니다. 우리 자신의 약점을 인정하고 우리에게 부족한 기술을 가지고 있는 사람들에게 집중해야 한다. 이렇게 할 때, 우리의 뇌는 우리가 보는 것을 모방하게 된다. 메리는 RARE 리더의 전형적인 모습을 보여준다. 이러한 리더들은 패스트 트랙 관계적 기술을 사용하여 함께 일하는 것을 사모하고 다른 사람들에게 그들의 사명과 리더에 대해 말하는 것을 즐겨 하는 그룹을 만든다.

메리의 이야기는 모방의 힘과 중요성을 입증한다. 사도 바울은 사람들에게 성숙한 크리스천의 삶을 사는 것에 대해 가르칠 때 그들에게 롤 모델을 제시하는 것이 최고의 방법임을 깨달았다. 그는 빌립보 교인들에게 "너희는 내게 배우고 받고 듣고 본 바를 행하라"(빌 4:9)라고 편지를 썼다. 고린도 교인들이 성숙에 관련된 문제들을 다루는 것에 도움을 필요로 할 때 사도 바울은 디모데를 보내 자신이 보인 본을 상기시켰다.

RARE 리더가 되기 위해 필요한 패스트 트랙 습관 형성에 헌신하고 있다면 우선 어떤 기술이 부족한지 파악하는 것이 중요하다. 이를 위해서는 어느 정도의 겸손이 필요하다. 그리고 당신이 속해 있는 그룹에서 그 기술을 가진 사람들을 찾아야 한다. 그 사람들은 다른 많은 부분에서는 당신보다 더 낫지 않을 수도 있지만 당신이 필요로 하는 기술만큼은 뛰어난 사람일 수 있다. 이런 사람들을 지켜보고 그들과 상호작용하는 것은 RARE 습관을 형성하는 것에 집중하는 성장 요법에 필수적인 부분이다. (이 과정에 시동을 걸기 위해 THRIVE 기술 훈련을 하는 것에 투자하는 것도 좋은 방법이다. 350쪽을 참조하라.)

하나님과의 친밀감

이 책에 등장하는 대부분의 사람들을 만나 인터뷰를 해보면 어느 순간 이들이 하나님과 함께 보낸 시간이 자신들에게 얼마나 영향을 끼쳤는지 고백하는 것을 듣게 될 것이다. 그들은 "이제 나는 훨씬 더 큰 기쁨으로 살고 있어요! 부정적 감정에는 덜 통제 받고 문제를 더 빠르게 관계적으로 해결할 수 있게 되었지요"라는 식의 이야기를 들려줄 것이다.

하나님과 친밀감 쌓기

존 맥스웰John Maxwell은 세계적으로 가장 널리 읽히는 리더십 책들을 쓴 저자이다. 하지만 맥스웰이 초창기에 썼던 책 중 하나가 기도에 대한 것이라는 사실을 모르는 사람이 많다.[1] 그는 대학생 시절부터 점심 후에 성경책, 펜 그리고 스프링 노트 하나만 가지고 1시간 동안 하나님과 독대하는 습관을 키웠다. 그 시간에 기도하고 하나님의 음성을 듣는 데 집중했다. 목사가 되어서도 그의 첫 번째 우선순위는 그의 사역을 기도로 흠뻑 적실 수 있는 기도팀을 만드는 것이었다.

윌로우 크릭 교회Willow Creek Community Church를 세운 원년 목사 빌 하이벨스Bill Hybels도 맥스웰과 비슷한 방식으로 하나님과 친밀함을 쌓기 위해 노력했다. 하이벨스는 그의 저서《너무 바빠서 기도합니다》Too Busy Not to Pray에서 기도 단련법을 개발하게 된 계기를 다음과 같이 설명한다.

기도가 항상 내 강점이었던 것은 아니다. 수년간 대형 교회의 원로 목사로 있으면서도 내 삶에서 기도를 실천하는 것보다 기도에 대해 아는 지식이 더 많았다. 나는 경주마와 같은 기질을 가지고 있었기 때문에 자족함과 자립성 간의 줄다리기는 나에게 매우 현실적인 문제였다. 기도가 무엇인지 알아내기 위해 내가 가고 있던 성공 가도에서 오래 벗어나고 싶지는 않았다.

하지만 성령님께서 너무나 직접적으로 인도해주셨기에 나는 무시할 수도 대들 수도 불복종할 수도 없었다. 성령님은 내가 온전히 이해할 수 있을 때까지 기도에 대해 탐구하고 연구하며 실천할 수 있게 이끌어주셨다. 나는 그 인도하심에 순종했다. 나는 오래 됐든 최신이든 구별 없이 15권에서 20권가량의 유명한 기도 관련 책을 읽었다. 그리고 성경에 나와 있는 기도에 관련된 거의 모든 말씀을 연구했다.

그리고 나서 극단적인 행동을 취했다. 나는 기도를 했다.

내가 기도하는 시간을 드리기 시작한 지 이제 20년이 되었다. 그리고 내 기도의 삶은 변화했다. 이를 통해 이뤄낸 가장 큰 성취는 내가 드린 많은 기도가 기적적으로 응답 받은 것이 아니다. 이것도 물론 멋진 일이기는 하지만 가장 짜릿한 전율은 하나님과 나의 관계에 질적인 변화가 일어났다는 사실이다.[2]

하나님과의 관계를 발전시키기 위해서는 대화하듯 하는 기도의 기술을 배워야 한다. 하나님께서 그의 자녀들에게 실제로 말씀을 하고 계시다는 사실을 아는 것은 영적 성숙의 기초이다.

고전이 된 《하나님을 추구함》*The Pursuit of God*을 쓴 A. W. 토저는 하나님과의 친밀감을 형성하기 위해 기도할 것을 격려하고 다음과 같이 제안했다.

주님, 듣는 법을 가르쳐주소서. 이 시대는 시끄럽고 내 귀는 계속해서 공격해오는 수천 가지의 요란한 소리들로 인해 고단합니다. "말씀하소서, 주의 종이 듣겠나이다"라고 기도한 소년 사무엘과 같은 영을 주소서. 주님이 내 마음에 하시는 말씀을 듣게 하소서. 주님의 음성에 익숙해져서 세상의 소리들이 사라질 때 내게 들리는 유일한 소리가 주님의 말씀하시는 소리가 자아내는 음악이기를 소망합니다. 아멘.

토저가 주로 사역했던 시대가 1920년대부터 1950년대임을 생각했을 때 만약 그 시대에 천 개의 방해요소가 있었다고 한다면 현재 리더들에게 하나님의 임재를 구하는 것을 방해하는 요소가 얼마나 더 많을지는 상상도 할 수 없을 정도이다.

모든 시대의 영적으로 성숙한 사람들은 하나님과 친밀감을 유지하는 습관을 형성해왔다. 이를 토저는 "영적 수용성"spiritual receptivity이라고 칭한다. 이것은 하나님께서 우리 마음속에 속삭이시는 소리에 집중하는 연습을 하는 것을 말한다.

우리는 직관적으로 성숙한 성도들이 신앙의 여정을 막 시작한 사람들보다 하나님과의 친밀감을 형성하는 기술과, 또 내면에 들리는 주님의 작은 목소리를 알아채는 것에 더 잘 훈련되어 있음을 안다. 리더로서 하나님의 임재 연습을 함으로 '영적 수용성'을 키우는 것은 중대한 일이다.

그렇다면 우리가 지금까지 배워온 뇌과학에서 우리의 영적 훈련을 도와줄 수 있는 뭔가를 찾을 수 있을까? 물론이다! 하나님은 그분과 관계를 맺도록 우리를 설계하셨다. 그렇다면 전지전능하신 이가 우리의 뇌도 그분의 임재를 경험하는 것을 용이하게 하도록 제작하지 않으셨겠는가.

일반적으로 듣기는 리더들이 어려워하는 기술이다. 우리는 바로 행동을 취해 일을 끝마치는 것을 좋아한다. 우리가 듣는 것에 어려움을 겪는 이유 중 하나는 듣기가 강력한 우뇌의 패스트 트랙 기술을 요하기 때문이다. 만약 좌뇌의 슬로우 트랙만 가지고 들으면 우리는 단순히 정보를 처리하게 된다. 대부분 사람들은 이런 처리 과정에 능숙하다. 우리가 TV를 보거나 이메일을 읽고 있을 때 누군가 들어와서 말을 걸면 우리는 그 사람에게 시선을 맞추거나 감정적으로 참여하지 않은 채 그 말을 듣게 될 것이다. 슬로우 트랙은 우리에게 들리는 정보를 반복 재생할 수 있지만 관계적 참여는 할 수 없다. 사람의 감정을 읽고 자신의 감정과 일치시키는 것은 패스트 트랙이 하는 일로, 비언어적인 기술이며 듣기 과정에 필수적인 기술이다.

이와 비슷하게 하나님 음성을 듣는 것 또한 어떤 말 소리를 듣는 청각이 중요한 것이 아니다. 그분의 음성을 우리 뇌의 패스트 트랙을 관할하는 부분으로 감지해내는 것이 중요하다.[3]

하나님의 음성을 알아차리는 능력을 키우고 영성 수용성을 향상시키는 데 도움이 되는 몇 가지 실용적인 단계를 소개한다.

1. 잠잠히 있기 우리가 진심으로 다른 사람의 말을 듣기 위해 TV를 *끄든지* 이메일 읽는 것을 멈추어야 하듯이 하나님과의 연결 상태를 향상시키기 위해서도 이와 같이 행해야 한다. 앞서 말한 대화하듯 하는 기도를 드리는 시간을 규칙적으로 정해놓는 것을 두고 'QT'Quiet Time를 한다고 말하는 데에는 이유가 있다.

2. 성경 읽기 종종 간과되는 부분이지만 말씀으로 시간을 보내는 것은 우리의 영혼을 하나님의 성품과 방식에 맞추는 일이다. 우리가 말씀에 흠뻑 젖으면 성령님은 이 말씀의 주제를 사용

하셔서 우리의 마음을 그분의 관심을 향해 인도하신다. 우리가 어떤 한 작곡가의 음악을 들으면 들을수록 점점 더 그 작곡가의 스타일에 익숙해지고 다른 음악가들에게 미치는 그의 영향력을 깨달을 수 있게 되듯이 말이다.

3. 감사하기 시편 기자는 감사함으로 하나님의 문에 들어가며 찬송함으로 그의 궁정에 들어가라고 썼다.[4] 감사를 주고받는 것은 인간적인 면에서도 건강한 관계를 세우게 한다. 그렇다면 하나님과의 관계를 영위하는 데에도 당연히 좋은 영향을 미칠 것이다. 뇌과학 측면에서 봤을 때도 감사함이 우리의 정신적 수용기를 활성화시킨다는 것은 흥미로운 사실이다. 이것은 마치 감사함이 우리 뇌의 관계적 부분에 불을 켜고 다른 사람들과 상호작용할 수 있도록 준비시켜주는 것같이 보인다. 감사함은 우리가 하나님과 상호작용할 때도 똑같이 작용한다.

몇 년 전에 나Marcus는 신부전증으로 어머니를 여의었다. 돌아가실 때 어머니의 나이는 아버지와 동갑으로 85세였다. 그러니 아버지가 89세에 재혼을 하셨을 때 내가 얼마나 놀랐겠는가! 새어머니는 평생 주님을 신실하게 섬기신 멋진 분이었다. 누구든 그분을 만나면 그분이 보여주는 기쁨, 평안 그리고 주님을 향한 깊은 사랑에 감명 받지 않을 수 없을 것이다. 그분이 가지고 있던 비밀 중 하나는 수십 년 동안 감사 일기를 지속적으로 쓰고 계신다는 것이었다. 그 일기는 벌써 몇 십 권이 되었다. 새

어머니는 매일 감사의 이유를 기록하고 감사하기로 자신의 마음을 정한다. 시편 기자가 하나님의 임재로 들어가는 데 핵심 요소로 감사를 실행했듯이 하나님과 관계적 시간을 가질 때 훌륭한 준비 과정으로 쓰일 수 있다.

4. 쓰기 몇 년 동안 우리 아버지는 닐 T. 앤더슨 박사Dr. Neil T. Anderson가 설립한 '그리스도 사역의 자유' Freedom in Christ Ministries라는 단체에서 국제 책임자를 역임하셨다. 내가 아는 한 앤더슨 박사는 기도 시간에 공책에 쓰는 훈련을 하는 과정을 명확하게 묘사한 최초의 사람들 중 한 명이다. 사실 그는 종종 두 개의 공책을 사용했다. 한 공책에는 그가 하는 기도를 적었고 다른 하나에는 머릿속에 드는 잡념들을 적었다.

기도하기 위해 잠잠히 있을 때 종종 여러 가지 잡념들이 침투한다. 어떨 때는 '엔진 오일을 갈아야 돼'와 같이 사소한 생각들이 우리를 방해하기도 한다. 또 다른 때에는 대적 세력이 주는 '너는 기도하는 법을 절대 배울 수 없어' 혹은 '하나님은 절대 너에게 말씀하시지 않을 거야'와 같은 정죄하는 생각들이 들어온다. 앤더슨 박사는 그의 잡념 공책에 이 두 가지 종류의 생각을 쓰는 법을 습득했다. 어떤 생각들은 결박해야 하는 것이었고 또 어떤 생각은 '해야 할 일' 목록으로 바뀌는 것도 있었다. 5분에서 10분 넘게 하나님과 관계적 기도 시간을 실천하기 위해 수년간 애를 쓴 결과 이제는 한 시간 이상 기도 시간을 누리는 것은 문제도 되지 않는다는 것을 알게 되었다.

5. 나누기 하나님의 음성을 알아채고 분별하는 일에 있어서 하나님께서 주신 것이라 감지한 말씀을 다른 사람들과 나누는 것은 좋은 훈련이다. 사실 하나님께서 주신 음성이라는 판단을 스스로에게만 맡기는 것은 위험하다. 그룹에서 함께 분별할 때 우리의 삶 속에서 하나님의 인도하심과 관계적으로 임재하심을 감지하는 법을 배우는 것에 중요한 안전망이 만들어진다. 나Marcus는 내가 신뢰하는 친구들에게 내가 쓴 일기를 공유하고 하나님께서 하시는 듯한 말씀을 분별할 수 있게 그들이 주는 피드백을 존중한다. 그 친구들은 하나님께서 내가 막혀 있는 부분이나 내가 배우기를 원하시는 새로운 통찰력을 알려주실 때 그 음성을 깨달아 듣는 것을 도와준다.

하나님과 친밀감을 쌓는 목적은 하나님께서 우리의 결정에 간섭하게 해서 우리가 더 성공적인 리더가 되기 위함이 아니다. 물론 그 과정 중에 이런 일도 일어나지만 이것이 우리가 친밀감을 추구해야 하는 직접적인 이유가 되면 안 된다. 친밀감이 가져다주는 관계적 결속, 치유 그리고 그분과 더 깊이 동행하면서 얻는 평안을 위해 이를 소망해야 한다.[5]

정체성 그룹 : 아군으로 이루어진 팀

나Marcus는 새로운 습관을 구축하거나 새로운 기술을 개발하기 위해 제일 우선적으로 해야 할 일이 같은 기술을 연마하는 사람들이 있는 그룹에 들어가는 것이라는 사실을 알게 되었다. 그 기술이 미술이라면 미술 수업에 들어가야 하고 원예를 배우려면 원예 클럽에 가입해야 한다. 이와 마찬가지로 테니스라고 하면 리그에 들어가야 한다. 만약 이렇게 하지 않으면 끝까지 갈 수 없다. 그룹에 속해 있으면 그에 따른 내적 동기가 활성화된다. 내가 단순히 한 그룹에 속해 있기 때문에 만약 아무도 참여하지 않으면 하지 않았을 일들을 하게 되는 경우가 많다.

내가 처음 사역을 시작했을 때 매주 목요일 두 시간씩 교회 성도였던 한 은퇴한 신사분과 만났다. 우리가 함께한 일은 그 두 시간 동안 성경을 암송하는 것이었다. 나는 요한복음을 외우고 있었고 그분은 나를 도와주겠다고 자원했다. 그는 매주 성경에서 한 절씩 읽어주고 나는 그 절을 세 번씩 반복해서 읊었다. 이런 식으로 그가 다음 절을 읽어주면 나는 또 세 번씩 반복했다. 그렇게 한 후에 이 두 절을 합쳐서 그 둘을 함께 반복하는 식이었다. 그분은 내 실수를 교정해주고 격려해줬으며 내가 말씀 구절을 배우면서 느끼는 기쁨만큼 그도 내가 구절을 통달해가는 과정을 지켜보는 것에 큰 기쁨을 누리는 듯했다. 우리는 두 시간씩 이렇게 하면 무리 없이 전 장을 외워 나갈 수 있음을 알게 되었다. 그분이 매주 목요일마다 그 조용하고 안락한 방에서 기다리고 있을 것이라는 생각은 계속 그 만남에 나갈 수 있는 동기부여가 되었다. 나는 또한 말로 처리하는 사람이었기 때문에 관계적 연결성은 큰 차이를 만들었다. 한 해가 지나서 나는 요한복음 전체를 앞뒤로 인용할 수 있게 되었다. 그 노신사분의 도움이 없었다면 절대 일어날 수 없는 일이었다.

진정한 변화가 일어나기 위해서는 공통의 목표를 위해 헌신하는 팀이 필요하다. 우리는 이 팀을 '정체성 그룹'이라고 불러왔다. 다르게 부르고 싶다면 그것도 좋다. 당신만의 개념으로 만들어라. 하지만 이런 팀이 효과적으로 작용하기 위해서는 다음과 같은 특성이 필수 조건이다.

- **이 그룹은 아군의 그룹이지 책임감 그룹이 아니다.**

그룹의 목적은 어떤 변화를 이루기 위해 헌신하겠다는 맹세장에 서약하게 해놓고 이 맹세를 완수할 때까지 불구덩이 위에 매달아 놓는 것이 아니다. 이런 두려움에 기반한 시스템은 결과 지향적 모델에서 비롯되고 우리가 가르치고자 하는 것의 정반대 모델을 대표한다.

내Marcus가 들은 바 제일 처음으로 아군의 그룹에 대해 논한 사람은 존 엘드리지 John Eldredge이다. 그는 자신의 팀을 "아군" 그리고 "형제들"이라고 불렀다. 그들은 자신을 "야만인일지언정 관료는 아니다"라고 즐겨 말했다. 나는 그 점이 마음에 든다. 이 말은 그들의 핵심 가치를 일깨워주는 표현이었다. 그들은 조직을 만들고자 하는 것이 아니었다. 그들은 그저 함께 여행 중이었다. 자신들의 정체성과 핵심 가치를 확실하게 유지하고자 했다. 그들은 변화와 발견을 위한 공통의 여정을 서로 도와가며 함께 가고 있었다.

아군은 전쟁 중 참호에 함께 있고 싶은 부류의 사람들이다. 이 사람들은 당신을 평가하기 위해 있는 것이 아니다. 당신 안에서 최고의 것을 끌어내기 위해 함께한다. 어떨 때는 그들이 직접 본보기가 되어 준다. 당신이 만약 '조'라는 사람이 참호에서 일어나 적들과 교전하는 것을 본다면 당신도 싸울 용기가 생길 것이다. '바바라'라는 사람이 자신의 연약함을 드러내고 다른 이들에게 따뜻한 반응을 받는 것을 목격하면 당신도 나서서 취약한 자신을 드러낼 용기를 얻게 될 것이다. 이런 사람들은 어떨 때는 말로 격려하기도 하고 여러 가지 방법으로 당신의 감정을 인증해준다. 새로운 시각으로 볼 수 있게 해주기도 한다. 이 일에 당신과 함께임을 알려준다. 말로든 행동으로든 이들은 삶이 고달파질 때 당신 자신답게 행동할 수 있도록 도와준다.

> 우리가 실패했을 때 다른 사람들이 나를 괴롭게 만들 필요가 없다. 대부분 스스로가 충분히 괴롭게 하기 때문이다.

• 이 그룹은 약점을 부드럽게 다루어야 한다.

우리가 실패했을 때 다른 사람들이 나를 괴롭게 만들 필요가 없다. 대부분 우리 스스로가 충분히 괴롭게 하기 때문이다.

많은 책임감 그룹은 사람들이 자신의 약속을 지키지 못하기 시작하면 와해된다. 실패한 그룹원은 자신이 실패했다는 사실을 잘 알고 있다. 그래서 자신의 실패를 떠오르게 하거나 더 잘할 방도를 모르는데 더 잘하라는 말을 들어야 하는 곳에 가고 싶어 하지 않는다.

약점을 부드럽게 다루는 그룹은 첫째, 감정을 인증해주고 V: validate emotions 새로운 시각과 가능한 해결책을 가지고 우리를 위로해 주며 C: comfort 우리답게 행동할 수 있도록 새로운 패턴을 재형성하게 도와준다 R: repattern.[6]

약점을 부드럽게 어루만져 주는 그룹은 이 VCR 과정을 잘 처리한다.

• 이 그룹은 하나님을 찾는 일에 헌신해야 한다.

진정한 변화는 하나님과 그의 백성이 함께 상호작용할 때 비로소 일어난다. 나Marcus는 자주 그룹원에게 내 일기 내용을 나눈다. 어떨 때는 다 같이 있을 때 공유하지만 일반적으로는 한 명씩 보여준다. 내가 느끼기에 하나님께서 말씀하고자 하시는 것이 무엇인지 잘 정리할 수 있도록 그룹원들이 도와줄 것이라 믿는다. 때로는 특히 내 과거의 기억을 끄집어내야 하거나 일촉즉발의 상황이 생기면 내가 하나님과 접촉하고 하나님이 주시는 평강을 느낄 때까지 힘써 헤쳐나갈 수 있도록 도움을 요청한다. 하나님이 주시는 평강은 내가 평안함을 느낄 수 있을 만큼 충분히 하나님의 관점으로 볼 수 있게 하심으로써 얻는 안정된 느낌을 말한다.

• 이 그룹은 전 세계적으로 퍼져 있을 수 있다.

오늘날 우리가 누리는 인터넷과 스마트폰 덕분에 정체성 그룹이 꼭 지역적인 것으로 국한될 필요가 없다. 이 그룹에서 나는 내게 부족한 기술을 가지고 있는 동료와 사람들을 찾고 있다. 나Jim는 기도 파트너인 한 팀과 수년 동안 만나오고 있다. 그리고 전국으로 퍼져 있으면서 계속해서 서로 연락을 주고받고 있는 아군 그룹도 있다. 내가 지지와 격려가 필요할 때 나는 이들을 찾는다.

나Marcus에게는 전역으로 흩어져 있지만 정기적으로 연락을 취하는 아군 그룹들이 있다. 여건이 되면 직접 만나기도 한다. 이 사람들이 내 약점에 대해 부드럽게 반응해줄 것이라는 사실을 알기 때문에 나는 이들에게 무엇이든 이야기할 수 있다. 어쩌면 그들이 결국 나에게 어려운 일을 하도록 도전할지도 모른다. 하지만 이는 그들이 내 안에서 진정한 마음을 끄집어내고 또 그들이 알고 있는 내가 어떻게 행동해야 하는지 알기에 그렇게 하는 것임을 안다.

관계적 기술의 흥미로운 점은, 그것이 관계에서 발전해야 한다는 것이다. 단순히 책을 읽고 혼자서 노력한다고 이룰 수 있는 것이 아니다. 그렇게는 아무런 효과가 없을 것이다. 일단 처음에 나를 제외한 인원이 한 명뿐이라도 팀을 만드는 것부터 시작하라. 하나님께 팀을 하나로 이루어 달라고 구하라. 그분은 이미 도와줄 계획을 가지고 계신다.

변화에는 시간이 필요하다

앞으로 우리는 RARE 리더십을 특징짓는 네 가지 독특한 습관을 다루게 될 것이다. 이 장들을 살펴보는 동안 모방 연습, 하나님과의 친밀감 추구, 정체성 그룹에 참여의 중요성에 대한 내용을 계속해서 언급할 것이다.

새로운 습관을 형성하는 것은 쉬운 일이 아니다. 시간이 걸린다. 그리고 앞서 언급한 세 가지 핵심 요소가 모두 충족되지 않으면 얻을 수 없다. 리더들은 종종 변화를 이루기 위해 서두르는 경향이 있는데 이것은 어쩌면 당연한 일이다.

하지만 어떤 것은 서두른다고 다 되는 것이 아닐 뿐 아니라 오히려 지름길이 문제를 야기하기도 한다.

나Jim는 이것을 어릴 때 실수를 통해 어렵게 습득했다. 어느 날 나는 왕나비 한 마리가 고치에서 빠져나오고 있는 것을 발견했다. 도와주는 것을 즐기던 나는 애를 쓰고 있는 이 가여운 나비가 더 빨리 빠져나올 수 있게 도와주겠다고 마음먹었다. 그래서 나는 나비가 혼자서 빠져나오는 것보다 더 빨리 나올 수 있도록 고치에서 나비를 빼주었다. 하지만 그 결과는 참혹했다. 그 불쌍한 나비의 날개가 온전하지 않아서 날 수 없게 되어버린 것이다. 내 의도는 선했지만 지름길로 가는 것이 원래 일어났어야 하는 일을 성취하지는 못했다. 패스트 트랙 습관을 배우는 것도 이와 같다. 간단히 성숙하기로 선택한다고 해서 되는 일이 아니다. 하지만 당신의 삶, 결혼생활, 자녀 양육 그리고 리더십 능력을 변화시키는 습관을 형성하는 데에 도움이 될 수 있는 선택을 할 수 있다.

애착의 네 가지 '엔진'

패스트 트랙의 첫 번째 단계를 특징짓는 애착 형식은 심리학에서 가장 많이 연구되고 있는 주제 중 하나이다. 애착 형성은 모든 문화와 인종을 막론하고 네 가지의 동일한 패턴으로 나타난다.

태어나서 두 살이 될 때까지 삶에 기쁨이 충만하면 첫 번째 패턴이 등장한다. 안정 애착이다. '기쁨으로 결속'joy bonds되어 있는 이 패턴은 우리의 몸 안팎으로 세상과 연결 짓는 매우 안정적이고 강력한 방식으로 나타난다.

나머지 세 가지 패턴은 모두 우리가 세상을 보거나 우리 자신에게 동기부여할 때 두려움에 기반을 두는 패턴이다. 두 번째 패턴은 다른 사람을 피하고 독립성을 유지하는 두려움에 의한 스타일이다. 세 번째 패턴은 다른 사람에게 매달리면서 항상 끼어달라고 조르는 유형이다. 네 번째는 체계적이지 못하고 무엇이 그 사람을 화나게 할지 가늠할 수 없는 유형이다.

애착 패턴이 일생 전반에 걸쳐 나타나는 측정 가능한 특성들 중 가장 지속적이기 때문에 사람들은 자신의 그룹 정체성(그들의 사람들)이 자신과 같은 방식으로 동력을 얻는다고 생각한다. ① 기쁨으로 함께 일하거나, ② 자기 자신만을 돌보거나 (다른 사람을 두려워한다는 사실은 잘 인정하지 않은 채), ③ 모든 사람들 사이에 끼려고 노력하거나 (상실이나 거절에 대한 두려움으로) ④ 다음에 잘못될 수 있는 일들은 모두 회피하는 방식이다.

두려움에 기반하는 시스템의 장점은 일을 진행하는 속도가 빠르다는 점이다. 하지만 사람들을 움직이게 하려면 화를 내고 소리를 질러야 한다고 믿는다. 이 시스템의 단점은 긴장이 고조되면 백발백중 상호적 마음을 잃게 되고 자신답게 행동하는 것은 완전히 잊어버리게 된다는 것이다.

기쁨에 기반하는 그룹 정체성의 장점은 웬만해서는 냉정함을 잃지 않고 놀라운 탄성력, 집중력, 방향성 그리고 자기 회복 능력이 있다는 것이다. 이러한 패턴은 모든 그룹, 문화, 언어, 나이(18개월 이후)를 불문하고 똑같이 나타난다. 표현하는 스타일은 이에 따라 크게 다르지만 '동력'은 같다.

리더들은 자신의 그룹이 어떤 엔진을 사용할 것이지 찾고 그것을 강화해야 한다. 이것이 리더십의 핵심 과업 중 하나이다. 기쁨 기반 엔진과 같이 나머지 세 종류의 두려움 기반 엔진은 의식적 생각보다 더 빠르게 작동하고 상호적 마음 상태 기술에 의해 형성되고 통제된다. 뇌는 제대로 훈련되지 않으면 두려움으로 초기화되어 버린다. 하지만 잘 훈련되면 기쁨 기반 엔진을 선호하도록 설계되어 있다. 이것은 일생 전반에 걸쳐 엔진이 기쁨으로 업그레이드될 수 있음을 의미하고 실제로 업그레이드가 되면 엔진은 더 안정적이고 침착해진다. 그리고 자신이 개인 혹은 그룹 정체성을 업그레이드 하는 데 도움을 준 이들에게 항상 감사하게 된다.

한 개인과 그룹이 인증하고, 위로하고, 회복 혹은 재형성VCR할 수 있도록 훈련하면 두려움의 알람을 꺼버리고 과민반응을 줄이면서 해결해야 할 문제가 생기면 잠수 타버리는 일을 막을 수 있다.

안정 애착을 형성한 두 살배기가 고통과 문제에 직면했을 때 차분하고 침착한 뇌를 가지고 처리하는 것에 대한 연구 사례를 보면 이런 아이들이 자연스럽게 자기 자신을 큰 소리로 인증하고 위로하는 모습을 볼 수 있다. 아이들은 자신에게 큰 소리로 말함으로써 엄마 아빠가 자신을 인증하고 위로해줄 때 얻는 것과 같은 효과를 본다. 이것이 그들의 삶의 패턴으로 굳어진다. 불안정한 아이들은 자기 자신을 인증하지도 위로하지도 않는다. 우리는 재형성Repattern 과정을 인증과 위로에 덧붙였다. 사람들이 좀 더 안전하고 안정적인 모드로 전환할 수 있도록 돕기 위해서이다. 내가 뇌를 안정시키고 식힐 필요가 있을 때 내 자신을 인증하고 위로하는 말을 할 수 있는 새로운 패턴이 재형성되는 것이 중요하다.

1. 크리스 코르시의 이야기에서 공감할 만한 요소가 있었는가? 언제 당신의 감정 용량이 넘칠 정도로 일하고 있다고 느끼는가?

2. 당신이 속해 있는 모임에서 모방할 만한 관계적 기술을 가지고 있는 사람은 누구인가? 당신이 배우고 싶은 그들의 장점은 무엇인가?

3. 상호적 기도를 어떤 형태로든 시행해 본 적이 있는가? 이번 주에는 기도 일기를 써보고 신뢰하는 한두 명에게 당신이 작성한 것을 나누어 보라. 정체성 그룹을 세울 수 있는 좋은 방법이다.

4. 당신이 자유롭게 가면을 벗고 진정한 자신의 모습을 드러낼 수 있는 공동체가 이미 있는가? 당신이 약점을 인정해 가는 과정에서 지지해주고 도움을 줄 수 있는 사람이 몇 명이나 되는가? 또 당신과 함께 성숙 개발 요법에 참여할 사람을 몇 명 정도 꼽을 수 있는가?

• CHAPTER 07 •

관계성을
유지하라

RARE
Leadership

Remain Relational

문제보다 관계를
크게 보는 것

관계성을 유지하는 것이 리더십에 있어서 필수적이라는 것은 누구나 알고 있다. 데일 카네기Dale Carnegie가 지금은 고전이 된《인간관계론》How to Win Friends and Influence People을 쓴 이후부터 리더십 관련 저서들은 관계를 위한 조언으로 빼곡하다. 이번 장에서는 관계성을 유지하는 것과 문제를 해결하는 것 간에 생기는 긴장 상태를 집중적으로 조명하려 한다. 감정적으로 미성숙한 리더는 커다란 문제에 당면할 경우 관계성을 유지할 만한 용량이 거의 없다. 이런 리더는 스스로를 고립시키고 남 탓을 하며 화를 낸다. 그리고 대개 중독에 빠진다. RARE 리더들은 문제를 해결할 때 관계에서 그 답을 찾는다. 그들은 관계를 문제보다 더 크게 보는 것이다.

마이크 : 문제보다 관계를 크게 보는 것

나_{Marcus}에게는 마이크라는 친구가 있다. 이 친구는 규모는 작지만 효과적인 자문단을 운영하고 있다. 그는 자신의 팀에 강력한 그룹 정체성을 훌륭하게 세운 감정적으로 성숙한 리더이다. 마이크가 있는 분야에서는 성공을 단순히 결과물에 따라 정의하고 문제가 관계보다 더 커지게 하기 쉬웠을 것이다. 최근에 마이크는 팀원들을 평가하는 접근방식을 완전히 바꿨다. 기존 평가 방식은 각각의 관리 직원이 사업을 위해 얼마나 많은 상품과 서비스를 생성해야 하는지 목표 수치를 정해놓는 식이었다. 이런 방식은 매우 결과지향적인 접근이며 많은 좌절, 분노, 불안을 불러왔다. 사람들이 당신의 제품을 사고 싶어 할지 서비스에 가입할지 통제할 수 없기 때문이다.

이런 감정의 대부분은 꾹꾹 억눌려 있고 상사에게는 드러내지 않지만 다른 동료들에게는 거리낌 없이 표출될 수 있다.

이런 식으로는 최적의 근무 환경을 조성할 수 없었다. 그래서 고안한 새로운 평가 시스템은 명확하게 의사소통 하는 그룹 정체성을 기본으로 하는 것이었다. 이 시스템은 "우리는 고객의 삶을 간소화하고 향상시킴과 동시에 우리 자신의 잠재력에 도달할 수 있도록 애쓴다"라고 말한다. 결과물과 수치를 가지고 평가하기보다는 과정에 대한 평가가 이루어졌다. 몇 명의 고객들에게 연락했으며 사업을 위해 회사 전략을 얼마나 신중하게 따랐는지에 따라 목표를 설정했다. 서비스에 가입한 회원 수와 판매한 제품의 개수와 달리 새롭게 지향하는 목표는 직원들이 통제할 수 있는 활동들이었기 때문에 이 시스템은 모두가 공정하다고 느꼈다. 이로 인해 직장에서 느끼는 스트레스가 많이 완화되었을 뿐 아니라 실제로 수익도 증가했다.

자문단에서 일하고 있던 한 여성은 마이크와 함께 일하기 전에 까다롭기로 소문난 상사가 운영하는 조직에서 일했었다. 마이크의 팀에 참여한 지 얼마 안 되어서 그녀는 말 그대로 대가가 큰 실수를 저지르고 말았다. 그 실수로 인해 회사와 팀이 많은 돈을 손해 보게 되었다. 예전 직장이었다면 그녀는 공개적으로 창피를 당하고 어쩌면 해고될 위기에 놓였을 것이다. 그랬기 때문에 마이크가 그녀를 사무실로 불렀을 때 얼마나 불안했을지 상상이 갈 것이다. 그녀는 눈도 똑바로 마주치지 못하고 당연히 마이크의 분노가 폭발하기를 기다릴 뿐이었다. 하지만 마이크는 그녀에게 이렇게 말했다. "당신은 실수를 했어요. 큰 실수였지만 일부러 그런 것은 아니죠. 이런 일이 다시는 없게 해주세요. 난 당신이 여전히 팀의 일원이고 당신이 할 수 있는 것들을 귀하게 생각한다는 사실을 알고 있으면 좋겠어요."

그녀는 기쁨에 차 감정이 북받쳐 올랐다. 상사 주변에서 항상 조마조마하며 다녀야 했던 예전 직장을 떠올리며 최악의 상황을 예상하고 있던 그녀는 자신의 약점을 부드럽게 어루만져주는 이 상황을 믿을 수가 없었다. 이런 문제적 상황에서 마이크는 관계성을 유지했고 자신답게 행동했으며 모든 사람이 기쁨을 회복할 수 있게 도왔다. 이것이 감정적으로 성숙한 상사가 하는 행동이다. 자, 이 여성의 동기부여 레벨에 어떤 일이 일어났을 거라 생각하는가? 그녀는 기쁘게 출근했겠는가 아니면 두려움에 떨었겠는가? 이것이 바로 감정적으로 성숙한 리더십의 힘이다. 더 어려운 일조차도 기쁘게 만들어준다.

조셉 : 분노로 동기부여하다

RARE 라이프 스타일의 습관을 배우기 전에 조셉은 자동차 사업을 운영하고 있었다. 그는 두려움과 분노 속에 살고 있었지만 정작 자신은 그 사실을 깨닫지 못했다. 그 안에는 어느 정도의 죄책감과 수치도 섞여 있었다. 많은 사업가들과 마찬가지로 그의 첫 번째 우선순위는 가정에 재정적 안정을 확보하는 일이었다. 하지만 가정 내의 불화가 처음으로 조셉이 해답을 찾아보게 된 계기가 되었다. 그는 내Marcus가 가르치고 있던 '디퍼 워크'Deeper Walk (352쪽 참고) 훈련 행사에 참가했고 그곳에서 '인생모델'을 처음 알게 되었다. 얼마 지나지 않아 조셉과 아내는 짐과 그의 팀이 만든 '1단계' 훈련 행사에 참여했다. 그곳에서 배운 기술들로 인해 그의 삶이 변했다. 이 기술들은 자신과 가정에 심오한 영향을 미쳤을 뿐 아니라 그가 사업을 운영하는 방식이나 삶 전체에 접근하는 방식에도 영향을 주었다.

우리 중 대부분이 그렇듯 조셉은 분노로 자신에게 동기를 부여했고 그것이 정상이라고 생각했다. 그런 그가 이런 혼잣말을 하는 것은 이상한 일이 아니었다. "자! 넌 이것보다 더 잘할 수 있어! 도대체 뭐가 문제야? 좀 잽싸게 움직여, 안 그러면 망할 거야! 하라면 해! 안 그러면 혼날 줄 알아!" 이렇게 두려움과 분노로 동기부여하는 방법밖에 몰랐던 조셉이 그의 팀을 무엇으로 동기부여했는지 추측 가능하지 않는가?

　조셉이 착한 사람이라는 사실을 알아주길 바란다. 아무도 그를 괴물이라고 생각하지 않았고, 일반적으로 사람들은 그를 좋아했다. 하지만 그의 내면에 뭔가가 깨져 있었다. 그래서 그는 궁지로 내몰리거나 상황에 압도당하면 자신답게 행동하는 것을 멈추고 문제가 관계보다 더 커지게 놔뒀다.

> **"당신이 이런 사람이고 싶어 하지 않는다는 것을 압니다. 당신이 진짜로 어떤 사람인지 알고 있어요."**

　'인생모델' 훈련을 시작하기 전 조셉은 정상적인 내적 갈등과 사업과 사원들을 관리하는 데 어쩔 수 없이 발생하는 압박을 자주 회피해버렸다. 그의 사고방식은 '내 일은 내가 알아서 해. 당신은 당신 일에나 신경 써'였다. 짜증이 피할 수 없을 정도가 되면 분노로 그의 소통방식이 초기화되었다. '디퍼 워크'를 통해 조셉은 자신의 상처를 다루었고 THRIVE 훈련은 그가 관계들을 변화시킬 수 있는 RARE 기술을 개발할 수 있게 도와줬다.

　최근에 그의 사업장에 한 가지 문제가 발생했다. 하지만 조셉은 관계를 문제보다 크게 보는 방식으로 그 문제를 해결할 수 있었다. 그 회사에 오랫동안 근무했고 이제 은퇴를 앞두고 있던 한 주임 기사가 조셉의 아들들이 사업의 많은 부분을 인수했기 때문에 조셉이 현장에 없다는 사실을 이용하기 시작했다. 이 경험 많은 기사는 (특히 관리 책임을 맡고 있던 조셉의 막내 아들에게) 무례하게 굴고 중요한 마감일을 지키지 않았다. 조셉이 이에 대해 한 행동과 하지 않은 행동은 다음과 같다.

그는 조치를 취해야 함을 알고 있었고 자신이 이 상황에 생명을 불어넣을 준비가 되었음을 느꼈다. 그는 **문제를 회피하지 않고** 문제를 해결하기 위해 분노나 협박을 사용하지 않았다. 그 기사의 **명예를 보호**했다.

무엇보다 **관계에 집중**했다. "당신과 나는 오랫동안 함께 일했습니다. 이 회사와 또 나 개인에게도 많은 가치를 더해주었습니다."

그 기사의 **진정한 마음의 관점을 염두에 두고** 어려운 문제점들을 다뤘다.

그 사람의 **마음에 이야기**했다. "당신이 이런 사람이고 싶어 하지 않는다는 것을 압니다. 당신이 진짜로 어떤 사람인지 알고 있어요. 당신은 열심히 일하는 사람이고 공손하며 사람들을 도와주는 것을 좋아하는 사람입니다. 나는 그저 당신이 당신답게 행동하기를 부탁합니다." 조셉은 그 기사에게 자신답게 행동해야 함을 상기시켰고 진심에서 우러나오는 삶을 살 때 느끼는 자유함을 누리기를 원했다.

이는 효과가 있었다. 그 직원은 조셉의 행동에 매우 잘 반응했고 이후에 팀원들을 존중하는 수준이 눈에 띄게 상승했다. 이 사람과 조셉의 관계는 이 일이 있은 이후부터 더할 나위 없이 견고해졌다. 조셉은 어려운 상황에서 관계성을 유지하고 관계를 문제보다 더 크게 보는 법을 배운 것이다.

당신의 세계를 어떻게 구상하고 있는가?

두려움의 지배를 받는 리더는 자기 주변 세계를 해결해야 할 문제들을 중심으로 구상한다. 이런 경우 뇌는 자동적으로 주변에 무섭거나 잠재적으로 나쁜 영향을 끼칠 수 있는 모든 것을 탐지하여 그것에 온 관심을 집중시킨다.

반면에 기쁨지향적인 사람은 '삶에서 무엇이 좋은가'라는 측면에서 자신의 세계를 바라보며 그려간다. 그는 감사하는 것에 뛰어난 역량을 발휘하고 사도 바울이 우리를 격려했듯이 사랑받을 만하고 칭찬 받을 만한 것에 마음을 고정시킨다. 이런 리더들은 문제를 무시하지 않는다. 사실 조셉이 그랬듯이 두려움에 기초한 리더들보다 훨씬 더 문제를 회피하지 않는다. 그리고 그들은 관계적인 방식으로 문제를 해결한다. 그들의 목표는 문제가 끝났을 때 관계가 더 견고해지게 만드는 방향으로 문제를 해결하는 것이다.

미성숙한 리더들에게 이런 방식은 자연스럽게 일어나지 않는다. 오히려 그 반대이다. 사실 감정적으로 미성숙한 사람들은 많은 경우 자신이 맺고 있는 관계를 해결해야 할 문제로 전환하는 경향이 강하다. 관계가 종속적이면 이런 일이 일어난다. 사람들은 관계를 잃을 것에 대한 두려움으로 유대감을 형성한다. 관계를 살리는 것이 해결해야 할 문제 자체가 되어버린다. 바로 이렇게 관계를 문제 그 자체로 전환하는 과정이 관계를 살릴 수 있는 소망을 잃게 한다.

지금 내Marcus가 이 글을 쓰는 중에도 나는 쉽게 관계성을 잃게 할 만한 몇 가지 문제들에 당면하고 있다.

- 직원들의 급여로 줄 돈 부족
- 이번 주말 결혼생활 수련회 준비
- 2주 후 이사회 수련회 (아직 결정되지 않은 많은 세부사항)
- 원고 마감일
- 가을 행사에 필요한 새로운 장소 물색 (원래 장소에서 변경)
- 지금부터 6개월 후 다른 주에서 열리는 컨퍼런스를 계획하고 인도해 달라고 보내온 초대장에 대한 답신
- 영상제작에 생긴 기술적 문제들
- 급한 일들을 먼저 처리하느라 미루어 두었던 중요한 사안들
- 상담이 필요한 사람들이 보내온 이메일 관리

리스트는 끝이 없다. 이 와중에 우리 가족은 장인어른을 일주일간 우리 집으로 모시기 위해 모든 것을 멈춰야 하는 의료적 위기를 겪고 있었다. 이제 우리는 가능한 치료 선택 사항들과 장기적 요양 가능성에 대해 알아보기 시작했다. 많은 사람들이 이에 공감할 수 있을 것이다. 리더들은 종종 자신이 현실적으로 다룰 수 있는 것보다 주어진 시간 안에 더 많은 문제들을 처리해야 한다. 대부분의 문제들은 감정적으로 매우 버겁고 관계적으로 어려운 일들이다. 이 모든 것에 더해 가정의 필요와 예상치 못한 위기들 가운데 균형을 잡으려고 노력하는 것은 흔히 있는 일이 될 수 있다. 이는 또한 내면적으로나 관계적으로 상황을 무너지게 만들 수 있다.

부분적으로는 내가 "관계성을 유지하라"라는 제목의 장을 쓰고 있

다는 이유로 이번 한 주간 내 관계들을 문제보다 더 크게 보려고 의도적으로 최선을 다했다. 이것은 단순히 문제 해결 차원이 아닌 감정적 차원에서 아내와 소통하는 것을 의미한다. 또 십대인 아들이 웃긴 영상을 찾아 방에 들어왔을 때 같이 웃을 수 있는 기회로 삼는 것이다. 또 장인어른과 관계적으로 함께 거하기 위해 어떤 약속들은 취소하고 다른 중요한 업무는 거절하는 것을 의미한다. 이는 또한 이번 주 내에 내 감정을 동료에게 나눌 수 있게 스케줄을 짜야 하는 것을 포함한다. (내가 장담하건대 분명히 감정을 분출해야 할 필요가 있을 것이기 때문이다!) 그리고 오늘 아침 나는 하나님의 음성을 듣기 위해 말씀을 읽고 일기를 쓰는 시간을 보냈다. 나는 하나님께서 이것이 내가 작업해오던 기술들을 연마하고 이 모든 일들로 인해 나를 벌하시거나 내가 이전에 저질렀던 어리석음의 결과에 짓눌리게 하지 않으실 것을 (내 마음이 이렇게 생각하는 경향이 있다) 믿는 기회가 될 것이라고 말씀하시는 것 같았다. 그분의 선하심과 사랑이 여전히 나를 쫓아온다. 특히나 오늘같이 내가 가장 절실하게 필요로 했던 그 시간에 말이다.

관계적으로 완전히 폐쇄된 신호

3장에서 우리는 정보를 패스트 트랙을 통해 전달하는 우뇌의 엘리베이터 이미지를 소개했다. 이 과정을 다른 방식으로 생각하면 우리 목 뒤에 'on/off' 스위치가 있다고 상상해볼 수 있다. 이 스위치가 켜져 있으면 우리는 관계적으로 참여하고 주위에 있는 사람들의 감정과 일치시킬 수 있다. 하지만 스위치가 꺼져 있으면 관계성을 유지하는 용량이 없어진다. 패스트 트랙 엘리베이터가 멈춘 것이다. 이 스위치가 우리 뇌의 관계적 회로Relational Circuits: RCs를 통제한다.

정신과 의사이면서 친구인 칼 리먼 박사Dr. Karl Lehman는 관계적 뇌 회로가 꺼졌는지 진단하는 몇 가지 테스트를 개발했다.[1] 당신이 관계적으로 폐쇄되었다는 알려주는 징후는 다음과 같다.

1. 평소에 좋아했던 사람들과 함께 있고 싶지 않다.
2. 어떤 사람이든 문제든 그냥 없어져 버렸으면 좋겠다.
3. 화나게 하는 것에 자동적으로 꽂힌다.
4. 공격적인 방식으로 사람들을 심문하고 판단하고 교정하려 한다.
5. 시선을 맞추고 싶지 않다.
6. 누군가 당신이 한 행동이나 말에 상처를 받았다면 그건 그 사람의 잘못이라고 생각한다.

관계적 회로가 꺼지면 우리의 패스트 트랙도 오프라인이 된다. 관계성을 유지하고 우리답게 행동하며 기쁨을 회복시키기 위해서는 관계적 회로가 켜져 있어야 한다.

이제 관계적 뇌 회로를 가동시킬 수 있는 네 가지 간단한 전략들을 살펴볼 것이다. 이를 통해 관계성을 유지하고 관계를 문제보다 더 크게 볼 수 있게 될 것이다.

관계적 전략

이 네 가지 간단한 전략들은 첫 번째 습관, 즉 관계성을 유지하는 습관을 형성하는 기술을 터득해 나갈 수 있도록 도와줄 것이다. CAKE 라는 단어를 통해 쉽게 외울 수 있다.

궁금증(Curiosity)

"나는 궁금합니다." 간단한 말이지만 강력하다. 관계성을 유지할 수 있는 최고의 방법들 중 하나는 이러한 표현으로 문장을 시작하는 것이다. 궁금증은 내가 관계적 태도를 가지고 있다는 확실한 증거이다. 관계적 회로가 켜져 있으면 삶과 사람들에 대한 호기심이 발동한다. 회로가 꺼져 있으면 관계적으로 생각하지 못하고 문제만 보게 된다. 뭔가를 궁금해 하는 것은 관계성을 유지하는 데 도움이 된다. 한 이사회 멤버가 어떤 문제에 대해 씩씩거리며 회의에 들어와 그것이 당신의 잘못이라고 비난한다면 어떻게 반응하겠는가? 당신은 방어적이고 문제에 집중하는 사람인가? 아니면 궁금증을 가지고 관계를 문제보다 더 크게 보는 사람인가? 당신은 "저는 궁금하네요. 직장에서도 이렇게 문제를 처리 하시는지요?" 혹은 "당신이 화난 것은 알겠어요. 하지만 궁금하네요. 당신이 이런 말투로 이야기할 때 그룹에 어떤 영향을 미치는지 눈치 채셨나요?" 또 다르게 "궁금하군요. 이 상황이 예전에 잘 마무리 짓지 못한 과거의 문제를 떠오르게 하나요?"라고 말할 수 있다.

디퍼 워크에서 주최한 컨퍼런스에서 닐 앤더슨Neil T. Anderson은 비난에 대처하는 것에 대한 대담회를 가졌는데 그가 목사로 있던 교회에서 한 성도가 자신에게 정면으로 대항했던 이야기를 들려주었다. 이 여성은 앤더슨에게 느끼는 모든 불만사항을 적었는데 한 장이 넘어가게 빼곡히 적혀 있었다. 그의 자연스러운 본능은 방어적이 되는 것이었다. 하지만 그는 그녀에게 이렇게 말했다. "여기까지 와서 이 모든 것을 말하기까지 많은 용기가 필요했을 것 같군요. 하지만 궁금합니다. 혹시 이 모든 것의 기저에 깔려 있는 무언가에 대해 나와 얘기하고 싶은 것이 있을까요?" 방어하기보다 궁금증을 사용해서 지속적으로 관계를 문제보다 우선시할 수 있고 감정적 성숙함을 나타낸 것이다.

아담과 하와가 죄를 지은 후 하나님께서 에덴동산에 나타나셨을 때도 궁금증을 표현하셨다. "네가 어디 있느냐 … 누가 너의 벗었음을 네게 알렸느냐"(창 3:9, 11). 질문하는 것이 그의 피조물이 죄를 지었음에도 하나님께서 관계를 유지하는 것을 추구하시는 방법인 듯하다. 이것은 하나님의 성품과 일치한다. 왜냐하면 그분의 거룩함 속에서도 자신의 사람들과 관계적 연합을 회복하고 즐기기를 원하시기 때문이다.

궁금증 레벨을 확인함으로 당신의 관계적 스위치가 켜져 있는지 꺼져 있는지 시험해볼 수 있다. 또한 다음과 같이 호기심을 나타내는 질문을 하는 것으로 스위치를 켤 수 있다. "이것에 대해 어떻게 느끼세요?" 혹은 "여기서 다음 단계에 대한 생각은 해봤는지 궁금하네요."

여기서 한 가지 지적할 점은 궁금증과 비꼬는 것은 정반대에 있다는 것이다. 궁금증은 어떤 사람의 내면에 무슨 일이 일어나고 있는지 그리고 관계적 연결을 유지할 수 있도록 어떻게 도와줘야 하는지를 알기 위한 것이다. 하지만 비꼬는 것은 궁금증을 사용하기는 하지만 관계를 단절시키려고 하는 것이다. "참 궁금하네요. 당신은 항상 이렇게 멍청한가요?"라는 식의 비꼬는 말은 결코 관계를 문제보다 크게 보는 방식이 아니다.

감사함(Appreciation)

모든 관계에 영향을 미치는 두 가지 강력한 힘은 감사와 원망이다. 감사는 사람의 마음을 끌어오지만 원망은 내어 쫓는다. 이 둘은 두 개의 자석과 같다. 올바른 방향으로 놓으면 두 자석은 서로를 끌어당긴다. 이 둘을 돌려놓으면 서로 밀어낸다. 우리 관계도 이와 같다. 진정한 감사는 우리 안에 또 그 감사를 받는 사람 안에 있는 관계적 회로를 깨운다. 감사함은 우리의 스위치를 켜고 감사를 받은 사람의 회로도 켠다. 이와는 달리 어떤 사람의 관계적 회로를 차단하는 가장 빠른 방법은 원망과 경멸이다.

최근에 진행된 한 연구에서 결혼생활을 '고수'masters와 '재앙'disasters 이 두 가지 범주로 구분했다. 결혼생활의 '고수'에 들기 위한 요건은 6년이 될 때까지 건강한 관계를 유지해야 한다는 것이다. 6년이 되기 전에 이미 끝이 났거나 관계적으로 건강하지 못한 상태가 지속되면 재앙의 범주에 들어가게 된다. 여기서 감사는 결혼생활의 '고수들'을 만들어내는 데 중요한 역할을 했다. 감사함은 의도적으로 일구어내는 '어떤 정신적 습관'이라고 묘사되었다. 이런 부부들은 자신들의 사회적 환경에서 감사의 제목들 그리고 고맙다고 표현할 수 있는 것들을 찾는다. 그들은 목적의식을 가지고 서로 존중하며 감사하는 문화를 만들어간다.

감사를 실행하는 것과는 전혀 다르게 재앙 같은 결혼생활을 하고 있는 부부는 서로를 경멸했다. 사실 연구를 통해 경멸이 부부를 갈라놓는 첫 번째 요인인 것을 알아냈다. 상대를 비난하는 것에 집중하는 사람들은 배우자가 하는 일의 긍정적인 요소들 중 50%나 되는 부분을 놓치고 만다. 심지어 없던 부정적인 부분을 만들어내기까지 한다.[2]

감사는 결혼생활을 지탱하는 강한 힘일 뿐 아니라 어떤 관계에서든 가장 강력한 힘이 된다. 감정적으로 성숙한 리더는 모든 일에 감사한다. 모든 상황에서 칭찬할 만한 것들을 찾는 데 능숙하다.

감정적으로 미성숙한 리더에게는 칭찬보다 비난할 거리들을 찾는 것이 더 쉬운 일일 것이다. 단순히 고맙다고 말하는 것을 잊어버린 것이 아니다. 그들은 감사할 줄 모른다. 사도 바울은 최후 심판의 날에 감정적 미성숙함이 세계를 지배할 것이라고 썼다. 또한 그는 "사람들이 자기를 사랑하며 돈을 사랑하며 자랑하며 교만하며 비방하

> 감사는 마음을 끌고 원망은 내어쫓는다.

머 부모를 거역하며 감사하지 아니하며 거룩하지 아니하며"(딤후 3:2)
라고 썼다.[3]

폴 맥캐이브Paul McCabe는 *Feed the Good Dog* 좋은 개를 먹여라라는
책에 이렇게 썼다. "감사하지 않는 사람들은 부정적인 것들을 양산해
낸다. 감사하지 않는 사람에게 줄 때 그 누구도 기쁨을 얻지 못한다.
당신이 감사를 표할 때 당신이 보이는 관심의 대상은 꽃을 피우고 풍
성하게 된다."[4]

스티브 브렁크호스트Steve Brunkhorst는 "감사를 받고 있다고 느끼는
것은 사람들이 가지는 가장 중요한 욕구 중 하나이다. 다른 사람과
함께 감사함과 고마움을 나눌 때, 그들은 당신을 잊지 않을 것이다.
많은 경우 감사가 나 자신에게로 돌아오게 된다"라고 말한다.[5]

감사는 좋은 그룹 정체성을 세우는 데 도움이 된다. 사람들은 누
군가가 자신에게 감사함을 표할 때 그룹에 속해 있고 귀하게 여김 받
는다고 느낀다.

친절함(Kindness)

친절함은 '함께 나누는 기쁨'이라고 정의할 수 있다. 다른 사람을
위해 기쁨을 만들 수 있는 일을 하는 행위이다. 이 과정에서 당신의
기쁨도 함께 자라난다. 앞서 본 연구에 의하면,

연구 대상이었던 재앙적 부부들이 보여주는 신호 중 한 가지
는 그들이 서로의 좋은 소식에 공감하는 능력이 없었다는 것

이다. 관계에서 한 사람이 좋은 소식을 나누면, 예를 들어 직장에서 승진한 이야기를 흥분하면서 이야기할 때, 상대방은 딱딱한 무관심으로 일관하며 시계를 보거나 "잘 됐네" 한 마디로 대화를 끝내버리는 식이었다.[6]

기쁨을 함께 나누는 것은 아마도 이 세상에 존재하는 가장 강력한 관계적 경험일 것이다. 기쁨은 항상 관계적이고 함께 나누면 나눌수록 배가 되며 다른 좋은 감정들을 증폭시킨다. 관계적 기쁨이 부족하면 그 공허함을 채우기 위해 다른 욕구들을 갈구하게 된다. 거기에서 결국 문제가 발생한다.

봉투 대화(Envelope Conversations)

봉투 대화는 논해야 할 문제를 관계라는 봉투에 붙여버리는 것을 의미한다. 패턴은 간단하다. 관계의 역사와 중요성에서 시작해 문제를 논한 후에 마지막으로 문제가 해결되면 관계가 더 강해지기를 소망하는 것으로 마무리하는 것이다. 이것을 '샌드위치 대화'라고 생각해도 좋다. 즉, '문제'라는 고기를 '관계'라는 두 빵 사이에 놓는 것이다.

이것은 부정적인 말을 내뱉기 전에 긍정적인 말을 먼저 하는 것과는 다르다. 이것도 나쁜 습관은 아니지만 봉투 대화는 관계를 문제보다 더 크게 보는 것이다. 이러한 대화의 목표는 단순히 문제를 해결하는 것뿐 아니라 관계를 회복시키는 데 있다. 관계가 건강할 때는 문제가 생기면 그것을 직면하고 가장 생산적이고 가장 덜 해로운 방식으로 문제를 해결한다. 우리가 관계성을 유지할 때 자기 자신만이 아닌 모두를 위해 최고의 방도를 생각할 수 있다. 왜냐하면 이런 사람들은 그룹 안에 있는 다른 이들을 자신의 일부라고 생각하기 때문이다.

나Marcus는 최근에 갈등을 겪을 때 관계성을 유지하는 것에 어려움을 느꼈던 한 여성과 이야기를 나누었다. 그녀는 누군가 심기를 건드리거나 두려움을 느낄 때 수치심과 두려움을 이용해 사람들을 통제하려 했다. 그녀는 톡 쏘듯 말했고 자주 "정말, 당신은 크리스천이면서 그 일이 일어나게 놔뒀단 말이에요? 도대체 무슨 생각으로 그런 건가요?"라고 말하곤 했다. 그녀는 심리학자였음에도 심기가 뒤틀렸을 때 감정을 관리하는 기술을 연마할 필요가 있어 보였다. 그녀는 사람들을 통제하기 위해 좀 더 교양 있는 척 하는 말을 사용하고 있던 것뿐이었다.

하지만 '인생모델' 훈련을 거치고 THRIVE의 세 단계에 모두 참석하여 THRIVE 훈련에서 가르치는 RARE 기술을 배우고 난 후, 그녀는 사람들을 향한 더 깊은 애정을 갖게 되었고 관계를 문제보다 더 크게 유지하는 방식으로 갈등을 다룰 수 있게 되었다. 최근에 그녀는 옛날 같았으면 분노로 반응하고 수치심을 이용해 상대방이 상황을 고치도록 동기부여했을 상황을 맞닥뜨리게 되었다. 딸이 담보 승인을 받을 수 있도록 도와주던 차였는데 만기 3일 전에 누군가 크게 실수를 해서 대출이 승인되지 않을 것처럼 보였다.

그녀의 딸은 혼란스러웠고 화가 났으며 어찌할 바를 몰랐다. 그녀도 예전 같았으면 당장 그 회사에 전화를 걸어 생각한 바를 거리낌 없이 쏟아붙였을 것이다. "이 멍청이들아! 도대체 왜 그런 거야? 왜 일 처리를 제대로 못 해? 당신들 때문에 내 딸이 어떤 일을 겪어야 하는지 알아?" 하지만 그녀는 이렇게 이야기하는 대신에 그 사람의 상사에게 이메일을 썼다. 이메일에는 그 팀을 지지하고 감사한다는 내용과 함께 그렇지만 이 문제에 주목해줄 것과 대출을 받을 수 있게 중재해달라는 내용을 썼다. 그로 인해 팀 전체가 엄청 애를 써서 원하는 금액을 대출받을 수 있게 해주었다.

일이 잘 마무리된 후에 그녀는 실수를 한 그 젊은이에 대해 진심으로 염려하고 있음을 발견했다. 이들은 그녀와 생판 모르는 사이였지만 이 상황을 그 젊은이와 함께 처리하고 그의 노력을 칭찬하면서 이 경험을 통해 근무를 더 잘 할 수 있도록 도울 방법을 찾고자 했다. 예전의 그녀였다면 "대출이나 해 달라고. 다시는 당신들과 일하지 않겠어" 하며 짜증을 내며 반응했을 것이다. 하지만 이번에는 "실수를 하긴 했지만 당신들이 선한 사람들이라는 것을 알고 있어요. 나는 우리가 이 문제를 잘 헤쳐 나갈 수 있으리라 믿어요. 다음에 또 같이 거래할 수 있을 것이라 생각해요"라고 반응했다. 심지어 그녀는 한 발더 나아가 실수를 저질렀던 그 젊은 사원에게 개인적 도움을 주겠다고 말하기까지 했다. 이것이 바로 내가 말하는 관계를 문제보다 크게 보는 태도라고 할 수 있다!

헤세드(하나님의 은총)의 형상

헤세드는 구약에서 하나님을 묘사하는 데 가장 많이 사용하는 용어 중 하나이다. 이 단어를 '끈끈하게 붙어 떨어지지 않는 사랑'이라고 번역해도 좋다. 헤세드는 우리가 떨궈낼 수 없는 사랑이다. 이 사랑은 삶의 모든 굴곡, 모든 성공과 실패, 모든 역기능과 죄 중에서도 우리에게 끈끈하게 달라붙어 있다. 신약에서는 **헤세드**를 **아가페**라고 부른다. 크리스천이라면 누구든지 서로에게 혹은 원수에게까지 실천하도록 명령하신 사랑이다. 어떤 문제가 있든 관계를 추구하는 자기 희생적인 사랑을 말한다.

내Jim가 젊었을 때 어느 해 여름 동안 삶에 대한 다양한 시각을 갖기 위해 시카고 도심 지역에서 시골로 온 사람들이 많이 참여하는 캠프에서 일한 적이 있었다. 한 도심 지역 그룹은 전체가 어르신들로 이루어져 있었다. 그 주에 일어난 사건을 통해 나는 감정적 성숙과 **헤세드**의 성경적 의미에 대한 인생 교훈을 얻었다.

우리가 식사를 하러 캠프장에 있는 사람들을 데리고 갈 때 한 나이 든 여성이 내 눈에 들어왔다. 이 캠프장에서는 식사를 하기 위해 두 줄로 서는 것이 원칙이었다. 보행 보조기가 필요한 어르신들은 문 옆 짧은 줄에 섰다. 다른 사람들은 다른 줄에 서 있었다. 그 주 첫 번째 식사 시간에 그 여자분은 앞자리에 서기 위해 어르신들을 밀치고 앞으로 달려가서 문을 밀쳤다. 나는 그녀를 질책했다. 그녀는 확실히 잘 걸을 수 있었기 때문에 다른 줄에 섰어야 했다.

하지만 나의 존재나 내가 그녀에게 한 말들이 전혀 들리지 않는 듯했다. 그녀는 꼿꼿이 앞만 보고 음식을 달라고 요구했고 직원이 점심 줄을 개시하자마자 문을 열고 들어가 버렸다. 직원은 깜짝 놀라 옆으로 비켜섰고 그녀는 음식을 들고 다른 사람들이 먹기도 전에 허겁지겁 먹어 치웠다. 식사 시간마다 이런 일이 벌어졌고 이 상황에 대처할 방법은 그녀가 어르신들을 밀치기 전에 상담가들이 그 앞에 인간 방패를 만드는 것뿐이었다.

설상가상으로 그녀에게 냄새가 심하게 나서 멀리서도 그녀의 냄새를 맡을 수 있었다. 그녀는 샤워하는 것을 강렬히 거부했다. 며칠 사이 여성 상담사들이 더 이상 냄새를 참지 못해 강제로 그녀를 샤워 시설로 끌고 가야 했다. 캠프장 전체에서 싸우고 소란스러운 소리를 들을 수 있었지만 캠프장 사람들과 직원 모두 그 결과에 감사했다.

캠프장에서 나의 시선을 끈 또 한 사람은 자세가 곧고 고학력자인 나이 지긋한 남자분이었다. 그는 적어도 17개 언어를 구사했으며 많은 주제에 대해 나와 사려 깊고 지적인 대화를 나누었다. 어느 날 저녁, 나는 그와 캠프장 언덕에 앉아서 그가 헝가리어와 다른 언어들의 차이점을 설명하는 것을 듣고 있었다. 그때 그 문제의 여성이 지나갔고 나는 '이제 냄새가 나지 않는군' 하고 속으로 생각했다. 그걸 기회 삼아 나는 저 사람이 얼마나 캠프 안에서 골칫거리이며 일주일 내내 다른 사람들에게 어떤 피해를 줬는지 함께 앉아 있던 남자분께 이야기했다.

그는 조용히 말했다. "저 사람은 내 아내입니다."

> "사람들은 그녀를 요양원에 보내야 한다고 하지만 그럴 수 없습니다. 나는 그녀를 기억하거든요."

나는 너무 놀라 말문이 막혔다. 정말이지 믿을 수가 없는 일이었다. 나는 내가 한 말 때문에 너무나 민망했다. 그는 잠시 나를 바라보았다. 그러고는 팔을 돌려 자신의 왼손을 내밀었다. 나는 한동안 멍하니 쳐다보았다. 그는 왼쪽 손목에 문신으로 새겨진 긴 숫자들을 가리켰다.

그는 설명했다. "우리는 둘 다 나치 유대인 수용소에 있었어요. 그녀는 한때 피아니스트였지요. 유럽 순회공연도 다니고, 정말이지 사랑스럽고 재능 있는 배려심 많은 여성이었어요. 그녀가 있었던 곳에서 (내 기억엔 라벤스브뤼크 수용소였다고 말했던 것 같다) 마취도 하지 않고 그녀의 뇌를 한 조각씩 잘라냈어요. 나는 아우슈비츠에 있었지요. 전쟁이 끝난 후 그녀를 찾았을 때 이런 상태가 되어 있었어요."

우리는 아무 말 없이 앉아 있었다. 나는 그의 손목을 바라보았다. 조금 있다가 그는 말했다. "사람들은 내가 그녀를 요양원에 보내야 한다고 말하지요. 하지만 나는 절대 그럴 수 없어요. 나는 그녀를 기억하거든요."

30년이 넘는 시간 동안 아무런 호전도 보이지 않았다. 거기 앉아서 생각에 잠겨 있는 동안 수용소에 있던 샤워 꼭지로 가득한 큰 방을 떠올렸다. 그것은 예전에 영화에 등장하는 유대인들이 가스를 마시고 죽어갔던 소위 '샤워실'과 흡사했다. 배급을 위해 서야 했던 줄도 생각했다. 또 그녀의 멍한 표정과 지속적으로 공포에 질려 했던 모습을 생각했다. 그리고 나와 언덕에 앉아 있는 조용한 노신사가 있었다.

그는 한 재능 있는 피아니스트를 알고 있었다. 그는 성경에서 헤세드라고 부르는 오래 참고 '끈끈하여 떨어지지 않는' 사랑으로 그녀를 사랑했다. 헤세드라는 히브리어 단어는 구약에서 대개 하나님을 묘사하기 위해 253번 쓰였다. 사실 이 헤세드만큼 하나님의 성품을 잘 표현하는 단어가 없다는 것에 아무도 반박하지 못할 것이다. 이 단어는 우리가 얼마나 짜증나게 하고 반항하든지 간에 혹은 하나님 아버지께 엄청난 고통을 안겨줄지라도 쉽게 사라지지 않는 사랑을 의미한다. 이런 사랑은 관계를 문제보다 더 크게 볼 수 있게 해준다.

하나님께서는 이혼서를 주고 내쫓으시기까지 할 정도로 이스라엘이 목을 곧게 하고 반항했음에도 이러한 하나님의 사랑을 입증하셨다.[7] 구약을 연구하는 학자들 중에는 헤세드라는 단어를 '언약적 충성심'이라고 설명하는 사람도 있지만 이는 이 단어가 가지고 있는 힘을 완전히 놓치는 해석이다. 수용소에서 완전히 변해버린 아내를 사랑하는 남편도 확실히 언약적 충성심을 보여주기는 한다. 하지만 **헤세드**의 사랑에는 우리 중 가장 감정적으로 성숙한 사람에게서만 찾을 수 있는 희생적 깊이가 있다.

우선적 관계

미성숙한 뇌에서는 고통이 닥치면 관계적 회로가 꺼져버린다. 이와는 확연히 다르게 성숙한 뇌는 고통 속에서도 관계성을 유지할 수 있는 용량을 키워 놓는다. 그렇기 때문에 RARE 리더들은 규칙적으로 "내가 당면하고 있는 문제와 지금 내가 느끼는 고통에도 불구하고 어떻게 관계성을 유지하고 나답게 행동할 수 있는가?" 하고 자문한다.

이는 다른 사람과 맺는 관계에만 국한되지 않고 하나님과의 관계에도 해당된다. 이 기술에서 가장 중요한 적용 중 하나는 하나님과의 관계를 최우선시하는 것이다. 나는 어떤 문제나 어려움 속에서도 하나님의 임재를 잃고 싶지 않다. 그래서 하나님이 모든 것에 대해 기도하고 모든 염려를 그분께 맡기라고 말씀하시는 것이다. 하나님은 그분과의 관계를 우리가 당면한 문제보다 더 크게 보기를 원하신다.

관계적 기술을 개발한다는 것은 우리가 맺은 모든 관계를 살려낸다는 의미가 아니다. 하나님조차도 이 일을 이뤄내지 못하셨다. 하지만 하나님은 언제나 한결같이 해결해야 하는 문제를 관계적으로 생각하신다. 그분의 생각은 **헤세드**에 의해 이끌린다. 리더로서 하나님은 그분의 사람들이 어떻게 하면 고통을 잘 견딜 수 있는지 알아가도록 그룹 정체성을 세우신다.

뇌 속의 증폭기

우리는 모든 것에 균등한 관심을 쏟을 수 없다. 우리 주변에 혹은 내면에 일어나는 모든 활동 중에 가장 바람직한 특성, 즉 초점 주의 focused attention를 얻기 위해 어떤 것은 무시해야 하고 어떤 것은 증폭시켜야 한다.

뇌의 여러 다른 부분들은 각기 다른 정신적 관심을 증폭시키는데 그중 어떤 것은 의식적인 것이고 (이 책을 읽고 있는 순간에 창문 밖에서 들리는 바람 소리라든가) 또 다른 어떤 것은 무의식적으로 (혈압과 같은) 일어난다. 또한 무엇이 중요한지를 결정하기 위해 다양한 신호의 강도를 비교한다. 예를 들어, 오후 3시쯤 차의 엔진 오일을 갈아야 한다는 사실을 알게 됐는데 그때가 마침 딸의 생일파티가 시작되는 시간이라고 해보자. 이 둘을 동시에 할 수는 없다. 가장 많은 증폭을 받은 신호가 다음에 할 일, 즉 딸의 생일 파티에 갈 것인지 정비소에 갈 것인지를 지시한다. 올리버 색스 박사 Dr. Oliver Sacks는 뇌의 패스트 트랙이 손상된 사람들이, 생일파티에 갈 것인가 엔진 오일을 갈러 갈 것인가를 둘 다 온전히 인지하고 있지만 이 중에 더 중요한 것을 결정하지 못하게 되는 상태가 되는 것에 대해 썼다. 이 둘을 비교할 수 있는 능력이 없는 것은 '최고 운영자'가 물리적으로 죽어 있는 꼭대기 층이 국부적으로 손상되었기 때문이다.

본질적으로 뇌는 주어진 시간에 올바르게 비교하고 더 중요한 일을 결정하기 위해서 안정적 수준의 증폭에 의지한다. 왜곡되거나 불안정한 증폭의 원인은 다양하다. 리더들은 이 사실을 이해하고 있어야 한다. 왜냐하면 이러한 왜곡으로 인해 많은 리더들이 실패하고 그룹 정체성에 갈등이 생기기 때문이다.

1. 애착 고통 – 이 용어는 우리가 사랑하는 누군가를 잃어버리는 것을 의미한다. 이런 상실을 경험하면 다른 모든 종류의 고통이 훨씬 더 강렬하게 느껴진다. 훌륭한 판단력을 가지고 있는 리더들도 애착 고통을 느낄 때는 판단 실수를 한다. 나도 아버지의 죽음을 앞두고 아버지가 돌아가신 후 일 년간은 나에게 중요한 결정을 맡기지 말라고 이사회에 부탁했다.

2. 불완전하게 처리된 기억들 – 우뇌는 경험을 처리할 때 '상호적 마음' 과정을 통과하게 함으로써 원초적인 감정이 삶의 지혜로 바뀌게 한다. 상호적 마음이 만들어지지 않으면 경험된 기억은 감정이 여전히 활동적인 상태로 저장된다. 마치 TV를 켜둔 상태로 옷장에 집어넣듯이 말이다. 그 후에 뭔가 그 기억을 떠오르게 하면 마음속으로 지혜가 아닌 활성화된 감정이 떠오르게 된다. 과거에서 비롯된 감정적 무게

는 자연스럽게 과거 기억의 강도를 현재의 상황 위에 고스란히 실리게 한다. 그러므로 현재 상황이 실제로 얼마나 중요한지 뇌가 판단하지 못하게 한다. 혹시 남성이든 여성이든 관계없이 권위와 끊임없이 문제를 일으키는 사람을 만나본 적이 있는가?

3. '기쁨을 회복하는' 훈련이 안 된 감정들 – 우리의 뇌가 슬픔, 분노, 두려움, 수치심, 경멸, 그리고 절망감을 느낄 때에도 좋은 관계를 유지하는 훈련이 되어 있지 않으면 이런 불쾌한 감정들이 생기는 어떤 상황에서도 상호적 마음 상태에 도달할 수 없다. 상호적 마음 처리과정이 없으면 기억은 활성화된 감정들로 남게 되고 특정 감정이 너무 도드라지게 중요하게 여겨진다. 우리는 필요 이상으로 '기쁨으로 회복되지 못하는' 감정을 회피하거나, 다른 사람들에게 경고하거나 아니면 표출하게 된다. 심지어 이런 불쾌한 감정들에 의존하여 동기부여를 하기까지 한다. 내 아버지는 분노를 다루는 상호적 마음 능력이 없었기 때문에 결혼생활 내내 아내의 분노를 회피하고 다른 사람들에게 "너 나 화나게 만들면 큰일 난다"와 같이 경고했다.

4. 두려움(불안정한) 애착 유형 – 앞서 살펴본 세 가지 두려움 애착 유형은 ① 너무 적게 증폭하거나 (아무런 감정이 없다) ② 너무 많이 증폭하거나 (중요한 건 내 감정이다) ③ 두려움을 야기할 만한 모든 것을 강렬하게 증폭시킨다.

5. 손상된 운영 기능 – 이 패턴은 이 책의 기본 근간을 이루고 있는 부분이다. 뇌의 최고운영자 (관계적) 패스트 트랙이 손상되면 슬로우 트랙 (언어적, 문제해결 중심) 관리 시스템이 문제를 무분별하게 증폭시킨다.

잘 발달된 그룹 정체성은 우리가 누구인지, 무엇을 소중히 하는지 그리고 어떤 것들이 우리를 화나게 하는지 돌아보게 한다. 그룹 정체성은 힘든 날이라도 우리가 어떤 사람이 되고자 하는지 상기시킨다. 그룹원들은 상호적 마음 네트워크의 연장선상으로 기능한다. 그룹 정체성이 확고하면 사람들은 다른 이들에게 나타나는 판단과 왜곡을 알아채고 고쳐주려고 할 것이다. 또한 우리가 누구인지 상기시키고 관계를 온전하게 그리고 문제보다 더 크게 유지하려고 노력할 것이다.

1. 조셉의 이야기에 공감이 가는가? 어떤 면에 공감했는가?

2. 지난주에 관계적 뇌 회로가 끊겼던 적이 있었는가? 무엇 때문에 꺼졌는가? 회로를 어떻게 다시 작동시켰는가?

3. 리더가 그룹을 회복시키기 위해 네 가지 관계적 전략 CAKE 중 하나를 사용하는 것을 본 적이 있다면 나눠 보자.

4. 언제 당신의 삶 속에서 헤세드를 경험했는가? 누군가 그 사랑을 행동으로 옮기는 것을 본 적이 있는가?

1. 이번 주에는 갈등 상황에서 궁금증을 사용해보고 어떻게 대화 속에서 관계적으로 연결되는 것에 영향을 미치는지 기록하라. 당신이 경험한 것을 다른 사람들과 나눌 수 있게 준비하라.

2. 이번 주 매일 누군가에게 감사를 나눌 수 있는 시간을 할애하라. 그들의 어떤 행동에 감사하는지 그 행동이 당신에게 어떤 기분을 느끼게 해줬는지 이야기하라.

3. 당신과 불편한 관계에 있는 사람을 생각해보라. 이번 주에 그 사람을 위해 할 수 있는 친절한 행동이 있는가?

4. 다음에 어떤 문제에 대해서 누군가 대면해야 할 상황이 된다면 봉투 대화 기법을 사용해보고 어떤 일이 일어나는지 보라.

• CHAPTER 08 •

자신답게
행동하라

RARE
Leadership

Act Like Yourself

우리 안에 있는
그리스도의 마음

오전 7시에 내Jim 첫 고객이 문을 열고 들어왔다. L.A.의 교통체증으로 내 사무실까지 오는 데 한 시간이나 걸렸지만 그는 성실하고 열심이었다. 우리는 하나님의 순간을 찾고 성령님이 하시는 일에 마음을 여는 연습을 하고 있었다. 이날 아침에 그는 매우 흥분한 상태로 상담실에 들어섰다.

"예수님은 우리 안에 '닮고 싶은 마음'be like stuff을 많이 넣어서 창조하셨다는 사실을 당신이 알기 원하세요." 그는 검정 소파에 앉으면서 말했다.

나는 혼란스러웠다. 머릿속에서 벌들이 윙윙 날아다니는 것 같았다. 그래서 나는 "무슨 말인지 전혀 모르겠는데요"라고 말했다.

그는 미소 지었다. "예수님께서 사람들 안에 다른 누군가를 닮을 준비가 되어 있는 마음을 많이 넣어 두셨다고요."

성경 구절이 마음에 떠올랐다. 사도 바울은 우리가 그리스도 안에서 온전하다고 썼다.[1] 우리는 그리스도의 마음을 가졌다.[2] 우리는 하나님의 의가 되었다.[3] 그리스도는 우리 안에 계시고 그의 죽음과 부활에 연합한 자가 되었다.[4] 그리스도의 특성이 성령님을 통해 우리 안에 태어난다는 말은 합당하다. 그 특성들은 존재하지만 휴면 중에 있다. 하지만 우리가 그것을 보고 소환하기를 기다리고 있다.

> RARE 리더들은 다른 사람 속에서 예수님을 보고 그 사람 안에 있는 예수님의 모습을 일깨우는 데 능숙하다.

시간이 지나면서 '누구를 닮아가는 것'이 뇌의 정체성 센터에 있는 거울 신경을 묘사하는 매우 좋은 방법이라는 생각이 들었다. 거울 신경은 자기 자신을 볼 수 없다. 우리의 정체성 센터는 다른 사람들을 보고 자신이 본 것을 반영하여 신경을 활성화한다. 만약 내가 주위에 꾸준하게 경멸을 표하는 사람들과 살고 있다면 나의 거울 신경은 이를 반영하고 내 자신을 경멸할 만한 대상이라고 생각하도록 학습될 것이다. 만약 나의 있는 모습 그대로를 기뻐하고 그 기쁨을 정기적으로 표현하는 부모님과 살고 있다면 나는 다른 이들에게 기쁨을 가져다주는 존재로 내 자신을 보도록 학습된다.

우리 안에 있는 그리스도의 형상이 하나님이 넣어 두신 '누구를 닮고자 하는 것'에서 찾을 수 있다고 가정해보자. 그리고 그것이 깨어나기만을 기다리고 있다고 해보자. 그것이 휴면 상태일 때는 절대 보이지 않는다. 발견해서 개발해야 한다. 여기에서 문제가 발생한다. 우리는 세상을 살아가면서 정체성을 키울 때 하나님께서 우리를 만드신 모습이 아닌 다른 '돌연변이'의 모습을 닮게 되어버린다. 이렇게 되면 우리 안에 잠재해 있는 그리스도의 심장이 아니라 세상의 기형적이고 역기능적인 모습을 반영하여 우리의 정체성을 만들어가게 된다.

우리의 진정한 정체성은 한 알의 씨앗과 같다. 전체 DNA는 원래의 설계대로 독특한 식물로 자라날 수 있게 주어진다. 하지만 그 식물이 진정한 자신의 모습으로 자라나기 위해서는 잘 가꾸고 관리해야 한다. 잘 가꿔지면 설계된 모습 그대로의 성숙한 형태로 성장하게 된다. 그 식물이 물과 햇빛을 충분히 받지 못하거나 알맞은 토양에 심기지 않으면, 혹은 누군가 밟아서 어떤 식으로든 상처를 입게 되면 성숙해가는 과정은 방해를 받게 된다. 식물의 정체성은 변하지 않았지만 내재된 잠재력을 깨우는 능력은 성숙함에 이르렀을 때와 같은 식으로는 발현하지 못할 것이다.

우리 뇌에 '누구를 닮고 싶은' 신경이 있다는 발상은 우리가 우리답게 행동하는 것이 어떤 것인지를 이해할 수 있게 도와준다. 우리가 그리스도를 '닮기' 위해 필요한 모든 것이 그분께 속해 있는 사람들 속에 이미 내재되어 있다. 그중의 상당 부분이 휴면 중이고 깨어나야 한다.

RARE 리더들은 이에 능통하다. 그들은 다른 사람 속에서 예수님을 보고 그 사람 마음 안에 있는 그 부분을 일깨우는 능력을 가지고 있다. 우리 중 다수는 단순히 다른 이들의 역기능과 단점만을 보려든다. 그 사람이 실제로 어떤 사람인지 보지 못하고 하나님의 시선으로 그들을 보지 못한다. 그렇게 할 수 있기 전까지 우리는 다른 이들이 자신답게 행동할 수 있도록 도울 수 없다.

에드 : 난 그냥 짜증 많은 노인네일 뿐이에요

나Jim는 한 사람 안에 있는 그리스도와 같은 자질을 이끌어내는 연습을 할 기회가 있었다. 그 사람은 자신답게 행동하는 것이 어떤 의미인지 헷갈려 하고 있었다. 그는 에드 바커Ed Barker다.

에드는 내가 몇 년간 다니던 교회의 정원사였다. 그는 정원을 잘 가꾸는 것으로도 유명했지만 교회 내에 발을 들여놓는 모든 사람에게 짜증을 내는 것으로 악명 높았다. 사람들은 주중에 교회에 들르고 싶지 않다고 토로했다. 어디에 주차했네, 어디를 밟았네 혹은 그의 길을 가로질러 갔네 하는 등의 비난을 피하고 싶었기 때문이다.

나는 에드가 참석하는 수업에서 가르치기 시작했다. 우리의 진정한 정체성에 대해 논하는 과정에서 에드는 자신이 "난 그냥 짜증 많은 노인네일 뿐이에요"라고 말하며 이렇게 덧붙였다. "나는 평생 짜증을 내며 살았어요." 마침 에베소서 2장 10절을 놓고 우리가 어떻게 하나님께서 미리 준비해놓으신 선한 일을 행하기 위해 그리스도 안에서 구원받았는지 토의하고 있었기 때문에 나는 대답했다. "당신은 크리스천이라고 말하지 않았나요? 짜증을 내는 것은 당신 자신이 누구인지를 잊어버렸기 때문에 하는 행동입니다." 이 말을 시작으로 우리는 크리스천이 모두에게 심지어 우리가 적으로 생각하는 사람들에게 축복이 되기 위해 갖는 그룹 정체성에 대해 토론했다.

바커 씨는 사역을 위해 연구하고 크리스천이 된 지 60년이 넘었지만 이러한 발상을 듣고 놀라는 듯했다. 그 결과 그의 '짜증내는 행동'을 돋우는 요인들을 들여다보기 시작했고 하나님의 도움과 치유를 구했다. 일 년도 채 안 되어 그는 미소로 사람들에게 인사하기 시작했다. 이제는 교회 마당에 들어서면 어김없이 에드가 미소 지으며 쾌활한 목소리로 "축복합니다!"라고 인사하는 모습을 볼 수 있다.

에드의 변화는 그가 사람들을 더 잘 대하게 하라고 감독관에게 책임을 묻는 방식으로 일어나지 않았다. 그의 변화는 그 안에 있는 '누구를 닮고 싶어 하는 마음'이 살아나고 그리스도처럼 되는 법을 배움으로 일어났다. 그리스도 안에서 자신의 진정한 정체성을 발견하면서 짜증을 내는 것보다 기쁨을 전파하는 것이 더 만족스러운 일이라는 것을 배우게 된 것이다. 자신답게 행동하는 법을 배움으로써 그 주변의 모든 이들에게 훨씬 더 좋은 삶을 제공하게 되었다.

누가 나의 사람들인가?

정체성은 개인적인 차원의 개념처럼 들리지만 사실 정체성은 항상 그룹에 소속되는 것으로부터 비롯된다. 목사, 리더, 부모, 아내 혹은 운동선수가 되는 것은 이 직함을 가진 사람들 그룹의 일원으로 자신을 보는 것과 같다. 당신의 핵심 정체성은 다음의 질문에 대한 답으로부터 흘러나온다. "누가 나의 사람들인가?" 크리스천으로서 우리는 '성자'라고 불리는 그룹에 속해 있다.[5] 우리는 하나님의 자녀이며 천국 시민이다.[6] 이들이 우리의 사람들이다. 우리가 속해 있는 그룹을 아는 것은 우리가 누군인지 또 우리답게 행동하는 것이 어떤 것이지를 기억하게 한다.

내 '천국' 그룹으로부터 내 정체성을 취하는 것은 내가 이 세상에 혼자가 아니라는 사실을 상기시켜준다. 나는 더 큰 공동체에 속해 있기 때문에 나 자신답게 행동하는 것은 부분적으로 내 자신의 필요뿐 아니라 다른 사람들의 필요를 생각하는 것이라고 할 수 있다. 우리가 사랑으로 살아갈 때 우리 자신의 최상위 버전을 표출할 수 있다. 우리가 우리 자신만을 생각하고 그룹을 생각하지 않을 때 우리는 진정한 자신을 거부하는 것이다. 그러므로 사도 바울은 이렇게 썼다.

마음을 같이하여 같은 사랑을 가지고 뜻을 합하며 한마음을 품어 아무 일에든지 다툼이나 허영으로 하지 말고 오직 겸손한 마음으로 각각 자기보다 남을 낫게 여기고 각각 자기 일을 돌볼뿐더러 또한 각각 다른 사람들의 일을 돌보아 나의 기쁨을 충만하게 하라.[7]

이 말씀은 우리가 자신이 누구인지, 우리 사람들이 누구인지, 우리답게 행동하는 것이 어떤 것인지 기억할 때 크리스천을 묘사하는 그룹 사고의 유형을 잘 설명한다. 하지만 그리스도 안에서 우리의 정체성을 가지고 살아가지 않고 너무나 자주 우리의 역기능과 단점들로 스스로를 정의한다. 우리 자신이 누구인지를 잊어버릴 때 우리의 사람들답게 행동하는 것이 어떤 것인지를 상기시켜줄 누군가가 필요하다.

보호자, 주머니쥐, 포식자

내가 크리스천 리더로서 그 정체성을 갖고 살아간다면 항상 내 그룹을 보호하는 기능을 할 수 있다. 다른 방식으로 살아가는 것은 내 진정한 정체성을 왜곡하는 것이 될 것이다. 성경은 세 가지 유형의 목자 리더를 설명한다.

- 양떼를 보호하고 양들을 위하여 목숨을 버리는 선한 목자[8]
- 이리가 오는 것을 보면 양을 버리고 달아나는 돈을 위해서만 양을 치는 삯꾼[9]
- 양떼를 먹어 치우고 양들을 자신의 방종과 쾌락을 위해 사용하는 악한 목자[10]

성경에서 말하는 보호자 리더의 전형적인 이미지는 선한 목자다. 선한 목자가 곁에 있을 때 양들은 걱정할 필요가 없다. 목자가 자신들을 이용하거나 학대할 것에 대해 걱정하지 않아도 된다. 양들은 목자가 기꺼이 자신들의 유익을 최우선으로 놓을 것이라는 것을 안다.

예수님께서는 바리새인들이 "과부의 가산을 삼키며 외식으로 길게 기도하는" 악한 목자라고 꾸짖으셨다.[11] 바리새인들은 실제 자신보다 더 강해보이고 사람들에게 칭찬을 받으려고 이렇게 행동했다. 그래서 예수님이 이 종교 지도자들을 드러내시고 '위선자'라고 부르셨다. 여기서 위선자라는 단어는 헬라어 무대 용어로, 가면을 쓰고 무대 위에 오르는 배우를 뜻한다.

나Marcus는 이 세 가지 유형의 목자 혹은 리더를 생각할 때면 예전에 봤던 〈아메리칸 스나이퍼〉라는 영화의 한 장면이 떠올랐다. 주인공('전설'이라는 별명이 붙은)이 집에서 그의 아버지가 두 아들을 데려다놓고 그들이 누구이며 불량배들에게 어떻게 맞서야 하는지 말해주는 모습을 떠올리는 장면이었다. 정확히는 아니지만 대강 이런 내용이었다.

이 세상에는 세 가지 유형의 사람, 즉 양, 늑대, 양치기 개가 있다. 현시대에 어떤 사람들은 이 세상에 악이 존재하지 않는다고 믿고 싶어 하며, 악이 그들의 코앞에 닥칠 때 어떻게 자신을 보호해야 하는지 모른다. 이런 사람들이 양이다. 그리고 약자에게 폭력을 휘두르고 잡아먹는 포식자가 있다. 이들은 늑대다. 마지막으로 타고난 공격성을 가지고 양떼를 보고하고자 하는 매우 강한 욕구를 가지고 있는 이들이 있다. 이 사람들은 늑대에 맞서기 위해 사는 희귀한 종이다. 이들은 양치기 개다.

앞서 언급한 영화에서 아버지는 아들들이 악에 맞서는 보호자로 자신들을 볼 수 있게 훈련했다. 이 이미지는 주인공이 저격수로서 자신의 역할을 이해하는 것에 도움을 주었다. 그는 늑대들(테러범들)이 양들(그의 팀)을 잡아먹는 것을 막아서는 양치기 개였다. '양치기 개'로서의 그의 정체성은 압박 수위가 높아질 때 자신답게 행동하는 것이 어떤 것인지를 알 수 있게 해주었다.

포식자

나Jim는 이 세 가지 유형의 사람들을 약간 다른 용어로 설명한다. 나는 이 사람들을 포식자, 주머니쥐 그리고 보호자로 분류한다. 포식자는 늑대나 악한 목자처럼 약한 자들을 삼킨다. 그들은 다른 사람의 약점을 이용해 자신의 이익을 챙기는 포식자 본능을 억제하는 방법을 배우지 못한 것이다. 이러한 포식자형 리더에게는 자기도취증의 징후가 명확히 드러난다. 자기합리화를 하는 리더는 수치심을 다루는 방법을 모르기 때문에 다른 이들에게 수치심을 돌려버린다. 이런 리더는 다른 사람들을 희생시키며 자신을 정당화하고 자신의 힘을 키우고 쾌락을 누리기 위해 약점을 공략한다. 나는 《기쁨은 여기서 시작된다》*Joy Starts Here*에서 자기애가 강한 리더가 미치는 미묘하지만 결국 재앙을 불러오는 영향력에 대해 쓴 바 있다.

> 자아도취적 리더십의 핵심은 약점에 대한 자비가 없다는 점이다.

하나님을 찾는 그룹이 기쁨의 정체성을 얻지 못하고 있다면 그중에 고쳐지지 않은 자아도취증이 있는 것이 확실하다. 그룹 전체에 손상을 입히는 것에 있어 누가 자아도취증을 가지고 있는지는 중요하지 않다. 자아도취증은 자신의 결함은 부인하고 다른 사람에게서 잘못을 찾는다. 자아도취증 환자는 다른 사람들의 잘못을 지적하면서 그들이 가지고 있는 약점에 대해 부드럽게 반응하지 못하는 자신을 정당화한다. "내 전화를 받는 태도가 전혀 크리스천답지 않았어요. 목사라는 사람이 말이에요." 이 밖에도 여러 다양한 방식으로 약점을 물어뜯는다. 자신의 약점을 인정하는 것이 일반적으로 삶과 성장을 발전시킨다면 포식자는 약점에 대한 벌을 준다. 포식자는 누군가의 약점을 발견하여 개인적인 이득을 취하기 위해 종종 누군가의 약점이 드러나는 신호를 찾으려고 주변을 열심히 살핀다.[12]

자아도취적 리더십의 핵심은 약점에 대한 자비가 없다는 점이다. 진정성을 가지고 행동하는 보호자는 부드러운 태도로 자신의 약점에 접근하며 그것을 인정하고 도움을 요청한다. 그들은 예수님이 바리새인들에 맞서신 것처럼 자아도취적 포식자들에게 맞선다. 그리고 약자의 잠재력을 일깨워준다. 다른 사람들의 약점에 애정을 담아 반응하고 다른 이들은 보지 못하는 가치를 발견하게 한다. 또한 약점을 가지고 있는 이들이 성장하고 그룹에 기여할 수 있도록 생명을 주는 방법을 찾기 위해 스스로 동기부여를 한다.

훈련을 받지 않으면 우리는 본능적으로 포식자가 된다. 한 아이를 혼자 자라게 놔두면 그 아이는 강한 보호자 리더로 자랄 수 없을 것이다. 보호자가 되기는커녕 아이는 사나워지고 생존하기 위해서라면 무엇이든지 하게 될 것이다.

포식자 리더의 특징을 알 수 있는 또 다른 연구 사례가 있다. TED 강연에서 마가렛 헤퍼넌Margaret Heffernan[13]은 퍼듀 대학교 교수가 닭들을 가지고 한 실험에 대한 이야기를 해주었다. 실험은 단순했다. 그는 닭을 두 그룹으로 나눠서 여섯 세대 간 낳은 달걀의 수를 셌다. 한 그룹은 번식이나 문화에 개입하지 않고 자연 그대로 살게 했고 다른 그룹은 '슈퍼 닭'이라고 부르는 닭들로 구성했다. 이 닭들은 각 세대에 나온 최고 품종이었다. 결과는 과히 흥미로웠다. 그냥 내버려둔 닭은 여섯 세대 동안 생산량이 급격히 향상했다. 최고 품종 닭들은 반대로 생산량이 극적으로 하락해 세 마리만이 살아남았다. 나머지는 다른 닭들이 서로 쪼아서 죽인 것이다!

이 실험을 통해 소위 '슈퍼 닭'은 다른 닭들을 쪼아서 그들의 생산력을 떨어뜨림으로 최고의 품종으로 남을 수 있었다는 결과를 도출했다.

마가렛은 "슈퍼 닭들'은 다른 닭들의 생산을 저하시킴으로써 이들과 대조적으로 자신들의 생산력을 끌어올린 것이었어요"라고 말했다. 현실에서 보자면 이 '슈퍼 닭'은 '포식자 닭'이라고 칭하는 것이 더 적절할 듯하다.

많은 포식자 닭들이 조직을 관리하고 있다. 이사회에도 올라가고

전 세계적으로 사역과 기업에 영향을 미칠 수 있는 위치로 올라간다. 많은 그룹이 그들 중에 있는 포식자에 맞서고 진정성의 본을 보일 수 있는 RARE 리더들을 간절히 원한다. 우리는 예수님이 주신 마음을 가지고 살고 다른 이들도 그렇게 살아갈 수 있도록 도와주는 보호자가 필요하다.

주머니쥐

주머니쥐는 양과 같이 포식자의 먹이가 되는 취약한 사람들을 의미한다. 주머니쥐는 위험이 닥쳤을 때 딱 한 가지 전략만을 가지고 있다. 상황이 어려워지면 주머니쥐는 죽은 척한다. 또한 주변에 보호자가 없으면 자신의 가면을 벗거나 진정성 있는 모습을 보이는 모험을 감행하지 않는다. 위험부담이 너무 크다고 여긴다. 하지만 기꺼이 포식자에 맞서는 보호자 리더가 있을 때는 자유롭게 자신의 잠재력을 탐색하고 두려움 없이 그룹에 기여하기 시작한다.

> 주머니쥐 리더는 위기가 닥치면 사라져버리는 경향이 있다.

어떨 때는 주머니쥐가 리더가 되기도 한다. 이러한 리더는 모든 사람을 행복하게 만드는 아주 선한 사람들이다. 문제는 위기가 닥치면 사라져버리는 경향이 있다는 것이다. 그들이 당면한 엄청난 규모의 문제에 감정적으로 압도당하고 관계적으로 고립된다. 그들은 결국 부하들과 관계적으로 연합하고 그들을 이끄는 대신에 마치 전쟁 중 참호 속에 숨어 있기만 하는 장교가 된 것처럼 반응한다.

보호자

보호자는 잘 훈련된 패스트 트랙 습관을 가지고 있는 사람을 지칭한다. 보호자 리더는 튼튼하고 기쁨이 충만한 정체성을 가진 사람들로써 다른 사람들을 환영하고 약점에 대해 부드러운 태도를 보여준다. 약점을 착취하는 대신 그룹 내 취약한 사람들을 기쁨 안에서 성장하도록 돕는다. 보호자는 역기능적 행동을 하게 하지 않을 뿐더러 빠르게 이런 행동으로부터 약자들을 보호한다. 우리 그룹 내 기쁨 레벨이 높을 때 그룹원들은 자동적으로 보호자 기술을 연마하게 되는 경향이 있다. 기쁨이 일반적인 현상이기 때문에 우리는 그룹에 소속되는 것으로 비롯되는 기쁨을 모두와 함께 나누기 원하게 된다. 또한 자연스럽게 우리의 관계적 유대를 위협하는 행동에는 저항한다.

약점을 부드럽게 다루는 것은 정확히 말하면 전형적인 리더십의 주제는 아니다. 하지만 성장의 모든 부분은 약점과 취약성에서 처음 나타난다. 약점을 인정하지 않으면 성장할 수 없다. 아름다움은 종종 섬세하고 부서지기 쉽다. 마치 꽃이 가장 연약하지만 식물의 가장 아름다운 부분이듯이 말이다.

기쁨 레벨은 자연스럽게 약점을 따뜻하게 대해주는 사람 주위에서 높아진다. 우리의 약점에 대해 위로가 되는 반응을 기대할 수 있을 때 우리는 빨리 도움을 구할 수 있다. 약한 사람들이 안전하게 도움을 구할 수 있다면 문제는 감당하지 못할 만큼 커지지 않는다. 기쁨에 대한 이런 기대감은 융통성을 가지게 한다. 반면에 우리와 함께 하는 것을 기뻐하는 사람으로부터 내 감정을 인정해주는 반응을 얻지 못하면 우리는 수치심을 느끼게 된다. 우리의 약점 때문에 수치를 당할까 두려워하면 우리의 문제를 숨기게 된다.[14]

보호자 리더는 간단히 말해서 감정적으로 성숙한 리더를 말한다. 그들은 관계를 문제보다 더 크게 인식한다. 가면을 쓰지 않고 자신답게 행동하기 때문에 사람들은 눈치를 보며 조심스럽게 행동할 필요가 없다. 속상한 감정에서 기쁨을 회복하고 다른 사람들도 그렇게 할 수 있게 돕는다. 이러한 리더는 완전히 다른 사람으로 변하거나 관계성과 자신답게 행동하는 법을 잃어버릴 정도로 압도당하지 않으면서 고난을 다룰 수 있는 넉넉한 용량을 가지고 있다.

사실, 보호자 리더는 자신이 독특하다는 사실을 인지하지 못한다. 스스로 자신이 다른 일반적인 사람들이 하는 것처럼 하고 있다고 생각한다. 그들은 이러한 기술을 의도적이거나 전략의 한 부분으로 행하지 않는다. 완벽하게 연습을 한 위대한 음악가가 테크닉에 대해 생각하지 않고 자유롭게 감정과 열정을 다해 연주하듯이 보호자 기술을 통달한 리더 또한 자신이 뭘 하고 있는지 생각할 필요가 없다. 수년간의 연습을 통해 자연스럽게 흘러나오는 것이다. 그 결과 이 귀한 리더들은 자신의 행동이 얼마나 진귀한 것인지 의식하지 않는다.

보호자 리더는 기쁨으로 연합하고, 모든 고통을 나누며, 특히 약자에게 리더를 포함한 강자의 약점을 지적하라고 격려한다. 이를 격려하는 리더가 얼마나 되겠는가?

왜 우리답게 행동하지 못하는가?

사람들이 자신답게 행동하지 못하는 데에는 많은 이유가 있겠지만 특별히 주목해서 봐야 할 두 가지 이유는 기폭제 triggers와 가면 masks 이다. 누군가 우리의 버튼을 누르면 바로 기폭제에 불이 붙어 우리가 아닌 다른 사람으로 변해버린다. 우리는 더 강해 보이기 위해 가면을 쓴다. 어떤 사람은 너무 오랫동안 가면을 써왔기 때문에 어디까지가 가면 쓴 모습인지 잘 모르는 경우도 많다. 이번 장에서는 이 문제들을 하나씩 풀어보려고 한다.

기폭제

우리의 감정이 작용하는 원리를 이해하기 위해 우리 각자 과거의 고통과 문제들을 저장하는 곳 내부에 화약고가 있는 그림을 상상해보면 도움이 될 것이다. 이 화약고를 아무도 건드리지 않으면 우리는 아무런 문제없이 기능할 수 있다. 하지만 누군가 우리의 버튼을 누르면 (우리의 아픈 곳을 건드리면) 내면에 뭔가가 폭발하여 화약고가 터지게 된다. 수면 아래에 숨어 있던 온갖 잡동사니들이 분출되고 그 누구도 함께 있고 싶어 하지 않는 사람으로 변하고 만다.

우리는 대부분 회피함으로 우리의 버튼을 해결한다. 우리는 사람들과 감정적인 거리를 둘 수 있는 생활 방식과 리더십에 대해 접근 방식을 공들여 만든다. 내 안의 버튼이 눌려지는 상황을 최대한 만들지 않게 하기 위해서이다. 하지만 부정적 감정을 회피하는 것이 꼭 성공을 보장하지는 않는다. 어느 순간에 이르면 뚜껑을 열고 화약고 안을 들여다봐야 한다.

언제 내 기폭제에 불이 붙었는지 인식하라. 어떤 문제든 해결하기 위해 밟아야 하는 첫 번째 단계는 내가 문제를 가지고 있다는 사실을 인정하는 것이다. 이것은 어떤 경우에 내 기폭제에 불이 붙는지 알아차리는 것부터 시작된다. 다음과 같이 다양한 방법으로 내 감정이 폭발했는지 알 수 있다.

- 모든 관계를 닫아버린다.
- 관계에서 분노를 터뜨린다.
- 도망가고 싶다.
- 뭔가를 주먹으로 치고 싶다.
- 상황에 과잉 반응한다.

대부분의 경우 현재 일어난 현상만으로 반응이 나타나지는 않는다. 과거의 고통으로부터 비롯된 저장되어 있던 모든 감정들을 현재로 끌어온다.

무엇이 내 안에서 기폭제로 작용했는지 하나님께 물어보라. 버튼이 눌렸다는 것을 깨닫는 즉시 과거의 기억 중 무엇이 이런 감정의 기폭제에 불을 붙였는지 하나님께 여쭤보는 연습을 하면 좋다. 대부분의 경우 당신이 아닌 모습으로 행동하게 만드는 강한 부정적 감정들에 압도 당했다고 느낄 때 이는 이러한 감정들이 어떤 기억 혹은 일련의 여러 기억들에 그 뿌리를 내리고 있기 때문이다.

새로운 시각을 달라고 하나님께 간구하라. 하나님은 우리와 언제나 함께하시기 때문에 기쁘든, 평화롭든, 대단히 충격적인 때이든 상관없이 우리 삶 모든 순간에 임하신다. 그분은 우리가 경험한 것, 우리가 느꼈던 고통 그리고 그 경험들 때문에 우리가 믿게 된 모든 것을 알고 계신다. 마음속에 보여주시는 기억들을 두고 하나님과 접속하는 시간을 갖는 것은 그 기억의 의미를 완전히 새롭게 바라볼 수 있는 시각을 주고 고통을 치유할 수 있다.

알게 된 것을 정체성 파트너와 공유하라. 소외감은 성장을 저지한다. 당신 안에 발견한 화약고에 대해 다른 사람과 나누는 것이 중요하다. 새롭게 얻은 시각을 다른 사람들에게 이야기함으로써 이를 뇌에서 강화시킬 수 있다. 이러한 경험을 다른 사람과 공유하지 않으면 좌뇌 사건으로 남게 되어 아무런 변화도 일어나지 않는다. 하지만 다른 사람들과 나누면 관계적인 사건이 되어 좌뇌 우뇌 둘 다에 영향을 미친다. 이렇게 하면 우리의 경험이 우리의 태도와 행동을 바꿀 가능성이 커진다.

필요 시 추가적인 도움을 구하라. 우리 모두 도움이 필요할 때가 있다. 우리 Jim, Marcus 둘 다 기억들, 그리고 하나님과 연합하는 문제를 다루는 과정에서 다른 이들의 도움을 구했다. 하나님과 대화하고 다른 사람들과 공유하는 것은 이 과정 중 중요한 부분이지만 우리에게 필요한 돌파구를 얻기 위해서는 경험 많은 인도자와 함께하는 집중적인 기도가 필요하다.

마이클 : 울지 마!

마이클은 삶에 대해 매우 좌뇌 중심적이고 분석적인 접근을 해왔던 크리스천 리더다. 이 같은 삶의 방식에 영향을 미친 몇 개의 핵심 기억들이 있었다. 최근에 그는 어떻게 과거의 고통스러운 기억이 현재의 감정적 문제의 원인이 되었는지, 또 어떻게 하나님과 연합함으로 모든 것이 바뀌었는지 설명했다.

나는 원체 예민한 감성을 타고 태어났다. 형은 나의 영웅이었고 항상 나보다 크고 힘이 셌다. 나는 형이랑 노는 것이 좋았다… 운동도 같이하고 상상 게임도 함께했다. 아버지는 내 성격 형성기에 감정적으로 부재했기 때문에 형이 이 부분에 대한 빈 공간을 채워주었다. 내가 8살이 되던 어느 날, 우리는 밖에서 놀고 있었는데 무엇 때문이었는지 나는 마음에 상처를 받았다. 이런 일은 종종 있는 일이었고 그 날도 나는 어김없이 울음을 터뜨렸다.

하지만 이번에는 형이 엄청 화를 냈다. 나는 형이 성큼 나에게로 와 어깨를 붙들면서 거칠게 나를 흔들었던 그 순간을 잊지 못할 것이다. 형의 눈은 분노로 가득 차 나에게 몇 번이나 소리를 질렀다. "울지 마!" 그리고 형은 소리 쳤다. "넌 울보야… 난 네가 우는 게 너무 싫어!" 나는 너무 놀랐고 부끄러웠다. 나는 예민하기도 했지만 기질상 고집이 세고 경쟁심도 강했기 때문에 그 자리에서 바로 다시는 울지 않겠다고 맹세했다. 그 후로 수년간 나는 한 번도 울지 않았다. 그리고 나는 내가 맹세한 것에 대한 기억을 억눌렀다.

크리스천으로 개종하여 캠퍼스의 영적 리더가 된 지 얼마 안 되었을 때 나는 내 마음속에 뭔가가 잘못되어 있다는 것을 깨달았다. 나는 시편을 읽으면서 위대한 장수이면서 시인이었던 다윗 왕이 전쟁을 치르는 것만큼 많이 울었다는 사실을 알게 되었다. 나는 다윗 왕과 같아질 수 있기를 하나님께 구했다.

몇 년이 지나서 사랑하는 아내와 결혼한 후 나는 내 마음을 나누고 울지 못하는 내 자신에 대해 이야기했다. 그날 밤 우리 거실에 임마누엘의 하나님이 임하셨고 내가 아내의 무릎에 머리를 두고 함께 기도할 때 깊이 묻혀 있던 깨진 상처가 분수처럼 터져 나와 눈물을 한껏 흘렸다. 성령님은 8살 때 했던 맹세를 생각나게 하셨고 나는 내 마음을 굳게 했던 것을 용서해 달라고, 또 수치심에 떨던 내 상처받은 영혼을 치유해달라고 주님께 기도했다.

나는 내 스스로를 수치심과 "진정한 남자라면 울지 않아"라는 대적의 거짓말에 휘둘려 하나님께서 만드신 내가 아닌 다른 사람으로 살고 있었다. 여러 해가 지난 지금은 주중에 눈물을 흘리지 않은 날이 많으면 하나님 아버지께 내가 내 마음을 굳게 하고 있는 것은 아닌지 물어본다. 삶에는 우리의 눈물을 흘릴 만한 가치가 있는 일들이 많기 때문이다.

가면과 기쁨 죽이기

약점을 숨기고 다른 사람에게 우리를 더 강하게 보이도록 하기 위해 가면을 쓰는 것은 문제를 해결하기 위해 우리가 사용하는 전략이다. 얼마 지나지 않아 가면은 없어서는 안 되는 필수적인 존재가 된다. 가면은 우리가 원하는 것을 얻게 하고 원하지 않는 것을 피할 수 있게 도와준다. 《기쁨은 여기서 시작된다》*Joy Starts Here*에서 나Jim는 이를 다음과 같이 설명한다.

중학교에 들어갈 때쯤이면 우리는 친구들을 사귀고 사람들에게 영향력을 행사하기 위해 사회적 이미지를 형성한다. 〔하지만〕 우리의 이미지 관리에는 숨겨진 부작용이 있다. 시간이 지나면서 우리는 사람들이 우리를 좋아하는 것인지 우리의 이미지를 좋아하는 것인지 확신할 수 없게 된다… 우리가 이미지를 이용하여 결과물, 데이트, 직업, 친구를 얻고 문제나 공격을 피하게 되면 가면은 자기만의 힘을 키우기 시작한다. 이렇게 효과적인 가면은 가면 그 자체에 의존하게 만든다. 대부분의 가면이 실제 우리보다 더 강해 보이게 만들기 때문에 체면을 유지하는 데 지쳐 간다. 모든 가면은 그 효과를 잘 발휘하면 할수록 서서히 기쁨을 말살한다.[15]

이 해석에 여러 가지 모양으로 공감할 수 있을 것이다. 체면 차리는 데 지치거나, 사람들이 나를 진정으로 고맙게 생각하는지 아니면 내가 해줄 수 있는 일 때문에 인정해주는지 헷갈려 하는 것이 어떤 느낌인지 알고 있다. 시간이 지나면서 나답게 행동하지 않는 것으로 몇 가지 문제는 해결할 수 있지만 그것은 또 다른 문제를 야기한다.

당신답게 행동하는 습관을 어떻게 키울 것인가

6장에서 제시한 건강한 요법의 세 가지 요소 모두 우리가 우리답게 행동할 수 있는 능력을 키우도록 돕는다.
나Marcus가 이를 위한 초기 여정을 어떻게 경험했는지 짧게 나누고자 한다.

모방연습 : 암사자처럼 기도하기

나Marcus는 부정적인 감정에서 기쁨을 회복하는 다양한 사람들을 보는 것이 즐겁다. 언젠가 시카고 지역의 교도소 사역 조찬 모임에 강연을 해달라고 초대받은 적이 있다. 모임 후에 한 젊은 흑인 여성이

Part 2. 레어 리더십 키우기

나에게 다가와 교도소에 감금되어 있고 조현병을 앓고 있는 친척을 위해 기도해달라고 부탁했다. 딱 봐도 그녀가 삶에서 많은 고난을 겪었다는 것을 알 수 있었다. 우리가 이야기를 나누는 중에 그녀의 전화기가 울렸다. 다 커서 성인이 된 그녀의 딸이었다. 꽉 막힌 시카고 고속도로 옆에 차가 고장 나 세워뒀다고 했다. 나는 그 여성이 딸의 속상한 마음으로 들어가 딸의 두려움을 인정해주고 스스로 상황을 헤쳐 나올 수 있도록 동행하는 모습을 지켜봤다.

그녀는 주저 없이 다시 우리의 대화로 돌아왔다. 우리 둘은 그녀가 이런 문제들을 잘 처리해 나갈 수 있도록 기도했다. 우리는 조용히 기도했지만 그녀는 암사자와 같이 기도했다. 그녀는 하나님께 시험을 주심을 감사했다. 또 하나님이 모든 상황에서 언제나 공급하심을 감사했다. 그분께서 원하시는 전사가 될 수 있는 힘을 달라고 구했다. (그녀는 자신의 정체성을 불러일으키고 있었다!) 나는 그녀를 보는 것만으로 많은 것을 배웠다. 그녀의 모습을 통해 압박 속에서 믿음이 어떤 형태로 나타나는지, 또 속상한 감정에서 기쁨을 회복시키는 것이 어떤 것인지를 볼 수 있었다. 내 거울 신경이 보고 배우고 있었던 것이다!

사도 바울은 자신이 세운 모든 교회에서 크리스천으로서 성숙의 본을 보여주었다. 가정을 세우고 한 공동체로서 살아가는 것이 어떤 것인지를 보여주었다. 그가 내린 거의 대부분의 지침은 연합하여 사는 법과 사랑으로 돌아가는 그룹을 세우는 것에 관련된 것이었다. 하지만 서양인이 삶을 바라보는 관점, 즉 개인주의적 관점에서 우리는 바울의 지침을 거의 대부분 공동의 참여보다는 개인적 발전을 위한 규칙으로 받아들여 왔다.

자신이 시작한 공동체에 본을 보임으로써 바울은 자주 그의 삶의 방식을 모방하라고 권했다. 이것은 그의 영적 규율과 개인의 거룩을 훨씬 뛰어넘는 것이었다.

사도 바울은 마음속에 염두에 둔 그룹과 모든 것을 함께하는 방향으로 나아갔다. 그는 모방의 힘을 이해하고 있었다. 우리는 주변 사람들이 보이는 크리스천다운 행동을 모방함으로 우리답게 행동하는 방법을 가장 잘 배울 수 있다.

스테이크 가게에서 하나님 음성 듣기

내Marcus가 처음으로 하나님이 나에게 말씀하신다는 것을 깨달은 것은 아이오와주 클라이브에 있는 라이언 스테이크 가게에서 일하고 있을 때였다. 나는 서른두 살이었고 아내와 딸아이가 있었다. 지난 7년 동안 나는 크리스천 대학교의 교수로 섬겼다. 그곳에서 나는 학부생들에게 구약 개관을 가르쳤고 신학대학생들에게 히브리어를 가르쳤다. 하지만 그때 신학교와는 거리가 먼 레스토랑에서 웨이터를 하고 있었다. 동료 한 명이 "당신 여기서 왜 이러고 있는 거예요?"라고 물었다. 당연히 물어볼 만한 질문이었고 나 스스로도 자주 같은 질문을 하고 있었다. "지금은 가족을 부양해야 하는 시기다." 이런 식으로 이야기했던 기억이 난다. 하지만 더 선명하게 기억하는 건 내 머릿속에 들었던 명확하고 뚜렷한 어떤 생각이었다. 그 생각은 나에게 이렇게 말했다. "이 사람들 대부분이 평생에 만날 수 있는 목사는 너뿐이야."

하나님이 내 진정한 정체성을 불러내고 계셨다. 순식간에 나는 내가 누구인지, 이 상황에서 나답게 행동하는 것이 어떤 것인지 깨달았다. 하나님은 내 동료들을 위한 목사로 나를 부르고 계셨다. 그 즉시 하나님이 내 앞에 펼쳐놓으신 사역의 문이 열려 있음을 보기 시작했다. 아내와 나는 동료들을 집으로 초대하여 추수감사절 저녁 식사를 함께했다. 그리고 커피를 마시는 동안 즉석에서 상담 시간을 가졌다. 하나님의 음성을 인식함으로 나는 이 상황에서 나답게 행동할 수 있었다.

정체성 그룹 : 하나님이 만드신 우리 그대로의 모습을 떠올리기

우리 모두의 삶에는 우리를 충분히 잘 알고 있어서 우리가 가면 뒤에 숨으려 할 때 알아차리고 무슨 이유에서든 우리의 감정이 상했을 때 위로해줄 수 있는 사람들이 필요하다.

정체성 그룹의 멤버라면 "이것은 너답지 않아" 혹은 "이런 것을 중요하게 생각하는 건 너다운 거니까 이것 때문에 네가 짜증 날 만해"라고 말해줄 수 있다.

나와 함께 있는 사람들에게 목사가 되는 것이 나다운 모습이라는 것을 하나님께서 알려주신 기억이 생생한 것만큼이나 내 경험을 그룹에 나누었

> "하나님은 당신이 최악의 상황에 빠져 있을 때라도 당신 곁에 있는 사람들에게 축복이 되기를 원하세요."

던 것도 기억한다. 그날 밤 나는 집에 돌아와 이 경험을 우리와 깊은 관계를 맺고 있던 다른 부부에게 나누었다. 내가 주님께 이런 놀라운 통찰력을 얻은 것에 대해 모두가 기뻐해주었다. 그리고 내 친구의 아내가 말했다. "마커스, 하나님은 당신이 최악의 상황에 빠져 있을 때라도 당신 곁에 있는 사람들에게 축복이 되기를 원하세요." 그녀의 말을 통해 나는 내 정체성이 사역에서 찾아지는 것이 아니라 하나님께서 만드신 모습 그대로의 사람으로 살아가는 것에 있음을 깨닫게 되었다. 이것은 그 시기에 하나님께서 내게 가르쳐주신 귀한 교훈 중 하나다.

더 이상 숨지 않기!

구속의 본질적인 요소 중 하나는 우리가 우리답게 행동하는 능력을 회복하는 것이다. 사탄은 거짓말의 앞잡이다. 사탄이 우리를 숨게 하고 가식적으로 행동하며 속이게 하는 장본인이다. 우리가 누구인지 또 그것이 우리 삶을 살아가는 방식에 어떤 의미를 주는지에 대해 거짓말을 불어넣는 것도 사탄이다. 그리스도는 우리가 진리를 알고 그 진리가 우리를 자유하게 하기 위해서 오셨다.[16] 예수님은 하나님이 만드신 우리 그대로의 모습을 회복시키러 오셨다. 이렇게 회복된 정체성으로 살아가는 것이 크리스천 리더십의 토대라고 할 수 있다.

한 명의 리더로서, 당신이 당신답게 행동하는 법을 배우면 주위에 있는 사람들의 자신감을 키워줄 수 있다. 두려움이 기쁨에 의해 물러나고 당신이 들어왔을 때 눈치를 보지 않아도 된다. 이런 리더는 자신의 약점을 숨기려고 하지 않기 때문에 사람들은 그 리더를 신뢰한다. 더구나 내가 아닌 다른 사람이 되려고 하는 일은 매우 피곤한 일이다.

슬로우 트랙, 패스트 트랙 그리고 습관의 '초고속 열차'

기쁨, 정체성 그리고 상호적 마음 상태는 우뇌에 위치한 빠른 처리관들에 의해 1초에 여섯 번 회전하는 속도로 작동된다. 의식은 슬로우 트랙에서 일초당 5번 회전하는 속도로 처리된다. 양 뇌의 많은 부분은 이 두 트랙 모두에 연결되어 있다. 좌뇌는 단어를 찾거나 설명하고, 경험을 우리가 이해할 수 있는 과정으로 분류하는 일을 한다. 뇌 전체가 함께 잘 작동하면 두 트랙의 다른 속도로 인해 우리 주변의 세상을 의식적으로 생각하기도 전에 우리가 누구인지 기억할 수 있다.

우리의 관계적 정체성은 패스트 트랙의 가장 근본적인 관심사이다. 우리가 우리답게 행동하고 기쁨이 넘치는 관계를 유지하는 법을 알 때 우리는 이 모든 상황을 조작하는 최고 운영자가 있다는 사실을 인지하지 않는다. 최고 운영 기능은 워낙 그 속도가 빨라서 의식적 관찰로는 그것을 따라잡을 수 없다. 패스트 트랙은 기쁨을 추구하고 관계와 정체성 – 우리가 누군인지, 우리에게 중요한 것은 무엇인지, 삶이 힘들어질 때 무엇이 동기부여하는지 – 을 증폭시킨다.

그러는 중에 슬로우 트랙(의식적 사고)은 우리의 경험들을 분류하면서 문제들을 증폭시킨다. 패스트 트랙이 항상 관계에 집중하듯 슬로우 트랙은 언제나 문제에 집중한다. 우뇌 최고 운영자 (관계적) 패스트 트랙이 손상되면 슬로우 트랙(언어적이고 문제 해결중심인) 좌뇌 보조가 문제를 무절제하게 증폭시키는 현상이 나타난다.

리더십은 강력하게 유연하면서도 관계적인 뇌를 발달시키고 우리의 그룹 내에서도 같은 정체성을 개발하는 것을 포함한다. 리더십은 또한 기술을 훈련시키고 기존의 그룹 반응을 재형성repatterning하는 것을 포함한다. 재형성을 더 잘 이해하기 위해서 뇌에 대한 사실 한 가지를 더 살펴보아야 한다. 패스트 트랙과 슬로우 트랙 시스템 모두 매우 유연한 (그래서 느린) 회백질로 이루어져 있다. 그런데 뇌의 백질 속에는 200배나 빨리 작동하는 '초고속 열차'가 있다. 일초에 몇 번이고 반응을 바꿀 수 있는 회백질과는 달리, 백질은 개발하는 것에는 한 달 정도 걸리고 우리가 자주 같은 방식으로 반복하는 기능들을 위해 마련되어 있다. 이제 무슨 말이 이어질지 예상이 되지 않는가?

패스트 트랙 기술을 발달시키기 위해 적용하는 어떤 요법이든 백질이 형성될 때까지 오랜 시간 동안 반복적으로 행해져야 한다. 기본으로 한 달 이상 많게는 수년 동안 말이다. 이렇게 하면 우리의 뇌는 그 안에서 훈련된 좋은 패턴을 가지고 모든 종류의 상황에 빠르게 대처할 수 있게 될 것이다. 이러한 훈련이 없으면 부정적 반응들이 항상 긍정적인 반응들을 앞지르게 된다.

토론 질문

1. 보호자, 포식자, 주머니쥐의 차이점을 어떻게 묘사하겠는가?

2. 보호자 리더와 함께 일해본 적이 있는가? 이 사람은 어떤 특징을 가졌는가?

3. 리더로서 어떤 가면을 쓰고 싶은 충동을 느꼈는가?

4. 중요한 상황에서 당신답게 행동할 수 없게 하도록 감정이 폭발한 적이 있는가?

5. 누군가에게 생명을 불어넣어주는 방식으로 그들답게 행동할 수 있도록 도와준 적이 있는가? 어떠했는가?

1. 모방 - 다른 사람이 가지고 있는 크리스천다운 특성들을 알아보고 칭찬하는 연습을 하라. 당신이 존경하는 자질을 가지고 있는 사람을 알아봤다면 그 사람을 따라해보라.

2. 친밀감 - 5분 동안 감사를 표현하는 연습을 하라. 과거에 기쁨을 주었던 기억들을 떠올려보고 현재 당신을 행복하게 만드는 뭔가에 집중하든지 아니면 손꼽아 기대하고 있는 무언가를 생각하라. 이런 긍정적인 경험에 머물면서 어떤 느낌을 갖게 되는지 주목해보라. 이러한 경험에 대해 감사하라. 각각의 경험에 제목을 붙이고 일기장에 적어 두라. 이는 감사 연습에 시동을 걸기 매우 좋은 방법이다.

3. 정체성 그룹 - 누군가에게, 더 좋게는 전체 그룹에게 한 주 동안 앞의 두 연습을 하면서 느낀 점을 나누어라.

CHAPTER 09

기쁨을
회복하라

Return to Joy

내면의 '심판'

사도 바울은 골로새서 3장 15절에 "그리스도의 평강이 너희 마음을 주장하게 하라"고 썼다. "주장"하다라는 말로 번역된 헬라어는 '심판' referee이라고 번역하는 것이 더 적절할 것 같다. 그렇다면 흥미로운 이미지가 만들어진다. "그리스도의 평강이 너의 마음에 심판이 되게 하라!" 이는 무엇을 의미하는가? 자, 경기 중에 심판이 호루라기를 불면 어떤 일이 일어나는가? 심판이 상황을 정리할 때까지 모든 것이 멈춘다. 이와 마찬가지로 내가 평강을 누리지 못하고 있다면, 혹은 내가 이끌고 있는 그룹 안에 평강이 없다면 우리 모두가 기쁨을 회복할 때까지 멈춰야 할 때가 된 것이다. 리더와 그들이 감독하고 있는 그룹은 상한 감정보다 평강이 주도권을 잡을 때 더 잘 기능할 수 있다. 이런 상황이 자주 일어날수록 리더와 그룹 모두 더 강해진다.

애석하게도, 너무 많은 리더들은 평강이 내면에 존재하는 강한 감정들의 심판이 되게 하는 법을 알지 못한다. 그 결과 분노, 두려움, 좌절, 절망 등의 강한 부정적인 감정들에 이끌려 결정을 내리고 관계를 파괴한다. 이번 장에서는 이런 감정에서 벗어나 기쁨을 회복하는 리더의 모습이 어떠한지를 보여주는 몇 가지 예시를 제시하고 이 과정을 잘 헤쳐 나갈 수 있도록 간단한 모델을 제시하고자 한다.

자유와 성숙

우리를 통제하는 부정적인 감정을 극복하기 위해서는 자유와 성숙 둘 다 필요하다. 자유는 깊은 상처를 용서함으로, 또한 강한 요새를 허물고, 생각을 결박하고, 세대 간 내려오는 죄를 끊어냄으로 찾을 수 있다. 내Marcus가 이 과정을 위해 가장 자주 권하는 도구 하나는 닐 앤더슨의 '그리스도 안의 자유를 얻기 위한 단계'Steps to Freedom in Christ이다.

나에게는 매우 분노에 차 있고 중독의 수렁에 빠져 있던 친구가 있었다. 결혼생활은 파탄 직전이었고 결국 나에게 도움을 구하러 찾아왔다. 우리는 자유를 얻기 위한 단계를 가이드 삼아 그의 인생 이야기를 차례차례 밟아가며 어린 시절에 받은 깊은 상처들을 끄집어냈다. 그 주 동안 기도와 용서함으로, 그리고 우리가 원하지 않는 영들을 쫓아내면서 몇 시간 동안 그의 아픔을 처리해갔다. 변화는 확연하게 나타났다. 한 달쯤 지나서 나는 그와 그의 아내의 결혼서약 갱신 의식을 인도할 수 있었다. 곧 그는 십대 문제 남자 아이들을 도와주는 일에 매우 활발하게 매진했다. 그는 문제아들에게 아버지다운 존재가 되었고 교회 공동체에 기둥 역할을 했다. 구속으로부터 자유를 경험하는 것이 그를 성숙하게 만들어준 것이다.

하지만 자유와 성숙에는 한 가지 차이점이 있다. 어떠한 충동에서 자유해지는 것은 기술을 먼저 배운 후 이전에 나를 통제해왔던 감정으로부터 기쁨으로 돌아가는 습관을 개발하는 것과는 별개의 문제이다. 한 주 만에 자유를 얻은 이 친구도 감정적으로 성숙한 습관을 형성하기까지는 여전히 오랜 시간이 필요했다. 그도 이 부분을 이해하고 있었다. 우리가 모임을 가진 후 얼마 되지 않아 그는 교회에서 만난 몇 명의 남성들과 오전 6시 조찬 그룹을 만들어 함께 성장의 여정을 시작했다.

2년쯤 지나 이 친구의 아내로부터 전화 한 통을 받았다. 친구가 심장마비로 지난밤에 세상을 떠났다는 소식을 전했다. 그들의 목사로서 나는 가족을 만나 장례 절차를 도왔다. 장례식장은 사람들로 가득 찼다. 젊은 사람들과 나이 많은 사람들, 십대들, 노인들 할 것 없이 다양한 부류의 사람들이 앞으로 나와 마이크를 잡고 어떤 방식으로 이 친구가 자신의 삶에 감동을 주었는지 이야기했다. 하나님은 내 친구를 변화시키셨고 그가 자유를 찾아 만나는 모든 이에게 영향을 미칠 수 있는 성숙에까지 자라도록 도우셨다. 부정적인 감정에서 '기쁨을 회복하는 것'은 내 친구가 배운 성숙의 기술이었다. 어떻게 하면 우리도 이렇게 할 수 있을까?

기쁨을 회복하는 것은 우리의 감정을 인정하는 것 이상의 행위다

기쁨을 회복하는 길은 우리가 감정을 가지고 있음을 인정하는 것으로부터 시작된다. 감정은 우리가 그것을 인정하지 않고 저항할 때 더 많은 문제들을 야기한다. 우리의 감정을 받아들이는 것은 스카지로 Scazzero가 쓴 《정서적으로 건강한 교회》 *Emotionally Healthy Church* 라는 책의 논지에 많은 힘을 실어준다. 우리가 감정을 인정하면 엄청난 양의 에너지를 절약할 수 있고 스스로를 빠르게 진정시킬 수 있다. '인생모델'의 CEO인 짐 마티니는 기분 나쁜 감정들을 인정하는 것의 중요성과 연습하는 법을 배웠던 자신의 경험을 들려준다.

나는 몇 년 전에 감정이 마치 파도타기와 같다는 이야기를 듣고 처음으로 감정을 인정하는 것에 대해 연구하기 시작했다. 파도가 부서지게 놔두면 아주 짧은 시간 동안 강력한 힘이 생겨서 결국 잔잔한 바다 거품이 부드럽게 찰랑거리는 모래사장에 도달하게 된다. 반면에 파도가 부서지지 않게 온 힘을 다해 저항하면 금방 지쳐서 파도가 일렁이는 바다 속에 남게 될 것이다.
나는 처음에 이 이야기를 분노에 적용해보았다. 무엇 때문에 내가 매우 화가 났을 때, 속에 묵혀두지 않고, 또 문제를 해결하거나 나를 열 받게 한 사람과 대면하지 않고 그 대신 수건 하나를 있는 힘껏 비틀면서 내가 만들 수 있는 최고로 화난 얼굴을 만들었다. 파도가 한 번 부서지고 나니 나는 다시 한 번 마음을 안정시키고 나를 이렇게 화나게 만든 이 상황을 해결하기 위해 할 수 있는 일이 있는지 살펴볼 수 있었다.

여기서 마티니는 감정을 인정하고 자신을 안정시키는 기술을 선보인다. 자신의 감정을 온전히 경험하고 직접적으로 다루면서 그는 관계성을 유지하고 자신답게 행동할 수 있었다. 그렇지 않았으면 몇 시간, 며칠 혹은 몇 주 동안 분노로 사람들을 대했을 것이다. 바바라 문 Barbara Moon은 그녀가 쓴 소책자 *Reframing Your Hurts* 당신의 상처를 재구성하라에서 이러한 과정이 필요한 사람들을 위해 여섯 가지 불쾌한 감정들을 인정하는 법을 배울 수 있는 간단한 방법을 제시한다.

기쁨을 회복하는 일은 감정을 인정하는 것에서 한 발짝 더 나아간다. 우리는 이제 감정을 느끼는 동안에 다른 사람들에게 잘 반응하는 법을 배웠기 때문에 그 감정이 없어질 때까지 기다릴 필요 없이 감정 관리 능력을 회복할 수 있다. 기쁨을 회복할 때 우리는 즉각적으로 다른 사람과 더 나은 관계를 세우기 위해 내가 지금 느끼고 있는 실제적인 감정을 사용한다. 이제 기쁨을 회복하는 것이 어떻게 여섯 가지 불쾌한 감정들에 작용하는지 살펴보도록 하자.

먼저 "우리가 행복할 때만큼 화가 났을 때에도 내가 당신을 귀하게 여기듯이 느끼고 행동으로 보여줄 수 있다"라고 말하는 것이 어떤 것인지부터 시작해보자.

분노로부터 기쁨 회복하기 :
내가 제대로 이해하고 있는지 어디 봅시다

리더들은 자주 화가 난다! 무능력함에 화가 나고 목표로 가는 길이 막힐 때 화가 난다. 직장 동료, 고객, 상사, 심지어 자기 자신 때문에 화가 난다. 우리를 화나게 만드는 것은 정말이지 끝이 없다. 분노에서 기쁨으로 돌아가는 방법을 모르면 분노라는 강한 감정 없이는 어떤 일이든 끝내기가 어려워진다. 자신과 다른 사람들에게 동기를 부여할 때 분노에 의존하게 된다.

분노로부터 기쁨을 회복하는 것은 단순히 분노를 없애버리는 것이 아니라 내가 화가 났을지라도 관계성을 유지하고 나 자신답게 행동하는 것을 말한다. 이 기술이 있으면 내가 당신과 함께 있어 기쁠 때만큼 화가 났을 때에도 여전히 당신을 귀하게 여길 수 있다.

> 그가 불평하는 중간에 나는 더 이상 그의 말을 듣지 않고 반격할 계획을 세우기 시작했다.

부모로서 내가 분노에 의해 조종당할 때 아이에게 무엇이 최선이 방법인지 생각하기보다는 내 감정을 통해 결과를 얻으려고 할 것이다. 목사나 관리자들도 마찬가지다. 분노가 나를 조종하면 당신과의 관계가 요점이 되기보다는 내가 얼마나 화가 났는지 당신에게 표출하면서 당신이 야기한 문제를 시정하거나 회피하고자 한다. 나는 이렇게 생각하거나 말할 것이다. **도대체 무슨 생각으로 그런 거야? 도대체 왜 그러는 거야? 당신이 지금 얼마나 곤란한 상황에 있는지 알기나 해? 당장 내 사무실에서 나가!**

성숙한 리더(그리고 부모)는 자신을 안정시키고 관계를 문제 위로 끌어올릴 수 있다. 관계를 끊어버리고 분노를 이용해 원하는 결과를 얻기보다는 자신의 분노를 인정하고 상대를 여전히 귀히 여기며 관계적 맥락에서 문제를 대한다.

내Marcus가 시카고 지역의 한 교회에서 간사로 일할 때, 좋은 친구면서 동료인 한 사람과 열띤 대화에 끼게 되었다. 그는 내 화를 '부추기고' 있었고 나는 부당하게 비난받고 있다는 느낌이 들었다. 불공정한 처사임을 감지한 나는 너무 화가 나서 귀가 빨개지면서 어깨에 힘이 들어가고 뒷목이 뻣뻣해지는 것을 느꼈다. 그가 불평하는 중간에 나는 더 이상 그의 말을 듣지 않고 반격할 계획을 세우기 시작했다. 이것이 내 관계적 회로가 끊기고 뇌의 패스트 트랙을 버리고 슬로우 트랙인 문제 해결에 초점을 맞추고 있다는 확실한 신호였다.

그 순간 어떤 목사님이 최근에 해준 말이 생각났다. "다음번에 화가 나면 멈추고 들어보세요. 그러면 내면에 고요하고 조용한 음성이 피할 길을 보여줄 겁니다. 그 음성을 듣는 연습을 해 보세요." 내 분노는 극에 달해 심장은 미친 듯이 뛰었고 아드레날린이 솟구치는 상황에서 나는 멈춰서 들어보라고 한 그 조언이 떠올랐다. 그래서 마음속으로 아주 '영적인' 기도를 드렸다. "알았어요, 알았다고요."

하나님은 내가 무슨 말을 하는지 아셨다. 나는 분통을 터뜨리지 않고 다른 길을 가라는 조언에 마음이 열려 있음을 알려 드리고 있었다. 그 즉시, 한 성경 구절이 마음속에 떠올랐다. 야고보서 1장 20절이었다. "사람이 성내는 것이 하나님의 의를 이루지 못함이라" 처음에는 이 구절이 어디에 나오는지 기억 나지 않았다. 이런 생각을 하는 중에 실제로 친구와의 언쟁에서 생각이 멀어졌다. 그때 기억이 났다. 내가 5학년 때 외웠던 구절이었다. 하나님이 내가 분노에 이끌리는 것을 원하지 않으신다는 사실은 자명한 일이었지만 나는 여전히 화가 나 있었다. 그래서 나는 마음속으로 "좀 더 자세하게 말해주시면 안 될까요?"라고 기도했다. (이렇게 기도한 것이 자랑스럽진 않지만 그땐 어쩔 수가 없었다!) 하나님은 자비하셨다. 다른 구절이 내면에 떠올랐다. 잠언 15장 1절 말씀이었다. "유순한 대답은 분노를 쉽게 하여도 과격한 말은 노를 격동하느니라" 하나님은 실제적으로 나에게 더 자세한 답을 주신 것이었다. 이 상황에서도 내가 이 친구와 기쁨을 느낄 때처럼 유순한 대답을 하는 것이 나다운 행동이었던 것이다.

하나님과 소통하기 위해 잠시 멈춰섬으로 내 관계적 회로는 재가동되기 시작했다. 이렇게 나는 '상호적 마음 상태'를 경험하게 되었고 (이에 대해서는 책의 초반에 논했다) 그 안에서 나의 생각을 하나님의 생각에 일치시킬 수 있었다. 마지막 결론은 하나님이 내가 그 친구와 관계를 유지할 수 있게 도와주셨다는 것이다. 분노를 쏟아내기보다 유순한 대답으로 대응하면서 함께 상황을 정리하고 문제를 관계보다 더 크게 유지할 수 있었다.

하나님은 만약 내 분노가 내가 누구인지를 잊게 놔두면 이 관계를 잃게 될 것임을 명확히 보여주셨다. 친구는 나를 용서해주기는 하겠지만 다시는 나를 신뢰하지 않았을 것이다.

내 관계적 뇌 회로가 다시 켜지고 내 마음이 하나님과 일치하게 되면서 그 친구에게 이렇게 말했다. "내가 제대로 이해했는지 한번 봅시다. 지금 아주 큰 문제가 있고 기본적으로 그 문제가 다 내 탓이라고 이야기하고 있군요." 그 친구는 펀치를 맞은 듯 한발짝 물러났다. 그는 멈춰서서 말했다. "그렇게 들리기도 하는군요. 내가 그저 너무 짜증이 나서 모든 것을 당신에게 쏟아부었나 봅니다. 미안합니다." 이렇게 우리는 우리의 관계를 회복하고 문제를 해결하기 위해 함께 노력했다.

두려움으로부터 기쁨 회복하기 :
나 내일 설교 못하겠어요. 나 대신 설교 좀 해주시겠어요?

어떨 때는 내가 두려워하는 사람을 대면하는 것이 어려울 때가 있다. 또는 모든 것이 무너질 것 같은 위협을 맞이하면서 사람들을 만나야 하는 것이 도전이 될 수도 있다. 또 다른 때는 실패에 대한 두려움을 건드리는 상황을 마주해야 하는 것이 힘들 수 있다.

켄트는 캘리포니아주 오렌지카운티에 위치한 한 교회의 원로 부목사로 하나님을 사랑하고 사역지에서 열심히 일하는 목사이다. 하지만 예전에는 기저에서 소용돌이치는 불안과 우울증을 가지고 살고 있었다. 몇 년 전, 주님은 그의 두려움과 슬픔의 뿌리 깊은 문제들을 치유하기 위해 그의 삶에서 일하기 시작하셨다.

켄트는 '인생모델'을 소개받았다. 그 후, 그의 삶은 '기쁨을 세우는 것과 기쁨의 리듬 그리고 우리 삶의 평강에 대한 개념을 접하고 나서 급진적으로 영향을 받게' 되었다. 최근에 일어난 한 사건을 통해 이 훈련이 어떻게 그가 자신이 그렇게도 피하려 했던 두려움을 이용해 관계를 향상시키고 기쁨을 회복하는 것에 도움을 주었는지 잘 알 수 있다. 켄트는 말한다.

우리 원로 목사님이 이스라엘에서 돌아오셨는데 몸이 좋지 않으셨다. 토요일 밤 8시인가 9시쯤 나는 그분으로부터 전화 한 통을 받았다. 목사님은 "내가 내일 설교를 못할 것 같습니다. 나 대신 설교 좀 해주시겠습니까?"

과거의 나였다면 밤을 절반 새워가면서 이것저것 끼워 맞춰 스트레스 엄청 받아가며 연기자 모드로 강대상에 섰을 것이다. 하지만 이번에는 달랐다. 목사님께 전화를 받으면서도 나는 자신을 안정시키고 목사님을 긍휼이 여기는 마음으로 전화를 받을 수 있었으며 어떻게 해야 할지 주님께 구했다. 그리고 하나님께서 알겠다고 대답하라고 하심을 들었다. 그 순간 하나님이 나와 함께하신다는 것을 강하게 느낄 수 있었다.

켄트가 하나님과 목사님 모두와 관계를 유지한 것에 주목하라. 일반적으로 우리 안에 두려움이 엄습하면 사람들은 다른 이들에 대한 관심이 없어지고 자신이 처한 곤경만을 생각하게 된다. 이 경우에 켄트는 동료 목사님에 대한 긍휼의 감정을 유지하고 아픈 와중에 여행해야 하는 것이 얼마나 괴로운 일인지를 공감할 수 있었다. 또한 하나님과도 관계를 유지하면서 그분의 임재로부터 위로를 얻었다. 두려움에 의해 조종당하기보다 기쁨을 회복한 결과 켄트의 이 경험 전체에 변화가 일어났다. 그의 이야기는 다음과 같이 이어진다.

나는 설교의 윤곽을 짜지 않고 내가 어떻게 대화식으로 간단히 감사를 연습하게 되었는지 이야기하기로 마음먹었다. 내가 이때까지 설교를 준비했던 것 중에 가장 재미있는 시간이 되었다. 회중의 반응은 뜨거웠고 이에 가속도가 붙어 11월 한 달을 대화식 감사를 실천하는 달로 만들었다. 지난 5년 동안 배운 것을 토대로 나 자신에게 진실되고 긴장하지도 않고 진심을 다해 설교를 할 수 있었다. 이는 원로 목사님에게도 영향을 미쳤다. 목사님도 이 움직임에 바로 참여하여 그 한 달 동안 계속해서 대화식 감사를 주제로 설교했다.

아버지, 무서워하는 것 알고 있어요

내 Jim 아버지는 100세 넘게 사셨고 마지막 10년을 우리와 함께 지내셨다. 결코 쉬운 일은 아니었다. 돌아가시기 전 몇 달 동안 우리는 두려움, 절망, 좌절, 혐오감, 슬픔 그리고 수치심의 시간을 경험했다. 하지만 기쁨을 회복하는 패스트 트랙 훈련을 한 덕분에 이 모든 감정들을 이용해 더 나은 관계를 세울 수 있었다. 몇 개의 짧은 장면으로 기쁨을 회복하는 것이 얼마나 단순한지 설명하고자 한다.

수치심 – 호스피스 간호사들은 자신들이 어려운 시기를 보내고 있는 가족들을 도와주고 있다는 것을 잘 알고 있기 때문에, 할 수 있는 한 가장 밝은 얼굴을 하고 집에 찾아온다. 어느 날 내가 문을 여니 간호사가 세 시간이나 늦은 것에 대해 사과하며 갑자기 눈물을 흘리기 시작했다. "오늘 모든 일이 꼬였어요. 사람들은 나에게 화를 내고 교통 체증까지… 울어서 죄송해요." 간호사는 가방을 뒤지며 말했다.

"당신이 찾아가야 할 다음 집이 우리였다니 참 다행이네요." 나는 문을 활짝 열며 말했다. "당신은 도와주려고 열심히 노력하는데 사람들이 기뻐하지 않으면 참 힘들겠어요."(수치심은 기쁨의 반대 개념이므로 수치심이라는 말 대신 "당신을 기뻐하지 않다"라고 말하는 것은 듣는 사람이 감정을 숨기고 있을 때 안 좋은 반응을 보이지 않게끔 말하는 방식이다.) "들어오세요. 여기 휴지 있습니다." 마침 그녀는 가방 안에서 휴지를 찾았고 살며시 미소 지으며 휴지를 꺼냈다.

"당신이 방문하는 사람들을 도와주기 위해 얼마나 노력하고 있는지 알고 있어요. 우리 아버지를 대할 때 세심하게 간호해주는 것을 감사하게 생각해요." 그러고는 그녀 안에 있는 사람들을 돌보는 정체성에 대해 좀 더 자세하게 덧붙였다.

그 후, 이 간호사는 매번 새 동전같이 환하게 웃으며 집으로 들어왔다. 그녀는 약간 뻣뻣했던 모습을 벗어버리고 아버지를 훌륭하게 보살폈다.

두려움 - 아버지는 응급구조원들과 의사가 응급실로 들어왔을 때 숨쉬기 위해 애를 쓰고 있었다. 아버지는 겁이 난 것처럼 보였고 불안정한 심장 모니터를 보고 있던 나에게도 두려움이 몰려왔다. 그때 영적으로 민감한 딸 아이린이 도착했다. 아이린은 눈앞에서 죽음의 문턱에 있는 아버지의 모습을 보고 잔뜩 겁을 먹고 있었다. 그녀는 아버지의 한 손을 잡고 또 다른 손으로 내 손을 잡았다. 내가 말했다. "아버지, 무서운 거 알아요. 숨을 못 쉬면 누구나 무서울 거예요. 아이린이 여기 있어요. 그리고 아버지가 혼자가 아니어서 다행이에요. 아이린이 의사들이 조치를 취할 때까지 기다리면서 아버지가 제일 좋아하는 시편 말씀을 읽어줄 거예요."

> "네가 함께
> 있어줘서
> 참 좋네"라고
> 말했다.

헐떡이는 숨소리, 불안정한 심장 박동, 삑삑거리는 기계 소리에서 느끼는 두려움 속에 우리가 함께 있다는 것, 이러한 시기에 혼자가 아니라는 사실에 기쁨을 되찾았다. 아이린이 성경 말씀을 읽어 나갈 때 우리 셋 다 약간의 안정을 찾았고 이런 두려움의 때에 우리가 누구인지, 또 누구의 소유인지 아는 것으로 위로를 얻었다.

절망과 체념 - "아무것도 효과가 없어." 아버지가 점점 더 침대에서 동요하는 모습을 보이면서 나는 동생 팀에게 말했다. 팀은 방학 기간 동안 우리를 도와주고 있었다. 팀은 호스피스 간호사가 두고 간 약들을 알고 있었고 나는 각각의 약을 먹을 때마다 어떤 증상이 나타났었는지 설명했다. 팀은 마침내 간단한 해결책은 없다는 것을 안다는 눈빛으로 나를 바라보았다.

"네가 함께 있어줘서 참 좋네." 나는 팀에게 말했다. 아버지의 몸부림치는 소리만 들릴 뿐 한동안 우리는 아무 말 없이 조용히 있었다. 적은 말 속에 더 많은 의미가 담겨 있을 때가 있다. 팀이 얼마나 훌륭한 동생이자 아들인지 말할 수도 있었다. 하지만 말로는 상황을 더 좋게 만들 수 없음을 알았다. 우리는 형제라면 절망감을 느낄 때라도 함께 머물고 부모님을 돌봐야 한다는 것을 알고 있었다.

혐오감 – 아버지가 걷지 못하게 된 후에 우리 아들 라미와 제임스는 각각 주말에 와서 할아버지를 돌봤다. 말이 돌보는 것이지 사실은 엉망진창이 된 방을 치우는 것이었다. 때때로 아버지는 옷을 다 벗고 침대에서 빠져나오려고 애쓰는 중에 모든 것을 엉망으로 만들곤 했다. 우리 모두 부인할 수 없는 혐오감 속에서 나는 아들들에게 어떻게 정리하고 할아버지를 돌봐야 하는지 알려줬다. 아이들은 가족이 진정으로 자신의 도움을 필요로 하는 것을 경험해본 적이 없었다. 이후에 두 아이 모두 할아버지를 돌보는 일을 절대 자원해서 하지는 못했을 것이라고 밝혔지만 결국에는 그들에게 좋은 경험이었다고 말했다.

슬픔 – 아버지는 또 옷을 다 벗어 던지고 침대 난간에 두 발로 올라가 있었다. 나는 엉망진창이 된 상황에 화가 치밀어 올랐다. "아버지, 뭐하세요?"

"난 천국에 갈 거야!" 아버지는 대답하며 더 힘껏 애를 썼다.

"아버지, 아니에요." 이 실망스러운 소식을 전하며 내 안에 슬픔이 올라왔다.

"그럼, 여기는 어디지?" 아버지가 물었다.

"여기는 파사디나예요, 아버지." 아버지는 모든 행동을 멈추고 뒤로 푹 주저앉았다.

"오! 파사디나라니. 그건 너무 시시하잖아."

"자, 이제 옷을 입고 산소마스크 다시 끼워드릴게요." 나의 행동으로 아버지가 이 슬픈 순간에도 아버지와 함께 있어 다행이라고 느끼고 있음을 알기 원했다. 그때가 아버지와 내가 아버지의 노쇠해지는 모습을 보는 것이 얼마나 슬픈지 실제적으로 나누었던 유일한 순간이었다. 확실히 파사디나는 시시했다. 그때 우리는 아버지와 아들로서 우리가 누구인지 알 수 있었다. 그리고 더 좋은 하나님 아버지의 두 아들이자 파사디나보다 훨씬 더 나은 천국의 시민이라는 사실을 알 수 있었다. 우리는 슬픔과 더불어 기쁨을 찾았고 사실상 이 말은 어려운 상황에서도 **우리가 행복한 때만큼 당신을 귀히 여긴다**는 것을 의미하는 것이었다.

VCR 작동시키기

VCR에 대한 이야기는 이전 장에서 짧게 다루었다. 우리가 불쾌한 감정들로부터 기쁨을 회복하려면 인증Validation, 위로Comfort 그리고 재형성Repattern하는 기술을 배워야만 한다. 이것은 "내 말을 따라하

Part 2. 레어 리더십 키우기

세요" 같은 식의 학습 방법으로 우리의 뇌가 스스로에게 '말할 수' 있도록 재형성하는 것을 뜻한다. 즉, 우리는 큰 소리를 내어 말하면서 우리의 패턴을 재형성할 수 있다.

인증과 위로의 패턴은 우리와 다른 사람들이 안 좋은 감정에서 기쁨을 회복할 수 있게 도와준다. 인증하기와 위로하기는 대화 속에서도 사용될 수 있지만 우리가 하는 혼잣말에도 필수적이다. VCR 하는 법을 배워보자.

> 감정을 인증하는 것이 그 감정에 동조한다는 의미는 아니다.

인증하기 – 어떤 감정을 인증하는 것은 그 감정에 동조한다는 의미가 아니다. 이는 당신이 ① 감정에 이름을 붙이고, ② 어디서부터 비롯되었는지 인지하며, ③ 그 강도의 정도를 이해할 수 있음을 뜻한다. 누군가 어떤 사태에 대해 화가 잔뜩 나서 내 사무실에 들어올 때 나는 그 사람들이 화를 낼 만한 정당한 이유가 있다고 동조하지 않을 수도 있다. 하지만 나는 여전히 그 감정을 알아보고 그 감정선상에서 그 사람들을 만날 수 있다.

"경영진이 당신의 임금을 삭감해서 매우 화가 나 있군요.(인증하기) 이 상황을 해결할 수 있는지 함께 고민해보면 어떨까요?"(위로하기)

이러한 반응을 할 때 어떤 일이 일어나는지 주목해보자.

- 이러한 반응은 (당신의 감정이 아닌) 상대방의 감정선에서 만난다.

- 그 감정에 명확히 이름 붙일 수 있다.
- 그들이 왜 그렇게 느끼는지 이해하고 있음을 느끼게 해준다. (만약 이해하지 못한다면 원인을 찾기 위해 좀 더 오래 그 사람의 말을 들어보라.)

감정을 인증해주면 상대방은 이해 받고 있다고 느끼고, 그들의 패스트 트랙 엘리베이터가 감정이 동기화되는 3층으로 효율적으로 올라갈 수 있도록 큰 도움을 준다. 인증하기는 우리의 감정을 그들의 감정과 일치시키게 하고 그들이 있는 수준에서 만날 수 있게 도와준다. 사람들은 이해 받고 있다고 느낄 때 당신이 어떤 설명이나 교정을 해주더라도 훨씬 더 마음을 여는 경향이 있다.

인증 과정을 건너뛰고 교정으로 바로 들어가면 언쟁에서 이기고 의견 충돌은 불식시킬 수 있지만 관계에 손상을 입히고 주변 환경을 더 유해하게 만들게 될 것이다. 인증하는 것을 건너뛰는 것은 문제를 관계보다 더 중요시하는 사람들이 저지르는 전형적인 실수다.

인증하기는 다른 사람뿐 아니라 자신에게도 써야 하는 기술이다. 우리가 하는 혼잣말에서도 인증하기는 중요한 역할을 한다. 우리 자신을 인증하는 것은 간단히 말해서 우리가 회복해야 할 시점을 발견하는 것이다. 예를 들어 아래와 같이 혼잣말을 해보는 것이다.

"맞아. 나 지금 좀 화가 났어."

"누군가 네가 틀렸다고 해서 수치심을 느끼고 있구나, 그렇지?"

"스티브와 리사가 또 싸웠다는 소리를 듣고 나와 교회 간부들은 절망감을 느꼈어.”

나Marcus는 언젠가 한 대형교회의 리더들과 함께 일한 적이 있었다. 그 교회의 리더들은 한 간사의 불륜 문제로 불거진 좋지 않은 상황을 다루고 있었다. (슬프게도 이런 일은 흔히 있는 일이다.) 우리는 인증하기 연습부터 시작했다. 나는 그룹에 있던 모든 사람에게 이 예상치 못한 비극적인 사건에 대해 느끼고 있는 가장 큰 감정을 나누도록 격려했다. 어떤 사람은 충격을 받았다고 말했다. 어떤 이는 깊은 슬픔을 느낀다고도 했다. 다른 사람들은 화가 난다고도 했고 배신을 당한 기분이라고 말하는 이도 있었다. 한 명씩 돌아가면서 감정들을 나누자 긴장감이 완화되는 것을 느낄 수 있었다. 그들은 이러한 깊은 감정을 자신 혼자 느끼는 것이 아니라는 사실을 알게 되어 기쁘다고 고백했다. 15분이 채 안 되어 방 전체의 분위기가 달라졌다. 리더들이 진심으로 자신의 감정을 나누었을 때, 서로 더 연결되고 소망이 있음을 느꼈다. 문제 해결은 시작도 하지 않았는데 말이다.

위로하기 – 인증하기 연습을 한 후 우리는 위로하기 단계로 들어갔다. 이 단계를 시작하면서 왜 이런 일들이 일어나는지에 대한 전형적인 패러다임을 제시했다. 나는 어떻게 공동체가 종종 그들의 리더와 무언의 계약을 맺는지에 대해 나누었다. 그 계약은 한 리더에게 자신들의 책임을 물리고 그에게 힘을 전가함으로써 결국 그를 자신들의 왕으로 만드는 단계로 이루어진다고 설명했다. 어찌됐든, 이런 상황에서는 그 **리더**가 강자가 된다. **그**가 자신들보다 하나님의 음성을 잘 듣는다. 그가 자신들보다 성경을 더 이해한다. 그가 사역에서 더 많은 훈련을 받았고 하나님은 확실히 그의 일을 축복하신다. 이런 식으로 점점 더 많은 힘이 리더에게 전가될수록 관계에 어려움을 겪 게 된다. 그 리더는 동료들이 없기 때문에 점점 소외된다. 곧 많은 이 가 호감을 갖는, 재능 있고 성공한 목사는 왕의 역할을 하기 시작한 다. 그는 아무에게도 대답하지 않고 사람들은 어떤 일이든 그 목사 와 대면하는 것을 두려워하기 시작한다. 이러한 소외감은 그 리더를 나락으로 떨어지게 만든다. 리더가 자신의 짐을 지고 점점 더 소외될 때 사랑스럽고 매력적인 여성이 나타나 그 목사가 행복하기만을 바란 다고 하면 그 유혹에 저항하는 것은 거의 불가능할 것이다.

내가 이러한 관점에서 이야기했을 때 방 전체에 전구가 띵 하고 켜 지는 것을 볼 수 있었다. 사람들은 이 사건이 정확히 그런 식으로 일 어났다고 이야기했다. 그 상황을 해석할 수 있는 패러다임을 제시하 는 것은 그들에게 위로가 되었고 문제를 좀 더 쉽게 다룰 수 있겠다 는 느낌이 들게 했다.

그들은 그 즉시 자신들의 리더십 문화 전체가 이 문제를 야기했음 을 깨닫고 좀 더 실질적인 변화가 필요함을 느꼈다.

그 회의에서 일어난 일을 기반으로 경건한 리더들로 구성된 팀은 자신들의 리더십 문화를 재형성하기 위해 노력할 준비가 되어 있었 다. 리더십의 문화를 재건함으로 좀 더 솔직하고 감정적으로 건강한 환경을 만들고자 하였다. 그렇게 그들은 회복되기 시작했다.

우리 자신과 다른 사람들을 위로하는 우선적인 방법은 다른 관점이나 대안을 제시하는 것이다. 사실상 위로는 문제가 얼마나 크든지 간에 우리의 그룹 정체성이 문제보다 더 크다는 것을 알게 해주는 일이다. 문제가 바뀔 수 없을 때에도 관계와 자원은 여전히 우리를 위해 존재한다. 인증하는 것을 건너뛰고 바로 이 단계로 가고 싶은 유혹이 있을 것이다. 우리 대부분은 그저 문제를 해결하고 감정들이 사라지기만을 바란다. 왜냐하면 관계를 문제보다 크게 보는 것에 익숙하지 않기 때문이다.

재형성하기 – 인증하기와 위로하기가 고통스럽거나 속상한 감정에 대한 반응을 이끌어내는 새로운 패턴이 될 때 재형성이 일어난다. 기쁨을 회복하는 것은 우리가 이 새로운 패턴으로 작동하지 않으면 완성될 수 없다. 인증과 위로를 통해 우리 자신을 안정시키는 법을 배우지 못하면 우리가 문제에 집중하게 되면서 안 좋은 감정들이 더 커지는 양상을 보인다. 인증하고 위로하는 습관을 구축할 수 있다면 기쁨을 빨리 회복하는 것에 도움이 되는 새로운 패턴을 개발할 수 있을 것이다. 이러한 일이 일어나면 내가 느끼는 속상한 감정들이 잠잠해지고 나는 더 관계적인 사람이 될 수 있다.

RARE 리더들은 상대의 감정이 머물러 있는 곳에서 그들을 만나 관점을 변화시키거나 문제를 해결하기 위한 방법을 모색하고 그들 안에 있는 최고의 것을 끌어낸다. 이렇게 일하는 리더는 커다란 문제나 감정에 치이거나 압도당하지 않는, 회복력이 좋은 그룹을 만들어낸다. 자신에게조차 이렇게 하지 못하는 리더는 그룹 또한 변화시킬 수 없다. 그들은 그룹의 감정을 다루기보다 그저 감정들을 피하거나 멈추게 하려고 할 것이다. 어떻든 간에 결국 관계에 해로운 환경을 만들고 만다. 문제가 관계보다 더 커지면 사람들은 자신이 그룹에 속해 있다는 느낌을 받을 수 없다. 리더가 자신답게 행동하지 않으면 따르는 사람들은 어떤 일이 일어나게 될지, 혹은 리더가 얼마나 부정적으로 반응하게 될지 불확실하기 때문에 눈치를 보며 조심하기 시작한다.

가장 중요한 습관

기쁨을 회복하는 것은 리더로서 개발해야 할 가장 중요한 습관이다. 기쁨을 회복하는 리더는 단순히 자신이나 자신의 그룹이 지금 당장 분노, 슬픔, 두려움, 혐오감, 수치심, 절망감을 느낀다고 해서 패스트 트랙의 인도나 그룹 정체성을 세우는 능력을 잃어버리지 않는다. 그 모든 감정들이 존재하는 바로 그곳에서 우리의 그룹이 얼마나 관계를 귀하게 여기는지, 서로에 대해 궁금증을 가지는지, 상처받는 것으로부터 서로를 보호하는지 배우게 된다. 분한 감정이 어디에서 시작되었고 얼마나 커졌는지 정확하게 인증한다. 상황이 어려워질 때 사태의 현실과 관계의 중요성 위에 두 발을 굳건히 세워놓으면 우리는 개인적으로든 그룹으로든 분이 올라올 때 자신을 안정시킬 수 있다. 우리 그룹이 이러한 문제를 어떻게 대면하는지 알아보기 전에 감정을 인증하는 법을 배우면 강한 소속감을 느끼게 할 수 있다.

기쁨 회복하기 기술(우리 둘 중 한 사람 혹은 둘 다 화가 났을 때에도 함께 있음을 기뻐할 수 있는)을 연마하는 과정에서 분명히 당신 내면의 화약고에 저장되어 있는 과거의 상처들을 들여다보게 될 것이다. 이런 문제들을 의도적으로 다루는 것과 당신의 여정에 다른 이들을 포함시키는 것은 투자할 만한 가치가 있는 열매를 맺게 될 것이다.

짐 마티니는 리더십에 관련된 많은 책을 읽었고 많은 세미나에 참석했으며 리더십 코칭 사업도 운영하고 있기 때문에 몇몇 꽤 고단수 리더십 훈련을 소개받았다. 하지만 만약 그에게 지난 20년 동안 그의 리더십과 삶에 가장 크게 영향을 미친 것이 무엇이냐고 묻는다면, 그는 여섯 가지 큰 부정적인 감정으로부터 기쁨을 회복하는 법을 배운 것이 최상위에 들 것이라고 말할 것이다. 최근에 보내온 메일에서 그는 다음과 같이 썼다.

나는 짐 와일더가 기쁨을 회복하는 것이 첫번째 임무, 최우선 순위에 있다고 말했던 날을 아직도 기억하고 있다. 그가 처음 이 이야기를 했을 때 나는 내 기도 시간을 오전 11시쯤으로 맞춰 놓기 시작했다. 거의 매일 그 시간대가 되면 어김없이 상황이 잘못 돌아가서 내 심기를 불편하게 할 만한 일들이 생겼기 때문에 기쁨을 회복하는 데 확실히 도움이 필요했다. 짐이 이것을 말해주지 않았다면 나는 그저 분한 마음을 몇 날 며칠 계속해서 품고 있었을 것이다. 만약 그랬다면 더 이상 "능력과 사랑과 절제하는 마음"(딤후 1:7)으로 일할 수 없었을 것이었다. 이것이 나를 괴롭게 하고 나와 소통하는 사람들에게 나쁜 영향을 미치며 내가 나쁜 결정을 내리거나 내가 인도하고 있는 사람들의 감정 계좌에 저축된 신뢰의 잔고를 심각한 수준으로 낮추게 될 수도 있었을 것이다.

RARE 리더들에게 기쁨을 회복하는 일은 첫 번째 과녁을 꿰뚫는 일이고 그룹 정체성을 세우는 방법이다. 하지만 생각해보면 우리 삶의 얼마나 많은 부분이 불행한 감정들로 다시 돌아가는가? 우리가 두려움, 분노, 수치심, 혐오감, 슬픔 그리고 절망을 회피하기로 결정을 내린다면, 혹은 내부에서 또 주위에서 이러한 감정들이 쌓여간다면 우리는 어떤 리더가 되겠는가?

1. 이 장에서 다룬 기쁨을 회복하는 이야기 중 어떤 것이 가장 당신과 관련이 있었는가? 그 이야기들 중 공감할 수 있는 이야기가 있었는가? 여섯 가지 큰 부정적 감정들 (분노, 두려움, 슬픔, 수치심, 혐오감, 절망) 중에 당신에게 가장 힘든 감정은 무엇인가?

2. 여섯 가지 큰 부정적 감정들 중에 당신의 직장 환경에서 가장 지배적으로 나타나는 감정은 무엇인가?

3. 이러한 부정적인 감정을 느꼈지만 자신을 인증하고 위로함으로 관계성을 유지하고 당신답게 행동했던 때의 이야기를 나눠줄 수 있는가?

4. 인증하기를 정말 효과적인 방식으로 사용하는 사람을 본 적이 있는가?

5. 누군가 VCR(인증하기, 위로하기, 재형성하기) 과정을 실제로 활용하는 것을 본 적이 있는가? 어떤 식으로 나타났는가?

연습

1. **인증하기**- 이번 주에 다른 사람의 말을 들을 때 인증하는 연습을 하라. 당신의 감정을 건드리는 대화에 끼어 있을 때 의도적으로 다른 사람의 감정을 듣고, 당신의 감정을 이해시키려고 하기보다 그들의 감정을 먼저 인증해보라. 대화 중에 어떤 일이 일어나는지 관찰해보라.

2. **친밀감**- 화가 나는 감정의 기폭제에 불이 붙었음을 알아차리게 되면 멈춰서 이 감정 기저에 뿌리 박혀 있는 기억이 있는지 예수님께 여쭤보고 그것에 대해 무엇을 보여주기 원하시는지 구하라. 종이에 당신의 생각을 적어보라.

3. **정체성 그룹**- 당신이 쓴 것을 그룹이나 동역자에게 나눠라. 당신이 얻은 통찰에 대해 상호작용할 수 있는 기회를 만들어라.

Part 2. 레어 리더십 키우기

고난을
잘 견뎌라

RARE
Leadership

Endure Hardship Well

그룹 용량
넓히기

고난당하는 것을 좋아할 사람은 아무도 없다.

그러나 고난과 부정적인 감정들은 피할 수 없다. 어느 정도는 이것들을 다루어야 한다. 이를 잘 다루는 법을 배우는 사람은 성숙해진다. 이들은 속해 있는 가정과 공동체에 축복이 된다. 이런 사람들은 엄청난 감정 용량을 가지고 있기 때문에 매우 안정적이다. 웬만한 것에는 압도당하지 않기에 사람들의 많은 신뢰를 얻는다. 고난을 잘 겪어내는 용량은 RARE 리더가 되는 전형적인 특징 중 하나라고 하겠다.

누구도 고난당하는 것을 좋아하지 않는다. 예수님께서도 마셔야 하는 고난의 잔을 거두어 달라고 기도하셨다. 하지만 예수님은 고난 앞에서 성숙함의 궁극적인 모델이 되신다. 예수님이 십자가에 달리시면서 어떻게 고난을 잘 견디는 본이 되어주셨는지 몇 가지만 이야기하고자 한다.

- 예수님은 어머니 마리아의 필요를 기억하고 요한에게 어머니를 맡기셨다.
- 자신을 십자가에 못 박은 사람들을 용서하셨다.
- 옆에 함께 달린 강도와 관계를 맺고 그에게 구속자의 역할, 즉 자신의 역할을 하셨다.
- 대적들의 조롱과 모욕을 견디셨다.
- 자신답게 행동하는 것이 어떤 것인지 기억하기 위해 말씀을 사용하셨다.
- 고통 중에도 하나님 아버지와 관계성을 유지하셨다.

그러면 우리는 "그거야 당연히 예수님은 고난을 잘 견뎌내셨지. 하나님의 아들이시잖아"라고 생각하고 싶을 수도 있다. 하지만 이러한 성품은 말씀 전체를 통해 볼 수 있다. 부당하게 두들겨 맞은 바울과 실라가 옥중에서 찬송을 불렀던 것을 떠올려 보거나 히브리서 11장에 등장하는 믿음의 전당에 오른 증인들을 생각해보면 성숙한 사람들은 다른 사람들보다 고난을 더 잘 견뎌낸다는 것을 확실히 알 수 있다.

한 선교사 자녀의 고난

나Jim는 '라 비올렌시아'로 불리는 내전의 시기에 콜롬비아 안데스 산맥에서 자랐다. 상황은 르완다에서 일어난 대량 학살과 비슷했고 이웃 간의 폭력 사태로 이어졌다. 대량 학살과 테러가 많은 사람의 일상이 되었다. 내 삶의 첫 10년간 250,000명이 산악 지역에서 살해당했을 것이라 추정된다.

내가 두 살 때 유행성 전염병이 돌아 중풍으로 쓰러졌다. 고열로 몸의 절반이 마비되었으며 계속해서 넘어지는 것을 방지하기 위해 다리 교정을 해야 했다. 이러한 몸의 기형으로 인해 나는 지금까지도 다리를 절게 되었다. 그 시대 대부분의 선교사 자녀가 그랬듯 나는 홈스쿨에서 육체적·정신적·종교적 학대가 난무하는 기숙사 학교를 왔다갔다했다. 관계를 문제보다 크게 여기는 패스트 트랙 기술이 부족했던 선교사 리더들은 아이들을 '좋은 크리스천으로 만들기' 위해 처벌에 의존했다. 왕따 주도자부터 학대자까지 그 당시에는 가장 지독한 폭력을 제외하고는 이 모든 것이 '정상'인 것처럼 보였다.

기숙사 학교에 있던 어느 날 밤, 횃불을 든 폭력배들이 우리 앞 길거리를 장악했다. 어린아이였던 우리는 어둠 속에 숨어 창문 밖을 바라보며 조용히 기도했다. 우리는 이 폭력 단체가 횃불과 마체테(날이 넓고 무거운 칼)를 들고 밖에 서서 가까운 교회와 그 안에 있던 사람들 모두를 불태워버렸다는 것을 알고 있었다. 나는 내 다리로는 도망갈 수 없다는 것을 알았지만 내 마음은 '내 어린 남동생을 어떻게 구할까'에만 쏠려 있었다. 한 시간쯤 지나서 무리는 길 아래로 내려갔고 잠에 들었다 깨기를 반복하며 불편한 밤을 보냈다.

우리 부모님은 그들의 사역에 매우 헌신적이셨지만 두 분 다 기쁨이 거의 없는 유년 시절을 보내셨다. 아버지는 크리스천으로 개종하고 선교사가 되기 전에 지역 갱단에 속해 있었다. 어머니는 뇌에 심각한 결함이 있어 실제적으로 유머 감각이 전혀 없고 기쁨의 용량이 매우 낮았다. 하지만 이런 결함에도 불구하고 어머니는 2000명 이상의 여자들과 어린아이들의 삶을 어루만지고 그들에게 사랑받았다. 하지만 두 분 다 기쁨으로 사는 법을 배우지 못한 채 삶에서 극심한 고통을 겪어야만 했다.

오늘날, 내가 기쁨에 대해 가르칠 때 어떤 사람들은 삶이 언제나 재미있고 행복해야 한다고 이해하기도 한다. 내가 말하는 기쁨은 그런 뜻이 아니다. 기쁨은 고통을 회피하는 방법이 아니다. 기쁨은 우리가 고난을 잘 견뎌낼 수 있게 해주는 힘이다. 기쁨은 고통 중에서도 우리가 혼자가 아니라는 사실과, 우리와 고난을 함께 나누는 사람들이 상황이 어려워질 때 우리가 누구인지 기억할 수 있게 해준다는 사실을 확증해준다.

용량 : 얼마나 많은 스트레스를 감당할 수 있는가?

감정적 용량은 뭔가 폭발하거나 '멘탈이 붕괴'되기 전에 감당할 수 있는 스트레스의 양을 의미한다. 감정적 용량을 이해하기 위해 다리를 생각하면 도움이 될 것이다. 1800년대 말과 마차를 위해 만든 지

붕 있는 다리는 수백 대의 차와 트럭을 지탱해야 하는 현대의 다리와 같은 용량을 가질 수 없다. 아름답고 통나무로 간소하게 만든 다리는 트럭을 감당할 만한 구조적 짜임새를 가지고 있지 않다. 이와 마찬가지로 여덟 살 아이에게 맡길 만한 일을 어린아이에게 요구하지 않는다. 그리고 부모가 해야 하는 일을 여덟 살 아이에게 맡기지도 않을 것이다. 감정적 용량이 넘치면 트라우마가 생기고 고난을 잘 견뎌내는 능력이 저해된다.

감정적 용량은 트라우마와 직접적으로 연관되어 있다. 트라우마는 용량을 발달시키는 것을 방해한다. 예를 들어, 식물에게 강한 충격을 줘서 그 성장을 저해하려면 어떻게 하면 될까? 간단한 답은 '물을 주지 않는 것'이다. 식물에게 물을 너무 적게 줬을 때의 결과는 누구나 알 수 있다. 이와 같이, 아이들에게 좋은 것을 주지 않으면 그들에게 정신적 외상을 초래할 수 있다. 아이들이 자라면서 무조건적인 사랑과 충분한 포옹, 필요한 멘토링과 그 과정 중에 놓칠 수 있는 다른 수천 가지의 좋은 것들을 받지 못하면 감정적 성장에 방해를 받는다. 여기에서 요점은 꼭 학대를 받지 않아도 성숙도를 발달시키는 데 큰 구멍이 생길 수 있다는 것이다.

이러한 시각에서 바라본다면 우리 모두는 어느 정도 결함이 있다고 할 수 있다. 그 누구도 좋은 것이 100% 충족되는 완벽한 양육 방식으로 자라지 않았기 때문이다.

누구도 완벽한 양육 방식으로 자라지 않았다.

이는 또한 누구나 어릴 때 성장하는 과정 중에 저해된 삶의 어떤 부분에서 더 자라야 할 필요가 있

음을 의미한다. 한 구절을 인용하자면 우리 모두는 '미완성'이다.[1]

리더들이 당면하는 많은 문제들은 해결되지 않은 트라우마 때문에 감정적 용량이 부족해진 것과 직접적인 연관이 있다. 이런 일이 벌어지면 성숙이 진행되는 것도 쉽게 멈춰버린다. 이렇게 되면 우리는 책임 있는 위치에서 혹은 어느 삶의 단계에서 필요한 성숙의 수준으로 살지 못하게 된다.

아버지, 어머니 그리고 장성한 자

'인생모델'은 내Jim 지도 하에 캘리포니아에 본부를 둔 상담 사역장 '셰퍼드 하우스' Shepherd's House 팀이 개발했다. '인생모델'에서는 성숙도를 유아기infants, 아동기children, 성인기adults, 부모기parents, 노년기elders 이렇게 나누어서 설명한다. 하나님이 설계하시고 인간의 경험 내에 세워지는 발달의 자연스러운 과정이 있다.

모든 것이 잘 이루어지면, 우리는 자연스럽게 진보하고 성숙의 한 단계에서 그다음 단계로 행복하게 넘어갈 수 있다. 하지만 이 과정이 학대나 방치로 인해 방해를 받을 경우 엄청난 방향으로 '어긋날 수' 있다. 감정 발달이 유아기나 아동기에 멈춰 있는 리더는 짜증을 많이 낼 뿐 아니라 다른 사람들에게 짜증의 원인이 된다.

사도 바울은 종종 사람들을 유아, 젊은이, 부모 그리고 장성한 자로 불렀다. 바울은 고린도전서 4장 15절에 "그리스도 안에서 일만 스승이 있으되 아버지는 많지 아니하니"라고 썼다.

수년간 나Marcus는 이 말씀이 전도와 관련된 말씀이라고 배워왔다. 설교자들은 고린도 교인들이 사람들을 그리스도께로 인도하여 어린 영혼들에게 아버지 노릇을 해야 하는데 그렇게 하고 있지 않다는 의미에서 '아버지'가 없다고 하는 말씀이라고 가르쳤다. 이러한 설명에도 일리가 있지만 사도 바울이 말하는 더 큰 그림을 놓치고 있다. 사도 바울은 단순히 사람들을 그리스도께 인도하여 그의 영적 허리띠에 표시를 새겨놓으며 그 수를 세고 있지 않았다. 그는 영적 가정을 세웠다. 그는 많은 자녀를 둔 아버지였다. 그는 이 자녀들과 관계를 맺고 영적 아비로서 멘토가 되어 주었다. 바울은 고린도 교인들에게 영적 자녀들과 중요한 관계를 맺은 성숙한 리더가 부족하다고 말하고 있는 것이다.

이 말씀에서 바울은 '교사'와 아버지를 대조한다. 교사라는 말은 원래 로마 귀족들의 자녀를 가르치던 노예를 뜻하는 말이었다. 바울은 고린도 교인이 일만 교사 노예를 가지고 있지만 '아버지'는 부족하다고 썼다. 고린도 교회에는 젊은이들이 소속감을 느끼고 하나님의 자녀로서의 새로운 정체성으로 살아간다는 것이 어떤 의미인지를 배울 수 있는 '영적 가정'을 창조할 만한 성숙한 사람들이 부족했다.

이에 대한 사도 바울의 해결책은 디모데를 고린도 교회로 보내는 것이었다. 디모데는 바울이 신앙으로 낳은 '아들'로서 영적 가족을 세우고 자라게 하는 법을 알고 있었다. 디모데는 고린도 교인들에게 바울이 어떻게 예수 그리스도 안에서 살아가는지 상기시켰다. 다시 말해, 디모데는 고린도 교인들이 모방할 수 있는 성숙의 모델이 되었다.

또한 약자와 강자가 함께 살아가는 다세대 공동체를 만드는 것을 도왔다.

오늘날 교회는 아버지, 어머니, 장성한 자들이 절실히 필요하다. 이들은 인생 경험이 많고 자신답게 행동하기 위해 하나님과 동행하며 문제보다 관계를 중요시하고 고난 중에도 하나님과 친밀하게 걸어가는 모델이 되어줄 수 있는 사람들을 의미한다. 최근에 나_{Marcus}는 오클라호마시티의 한 여성 모임에서 이 모델에 대해 나누었고 그들은 이를 마음으로 받아들였다. 그들은 자신들의 리더를 '어머니' 그리고 '여성 가장'이라고 불렀다. 어머니들은 몇 명의 젊은 여성들을 '입양'해서 함께 살아가고 관계에 대해 멘토링 하는 시간을 가졌다. 여성 가장들은 이 어머니들과 비슷한 관계를 형성했다. 그 결과, 사람들의 삶을 변화시키는 강력한 정체성과 소속감으로 촘촘히 짜인 가정이 만들어졌다.

감정적 성숙의 다섯 단계[2]

'인생모델'에서 가르치는 감성적 성숙의 다섯 가지 단계를 좀 더 자세히 살펴보도록 하자.

유아기 성숙 – 아기들은 스스로 돌보는 방법을 모른다. 하지만 자신들이 심사가 뒤틀렸다는 것을 알리는 데에는 매우 능하다. 아기들은 모든 가능한 방식으로 어떤 상황에서든 낑낑거리고 칭얼거리며 울음을 터뜨린다. 무엇이 문제이고 어떻게 해결해야 하는지는 당신이 알아내야 한다. 아기들이기 때문에 하는 행동이다. 아기들이 울거나 야단법석을 떨면 우리는 무엇이 문제인지 머릿속의 체크 리스트를 훑는다. 배가 고픈가? 기저귀를 갈아줘야 하나? 이가 간지럽나? 낮잠 잘 시간인가? 아기들은 무엇이 잘못되었는지 어떤 소통도 하지 않는다. "엄마, 기저귀 좀 갈아주세요!" 혹은 "아우, 이가 아프네!" 이런 식으로 말하지 않는다. 무엇이 문제인지 말하지 못하고 그저 난리칠 줄만 안다.

유아기 성숙에 막혀 있는 어른들도 이와 같다. 70대가 되어도 감정적 용량과 관계적 기술이 유아기 수준밖에 되지 않을 수 있다. 마치 커피가 떨어졌다고 툴툴거리며 머그잔을 흔들어 대는 할아버지같이 말이다. 그는 "누가 커피 리필 좀 해주시겠어요?"라고 말로 표현하지 못한다. 그저 자신이 짜증났다는 것만 알게 할 뿐이다. 말을 하더라도 이런 식으로 한다. "도대체 여기 리필 받으려면 어떻게 하라는 거야!" 문제(비어 있는 머그잔)를 이와 관련된 관계보다 더 크게 보는 것이다. 그에게 중요한 건 자신이 짜증이 났다는 것과 그 누구도 이 문제를 해결하기 위해 아무것도 하지 않는다는 사실이다.

유아기 성숙 단계에 있는 리더는 위의 빈 커피 잔을 들고 있는 노인과 같을 수 있다. 그들이 잘하는 유일한 한 가지는 자신이 얼마나 화가 났는지 표현하는 것이다. 아무도 그런 상사를 짜증나게 하고 싶어 하지 않지만 무엇이 그를 화나게 하는지도 절대 알 수 없다. 유아기 리더들 주변 사람들은 그의 심사를 읽어내야 하고 그들이 원하는 바를 예측할 수밖에 없다. 왜냐하면 그런 리더들은 자신이 뭘 필요로 하는지 어떻게 문제를 해결해야 하는지 말해주지 않을 것이기 때문이다. 또 자신이 문제로 느끼는 부정적인 감정을 당신에게 예의 있게 대하는 것보다 우선시할 것이 뻔하다.

아동기 성숙 – 어린 시절에 아이들은 스스로를 돌보는 법을 배우게 된다. 자신의 기술 역량을 넓히고 주위 세계를 탐색하는 시기이다. 이러한 방식으로 세상에서 자신의 자리를 파악하고(정체성) 그들의 사람들이 누구인지(소속감과 정체성) 그리고 그들의 필요를 채우기 위해 자신답게 행동하는 것이 어떤 것인지 배우게 된다. 한편 어린이는 자신 한 사람만 돌볼 수 있게 되어 있다. 사춘기가 되면 장애가 없는 한 스스로 밥을 먹고, 옷을 입고 필요를 말로 전달할 수 있으며, 일반적으로 자신 한 사람을 돌보는 데 필요한 모든 책임을 질 수 있다.

또한 아동기가 되면 남에게 무엇이 잘못되었는지 말할 수 있게 된다. 아이들에게 부족한 능력은 남과 자신을 동시에 돌보지 못하는 것이다. 그렇기 때문에 어린이는 남이 어떻게 되든 상관없이 자신을 돌보는 것으로 초기화된다. 아동기 단계의 용량을 가진 사람은 "누군가 나에게 커피 좀 갖다 줬으면 좋겠어. 누군가 이 서류들 좀 처리해줬으면 해. 나는 x, y, z라는 문제를 해결해주는 사람이 필요해." 이렇게 즐겨 말한다. 이들은 문제를 해결하면서 관계성을 유지하는 일은 잘 하지 못한다.

아동기 리더는 자신을 돌보는 일이나 자신이 원하는 것을 얻어내는 것은 잘 하지만 다른 모든 사람의 필요를 채울 수 있는 환경을 조성하는 일에는 영 능력을 발휘하지 못한다. 그런 상사는 자신이 원하는 것을 얻지 못하면 다른 모두가 그 대가를 치러야 한다고 여긴다.

또 다른 아동기에 있는 리더는 역할이 뒤바뀌기도 한다. 한 사람만이 돌봄을 받고 그 외의 사람이나 자기 자신을 돌보는 것조차 제외된다. 다시 말해, 필요한 한 사람을 돌보기 위해 자신, 가정, 관여된 모든 사람을 희생한다는 것이다. 우리가 그룹으로 일할 때 어떻게 하면 모든 이의 필요를 채울 수 있을까에 대해 당연히 고민하는 것과 현저히 대조적인 현상이라고 할 수 있다.

> 대부분의 교회에는 재능 있는 사람들이 충분히 많다. 하지만 어떤 공동체든지 당면한 문제들 속에서도 잘 사랑할 수 있는 성숙한 리더에 주려 있다.

성인기 성숙 - 성인들은 관계를 문제보다 크게 보는 것, 그룹 내에서 자신답게 행동하는 것 그리고 두 사람의 필요를 동시에 채워주는 법을 알고 있다. 성인들은 어느 정도 화가 난 감정으로부터 기쁨을 회복하는 법을 연습해온 사람들이다. 이러한 기술을 갖고 있기 때문에 성인들은 감정적으로 안정적이고 어려움에 봉착했을 때 관계성을 유지할 만한 관계적 교양도 가지고 있다. 성인 단계에 있는 사람이 스트레스를 풀기 위해 중독적 성향으로 돌변하는 경우는 거의 없다.

모래놀이터 리더들은 언제나 이 성인기 성숙이

부족한 사람들이다. 그 결과 자신밖에 돌보지 못하고 심지어 그것조차도 못하는 리더들이 있다. 그들은 자신이 만족하지 않는다는 사실을 다른 사람에게 알리는 일은 잘 한다.

나 Marcus에게는 강한 성인 단계 기술을 가지고 있는 목사이면서 친구가 있어 참 행운이라고 생각한다. 그 목사의 이름은 우디 컴비 Woody Cumbie다. 그는 사람들과 참 잘 지낸다. 나는 우디가 강하고 안정적인 공동체를 만드는 방식으로 팀을 세우고 권위를 위임하는 것을 봐왔다. 몇 주 동안 우리는 리더십 코치를 하기 위해 만났다(이는 그가 맡고 있는 여러 가지 역할 중 하나였다). 여기에서 나는 그가 진정으로 빛나는 것을 목격했다. 우디는 내가 사역에서 대해서 말하는 것을 잘 들어주었고 우리 논의의 다음 단계로 내 생각을 집중할 수 있도록 탁월하게 도와주었다. 덜 성숙한 리더들에게 내 문제와 걱정거리를 가지고 찾아가면 그들은 결국 "아, 나도 그런 문제가 있어요"라고 말하며 회의 전체가 그들의 문제에 초점이 맞춰 진행된다.

우디와 같은 성숙한 리더와 함께라면 그가 관계성을 유지하고 자신답게 행동할 것이라는 사실을 항상 알 수 있다. 그는 자신이 모르는 것을 모른다고 인정하고 내가 다소 큰 감정들과 씨름하고 있을 때에도 내가 있는 수준에서 언제나 기꺼이 만나주었다.

부모기 성숙 – 성인이 관계성을 유지하고, 자신답게 행동하며, 어려운 감정으로부터 기쁨을 회복하는 것을 수년간 연습해왔다면 이제는 더 어려운 도전을 할 준비가 된 것이다. 그것은 바로 부모 역할이다. 부모 단계의 성숙에 있는 사람들은 다음 세대에게 풍족한 삶을 살기 위해 필요한 기술의 본을 보여주고 가르쳐줄 수 있다. 이것이 사도 바울이 고린도 교회에 없다고 말한 부분이다. 고린도 교회에는 영적으로나 감정적으로 (사실 이 둘은 많은 부분에서 같다고 할 수 있다.) 부모 단계의 성숙도를 가진 사람이 없었다.

그 대신 자신의 이익만을 위해 교회 여기저기를 돌아다니며 자신들의 필요가 채워지지 않는 것에 불평불만을 늘어놓는 사람들로 가득했다. 반면 곳곳을 다니며 사랑을 표현하여 그리스도와 더 깊은 동행으로 인도해줄 수 있는 성숙한 사람이 많지 않았다. 교회에는 은사를 받은 사람들은 많았지만 (고전 12장) 성숙한 사랑을 실천하는 사람은 많지 않았다(13장).

무심히 보면 지금도 그렇게 변화된 것이 없어 보일 수 있다. 대부분의 교회는 재능이 있거나 은사를 받은 사람들이 충분히 많다. 하지만 그 어떤 공동체든지 당면하는 문제들 속에서도 잘 사랑할 수 있는 성숙한 리더에 주려 있다.

부모는 아이들에게 자신이 가지고 있는 패스트 트랙 기술을 가르쳐주고 부모가 가족 간의 관계를 삶의 문제보다 중요하게 여기는 것을 어려워하는 시기가 와도 아이들이 추가적인 자원을 찾을 수 있도록 도와줘야 한다.

노년기 성숙 – 부모가 자녀들을 다 키우고 나면 이제는 공동체의 필요를 채워줄 준비가 되어 있을 것이다. 그룹 안에서 부모가 없거나 혹은 있어도 좋은 부모 밑에서 자라지 못한 사람들을 알아보기 시작한다. 노년기에 있는 사람은 이러한 사람들을 자기 날개 아래 두고 '자기 사람'의 일원으로 품어준다. 이를 통해 '재양육' re-parenting이 필요한 사람들은 소속감을 느끼고 살아오면서 놓쳤던 기술들을 멘토링 해줄 수 있는 사람을 얻게 된다.

짐은 남수단에서 한 여성을 통해 노년기의 성숙도를 경험했다. 이 여성은 소년병으로 자라온 젊은이들을 자신의 집으로 받아들였다. 그 여성은 젊은이들을 재양육했고 진정한 그들의 사람이 누군인지, 그들답게 행동하는 것이 무엇인지 배울 수 있도록 도와주었다. 나Marcus는 우리 어머니와 아버지가 몇 년간 수많은 상처받은 사람들을 거두어주시는 것을 목격했다. 65세쯤 되었을 때 어머니는 젊은 여성들을 멘토링 하기 시작했다. 한 주에 한 번씩 10주 동안 여성들과 만났다. 그 시간에 어머니는 그리스도 안에 있는 그들의 정체성을 가르쳐주고 닐 앤더슨의 *The Steps to Freedom in Christ* 그리스도 안의 자유를 얻기 위한 단계에 나오는 단계들을 함께 밟아나갔다. 어머니는 20년이란 세월 동안 400명이 넘는 여성이 자신의 짐을 벗어버리고 그리스도와 더 깊이 동행할 수 있는 토대를 세우도록 도와주었다. 85세의 나이로 어머니가 돌아가셨을 때 많은 여성들이 장례식에 참석하여 그들을 돕기 위해 혼신의 힘을 다한 어머니에게 감사를 표했다.

교회에는 노인들이 필요하다. 노인 사무실을 채워줄 사람들을 의미하는 것이 아니다. 내가 말하는 노인들은 자신의 가족을 다 부양하고 젊은 세대의 멘토가 되어줄 수 있는 인생 경험과 관계적 기술을 겸비한 빈 둥지를 가진 사람들을 가리킨다. 교회가 해야 할 가장 중요한 일 중 하나는 우리의 경험 많은 '인생 베테랑들'이 사람들의 관계적 공백기로 들어와 변화를 만들어주기를 기다리는 것이다.

골프와 성숙

나Marcus는 목사가 된 후 처음 골프를 치기 시작했다. 정말이지 실력이 형편없었다. 가끔 공이 맞아 하늘에 띄워 놓으면 (그런 일은 많이 없었지만) 오른쪽으로 비껴 날아갔다. 교회의 몇 사람이 나를 불쌍히 여겨 제대로 골프채 휘두르는 법을 가르쳐주었다. 나는 종종 점심시간을 이용해 사무실 옆에 있는 필드로 나가서 피칭 웨지(골프에서 근거리를 치는 아이언 클럽 – 역주) 치는 연습을 했다. 연습을 하니 좀 나아지는 듯했다. 나에게 골프를 가르쳐주던 골프 멘토 중 한 명이 말하기를 내가 '자동적으로' 공을 칠 수 있을 정도로 근육이 기억하게 만들려면 골프채를 만 번은 휘둘러야 한다고 했다. 나는 날씨가 대체로 추운 인디애나에 살고 있었기 때문에 멘토는 겨우내 주차장에서 (실제로 공을 치지 않고) 매일 5분씩 스윙을 연습할 것을 제안했다. 이 모든 연습이 차이를 만들어냈다. 골프를 아주 잘 치게 될 정도로 많이 치지는 않지만 적어도 이따금씩 진짜 좋은 샷을 칠 수준은 되었다. 성숙도 골프와 비슷하다. 자신감 있게 칠 수 있을 정도의 능력을 발전시키기까지 골프채를 엄청 휘둘러야 했다. 이와 마찬가지로 고난을 잘 견디기 위한 용량을 키우기 위해서도 엄청난 연습이 필요하다.

그렇더라도 우리는 옳은 일을 연습해야 한다.

몇 년 전 참석했던 데일 카네기 경영 수업에서 나는 이런 문구를 배웠다. "연습은 완벽을 만들지 않는다. 연습은 영구적인 것을 만든다." 정말 말이 되는 표현이었다. 골프에서 스윙을 잘못 연습하면 실전 능력을 키울 수 없다. 미술이나 음악, 삶의 그 어떤 것이든 잘못된 기술을 연습하면 더 발전할 수 없다. 오히려 깨기 더 어려운 나쁜 습관을 형성할 뿐이다. 뇌의 회백질보다 200배 더 빠르게 작동하는 백질을 키우기 위해서는 이 백질을 감정적 미성숙함이 아닌 감정적 성숙의 습관을 중심으로 키우는 것이 중요하다. 이를 위해 우리는 다음과 같이 제안한다.

매일 15분씩 감사하는 연습을 하라. 감사란 간단히 말하면 기쁨의 이유에 머무는 것이다. 하루에 세 번씩 5분 동안 당신을 행복하게 하는 무언가를 생각해보라. 한 잔의 커피일 수도 있고 제일 좋아하는 음식이 될 수도 있다. 어떤 특별한 기억이나 현재 삶 속에서 일어나고 있는 일일 수도 있다. 감사하는 상태로 더 많은 시간을 보낼수록 기쁨 용량이 더 커진다.

때로는 이것이 말처럼 쉽지만은 않다. 만약 매우 짜증이 난 상태에서 이 연습을 시작하면 부정적인 생각들이 3초도 되지 않아 감사하려는 모든 시도를 무너뜨릴 수 있다. 짐은 나Marcus에게 이 훈련을 개발해보도록 하라고 격려했다. 나는 공황 상태에서 매우 강한 감정적 스트레스를 받고 있을 때 '감사 연습'을 해보려고 했던 일을 떠올려보았다. 그때 나는 뜨거운 커피를 시원한 도자기 잔에 담아 손에 들고 손에 느껴지는 느낌이 어떠한지, 천천히 모락모락 올라오는 김과 거기에서 풍기는 행복한 향기를 내가 얼마나 좋아하는지에 집중하려고 노력했다. 이렇게 내가 가지고 있는 좋은 것에 감사하려고 노력할 때 내 뇌가 공격해왔다. 2초도 되지 않아 "이건 바보 같은 짓이야. 커피 한 잔이 어떻게 상황을 바꾸겠어? 내 인생에 있는 문제들과 비교하면 이건 너무 하찮아. 내 문제들에 대한 해결책을 찾는 데 주력해야지. (욕설!) 나는 완전 패배자야. 이건 가망이 없어. 나는 이 방법을 절대 배울 수 없을 거야. 이렇게 하는 것이 무슨 의미가 있어?" 더 많은 욕설이 내 길게 늘어지는 생각들에 더해졌고 감사 연습은 절망 연습으로 바뀌고 말았다.

이 이야기는 왜 이 훈련을 감정적으로 압도된 상황이 아닐 때 하는 것이 중요한지를 보여준다. 다시 돌아갈 수 있는 감정적 토대를 마련해야 하기 때문이다. 실제로 감정의 기폭제에 불이 붙었을 때 원래의 기분으로 다시 돌아가기를 원한다면 이 용량을 불이 붙지 않았을 때 키워야 한다. 결국 고난을 잘 견디기 위해서는 감사의 용량을 넓혀야 한다.

당신의 생각을 하나님의 생각과 일치시켜라. 평안하게 사는 능력은 한 가지에 집중하는 능력과 직접적으로 연결되어 있다. 내 생각이 하나님과 다른 방향으로 간다면 마음이 두 갈래로 나눠져 감정적으로 불안정해질 것이다.

당신의 생각을 하나님의 생각과 일치시킬 수 있는 한 가지 방법은 부정적인 생각이 솟구칠 때 진리라고 느껴지는 신념을 나열한 체크리스트를 만들고 그것에 대해 하나님과 이야기하는 것이다.

나Marcus는 자살 충동을 느끼고 있던 전역한 장교를 만났다. 언젠가 그가 다니던 교회에 강사로 방문했는데 친구들이 와서 나에게 몇 시간만 그 장교를 만나달라고 부탁했다. 우리가 함께 한 연습 중 하나는 기도하면서 그가 가지고 있는 생각 중에 하나님의 생각과 일치하지 않는 생각을 떠올리게 해달라고 구하는 것이었다. 기도를 마친 후, 그는 자신의 마음에 떠올랐던 생각들을 자세히 분석하지 않고 마구잡이로 리스트를 만들기 시작했다.

그가 가지고 있던 생각들의 대부분은 절망감, 죽음, 무능함 그리고 하나님이 자신을 떠났음에 대한 생각들이었다. 나는 그 생각들을 다 적고 그가 한 말을 토대로 체크리스트를 만들었다. 그러고 나서 우리는 리스트를 보고 하나씩 짚어가며 이야기를 나누었다. 나는 그에게 각 대목에 대해 이것이 진리인지 아닌지 하나님께 여쭤보라고 했다. 어떤 신념이 거짓이라고 생각되면 하나님께서 그가 알기를 원하시는 진리가 무엇인지 여쭤보게 했다. 그가 나눈 그다음 생각은 모두 진리라고 선포하는 말씀을 근거로 찾을 수 있는 것이었다.

리스트에 적은 세 번째 거짓을 버리고 진리로 대체하고 나서야 그는 처음으로 미소 지었다. 세 가지 생각을 더 살펴보았을 때 그는 큰소리로 웃기 시작했다. 다시 한 번 자신답게 느끼기 시작한 것이었다.

기쁨을 마르게 하는 것을 찾아보라

당신의 용량을 작게 만드는 것은 무엇인가? 겸손함은 우리의 한계를 인정하는 것이다. 성경은 우리의 약점을 숨기라고 하지 않는다. 포식자에 대한 두려움으로 우리 스스로가 배우는 것이다. 우리의 기쁨을 빼앗아가는 흔한 예시들을 들어보겠다.

- 육체적 문제 - 질병, 수면부족, 운동부족, 나쁜 식단
- 관계적 문제 - 통화 중 혹은 집을 나서기 전 배우자가 보인 태도, 아이들이 존경하지 않음, 동료의 이기심, 사무실 정책
- 해결되지 않은 문제 - 재정적 압박으로 받는 스트레스, 실패에 대한 두려움, 미래에 대한 불안감, 갈등, 너무 큰 기대치
- 최근에 생긴 상실감 - 잃어버린 꿈, 관계, 소유, 평판

우리의 기쁨을 마르게 하는 문제를 인지하는 것은 기쁨을 충전하기 위해 무언가를 해야 한다는 것을 의미한다. 자신에게 쉼을 준다거나 뭔가 창조적인 것을 해보거나 운동을 하는 것도 도움이 된다.

관계적 만남 전에 기쁨을 키워라

누군가를 만나러 가야 할 때, 그 만남을 통해 기쁨을 누릴 수 있도록 스스로 준비하는 연습을 하면 좋다. 나 Jim는 상담소에서 하루 종일 사람들의 문제를 다루고 집에 돌아오는 길에 주기적으로 동네

주차장에 들러서 몇 분간 하루의 근심거리를 한켠에 미뤄두는 시간을 갖는다. 집에 들어서서 아내를 만날 때 행복감을 느낄 수 있도록 정신적으로 무장하는 것이, 내가 아내에게 온전한 관심을 보일 수 있게끔 감정적인 준비를 하는 것이 우리의 관계에 큰 차이를 만들어낸다는 사실을 배웠기 때문이다.

기쁨의 대체물을 피하라

용량은 마치 은행 잔고와 같아서 바닥날 수 있다. 당신의 기쁨 계좌의 잔고가 항상 낮으면 감정을 제대로 사용할 수 없게 된다. 즉, 삶에서 겪게 되는 스트레스 상황을 견뎌낼 용량이 부족하게 될 것이라는 말이다. 이런 일이 벌어지면 우리는 중독이라는 기쁨을 대체하는 다른 무언가에 의지하게 된다.

> 그는 고통을 참아낸 자신에게 "머핀 먹을 시간이다!"라고 외치면서 상을 주었다.

어떤 사람은 음식, 술, 마약, 성적인 것에서부터 TV에 이르기까지 모든 종류의 경험에 중독될 수 있다. 내Jim 친구 에드 쿠리Ed Khouri가 지속적인 고통으로부터 시작된 우울증을 다루는 법을 처음 배우기 시작했을 때 깨달은 것은 자신의 기쁨 대체물이 음식이라는 것이었다. 그는 자신이 머핀을 정말 좋아한다는 것을 깨달았다. 매일 오후 중간쯤 되면 고통을 참아낸 자신에게 "머핀 먹을 시간이다!"라고 외치면서 상을 주었다. 스스로 기분이 좋아지게 하기 위해 이 기쁨 대체물을 즐기게 되었다. 문제는 그가 살이 찌기 시작했고 몸무게가 금세 27킬로그램가량 늘어난 것이었다.

예수님과 만나면서 에드의 내면세계에 변화가 일어났다. 그는 다음과 같이 썼다.

수치심, 증오 그리고 나의 약점에 대한 두려움을 느끼는 대신에 나는 확실하고 완전히 받아들여졌음을 느꼈다. 내 정체성은 부당함, 두려움, 수치심, 연기를 해야 한다는 강박으로 만들어졌다. 지금, 내 삶 전체에서 가장 약한 시점에 예수님은 내가 약해도 괜찮다고 말씀하셨다. 내 약점 가운데 계시는 주님이 다시는 강한 척하지 않아도 된다는 것을, 약점을 숨기거나 연기할 필요가 없다는 것을 보게 하셨다![3]

에드는 진정한 관계적 기쁨을 찾아가면서 행복하기 위해 더 이상 머핀을 찾지 않아도 된다는 것을 깨닫게 되었다. 현재 에드는 내가 아는 가장 훌륭한 중독 회복 전문가 중 한 명이다. 자신의 경험과 그가 도와준 수백 명의 이야기를 근거로 말할 것이다. 기쁨이 없으면 그 어떤 중독에서도 지속적인 회복을 할 수 없다는 사실을 말이다.

말할 수 없는 영광스러운 즐거움

고난을 견뎌내는 것의 핵심은 관계적 기쁨에 있다. 이것은 신약 전체를 통틀어 찾을 수 있는 개념이며 뇌과학 연구에 의해 완전하게 검증된 사실이다. 사도 베드로는 "여러 가지 시험으로 말미암아 잠깐 근심"하게 될 때에도 "말할 수 없는 영광스러운 즐거움"으로 가득 할 수 있다고 썼다. 야고보서에는 "여러 가지 시험을 당하거든 온전히 기쁘게 여기라"고 쓰여 있다. 사도들이 이렇게 썼다는 것은 놀랄 일이 아니다. 예수님도 같은 것을 가르치셨다.

> 나로 말미암아 너희를 욕하고 박해하고 거짓으로 너희를 거슬러 모든 악한 말을 할 때에는 너희에게 복이 있나니 기뻐하고 즐거워하라. 하늘에서 너희의 상이 큼이라

> 이것을 너희에게 이르는 것은 너희로 내 안에서 평안을 누리게 하려 함이라. 세상에서는 너희가 환난을 당하나 담대하라 내가 세상을 이기었노라

예수님은 또한 기쁨을 통해 승리하는 본보기가 되어주셨다. 우리는 예수님께서 "그 앞에 있는 기쁨을 위하여" 십자가를 견디셨다는 것을 말씀으로 알 수 있다. "기쁨" 그리고 "기뻐하라"라는 말이 얼마나 많이 예수님과 사도들의 고난과 짝지어 나타나고 있는지 보라. 이는 결코 우연이 아니다.

고난을 견뎌낼 수 있는 용량을 가진 RARE 리더는 금욕주의자나 기쁨을 느끼지 못하는 로봇이 아니다. 오히려 이들은 삶을 즐기고 수

년간 기쁨이 넘치는 관계를 만들며 안 좋은 감정에서 기쁨을 회복하는 방법을 연습한 사람들이다. 이런 사람들에게는 우리의 약점을 보여도 신뢰할 수 있다. 그들은 문제보다 관계를 더 크게 볼 수 있고 다른 사람들이 기쁨을 회복할 수 있게 도와주기 때문이다. 당신도 이런 사람이 될 수 있다.

1. 감정적으로 성숙한 것이 고난을 잘 견디는 능력과 어떻게 연관되어 있는가?

2. 당신은 성인기, 부모기, 노년기 성숙도를 가진 리더와 함께 일해 본 적이 있는가? 당신이 알고 있는 유아기나 아동기에 멈춰버린 리더와 어떤 차이가 있는가?

3. 당신의 기쁨을 마르게 하는 것을 무엇인가? 이 문제를 해결하기 위해 당신의 생활 양식을 어떻게 바꿀 수 있겠는가?

4. 진정한 만족을 주고 기쁨을 생성하는 것을 누리는 시간을 방해하는 당신의 기쁨 대체물은 무엇인가?

5. 이번 장에서 당신의 모습을 닮은 이야기가 있었는가? 어떤 이야기였는가?

연습

1. **모방** - 주위에 고난을 잘 견뎌낸 사람이 있다면 인터뷰하라. 어려움을 겪었던 때와 어떻게 그 어려움을 해결했는지 들어보라.

2. **친밀감** - 당신 인생에서 만난 어려운 상황이나 같이 있기 힘든 사람에 대해 하나님께 말씀드려라. 지금 일어나고 있는 일에 대해 새로운 시각을 달라고 하나님께 기도하라. 마음속에 떠오르는 생각들을 적어보라. 이 상황에서 하나님이 일하시고 그분이 원하시는 나의 역할을 보여달라고 기도하라.

3. **그룹 정체성** - 기도하고 생각을 적었다면 그룹원들에게 그 생각들을 나눠라. 지금 일어나고 있는 상황에 대해 어떻게 느끼는 것이 당신다운 것이라고 그들은 생각하는가? 어떻게 하는 것이 당신답게 행동하는 것이라고 생각하겠는가?

• CHAPTER 11 •

앞으로
가야 할 길

RARE
Leadership

Where Do You Go from Here?

자신과 팀의
성숙도 평가

개선되기를 소망하는 모든 리더에게 다음 단계는 가장 중요한 단계이다. 다음 단계는 우리가 현재 서 있는 지점에서 시작된다. 이번 장에서는 우리가 지금 어디에 서 있는지 찾을 수 있게 도와줄 것이다. 마커스와 짐 우리 둘 다 원로 목사들이나 크리스천 조직의 리더들에게 공동체가 성숙도를 높이는 데 빠진 요소가 무엇인지 평가하는 방법을 가르치는 일에 지대한 관심을 가지고 있다. 크리스천이라면 성숙한 관계적 기술과 발달된 감성지수를 가지고 인도해야 하지만 이는 확실히 보기 드문 광경이다.

요즘만큼 성숙한 리더가 절실한 시기도 없을 것이다. 테러, 밀거래, 증오가 뉴스를 가득 채운다. 고난을 잘 견뎌내고 사람들이 어려움 속에서도 기쁨으로 살아갈 수 있게 도와주는 리더가 있는 교회와, 성공의 잣대를 주일날 참석한 교인들의 숫자로 평가하는 리더가 인도하는 교회의 차이점이 무엇일지 생각해보라. 이것이 바로 RARE 리더십과 보통의 리더십의 차이다.

나Marcus에게는 아프리카에 있는 조국에서 혁명을 피해 도망 나와 지금은 유럽 중심부에서 피난민들을 돌보는 사역을 하고 있는 친구가 있다. 이 친구는 놀라울 정도의 기쁨으로 살아가고 있다. 나는 그의 집에 일주일간 머물면서 이 친구가 자신의 가정을 생명을 주는 방식으로 이끌어가는 모습과 하나님과 동행하는 일에 최우선순위를 두는 것 그리고 하나님이 그에게 이끄시는 관계들을 볼 수 있었다. 이 친구를 만날 때마다 환한 미소와 기쁨을 진심으로 느끼지 않을 수 없다. 그와 함께하는 모든 대화는 웃음과 감사를 표하는 말들로 가득하다.

이 친구는 아프리카 한 왕국의 왕족으로 태어나 특혜를 누릴 수 있었지만 지금은 세계 전역에서 크리스천을 한 번도 만나보지 못한 사람들을 위해 그리스도의 이름으로 헌신하고 있다. 그는 사역 중에 일어날 수 있는 가장 어려운 상황들, 요컨대 항상 부족한 자금과 극빈자들의 극단적인 필요와 같은 문제들과 씨름한다. 공포를 느끼는 사람들이 매일같이 자신들의 엄청나게 큰 필요를 채워달라고 이 친구만 바라본다. 만약 그의 성공을 수치로만 따지려 한다면 성공하지 못했다고 할지 모른다. 하지만 그는 정기적으로 사람들을 그리스도께 인도하는 가정과 공동체를 세우는 일에 성공했으며 만나는 모든 이에게 희망과 기쁨을 전하고 있다.

이와는 완전히 대조적으로 많은 크리스천 조직은 겉으로는 괜찮아 보이지만 내부에서는 끊임없는 문제들에 직면한다. 수치는 좋아 보이지만 목사들은 종종 우울감을 느낀다.[1] 리더십 팀은 대부분 극적으로 무너진다. 스트레스 지수가 올라가고 관계는 불편해진다. 기쁨이 넘치기는커녕 리더십에 대한 우리의 접근 방식은 피곤한 비저너리, 감정 능력이 없는 간사, 미성숙한 직원들을 만들어낸다.

이런 고무적이지 못한 결과를 가져오는 주된 이유는 서양의 기독교가 우리 뇌의 두 가지 동기부여 엔진 중 더 약한 엔진으로 가동되도록 세워졌기 때문이다. 더 강한 리더십 엔진이 있는 우뇌에 주요 관심을 두기보다 좌뇌에 있는 더 약한 관리 엔진으로 일을 마무리하는 것으로 만족해왔다. 하나님은 우리가 원하는 재생 가능한 에너지를 생성할 수 있는 강력한 엔진을 주셨지만 많은 경우 이 엔진을 알아보지 못하기 때문에 잘 활용하지 못한다. 기쁨의 엔진을 장착한 우뇌의 패스트 트랙 처리 기능이 서양 문화의 비뚤어진 세계관에 의해 가려져 버렸다.[2] 또한 우뇌가 작동하는 속도 그 자체 때문에 감춰져 있었다. 우뇌의 마스터 처리 기능은 좌뇌에 비해 조금 더 빨라서 의식적 사고에 주력하는 좌뇌가 실제적으로 우뇌의 활동을 볼 수 없게 되어 있다. 최근에 와서야 뇌과학을 통해 그 존재가 밝혀진 것이다.

뇌에 관련한 최근 연구들을 통해 관계적 능력이 뛰어난 선한 목자의 리더십에 대해 성경이 지금까지 계속해서 무엇이라고 말하고 있는지 과거의 문화를 볼 수 있는 시야가 열렸다. 우리가 본받고자 하는

RARE 리더들은 이런 더 빠르고 강한 엔진을 사용한다. 그 결과 그들은 사람들이 어려운 시기에도 금방 회복할 수 있게 도와줄 때도 덜 피곤하고 결과에 대해 덜 염려하며 덜 지친다. 그러면서 더 기쁘고 더 평안하고 더 존경의 대상이 된다. 이 책에서 가르치고자 하는 흔하지 않은 귀한 습관들을 가지면 자신과 주변 사람들의 진을 빼지 않고 끝까지 곧은 길을 가는 RARE 리더가 될 수 있다.

다음 단계를 향하여

리더십 코칭에서 평가는 매우 대중적이다. 우리는 성격부터 지능에 이르기까지 모든 것을 평가한다. 흔히 소명, 은사, 열정 등도 평가 대상이 된다. 이 모든 것이 선하고 다 그 나름의 의미가 있겠지만 리더십의 효과를 예측하는 데 개인적 성숙만큼 확실한 지표가 되는 것이 없을 것이라 생각한다.

나Marcus는 지난 세월 동안 리더십의 롤러코스터를 탔다. 젊었을 때는 모두 내가 타고난 리더라고 말했다. 내가 속해 있던 대부분의 그룹에서 회장이나 주장으로 선출되었다. 한 번은 어떤 여자분이 교회 복도에서 나를 멈춰 세우고는 내가 언젠가 우리 교단의 지도자가 될 것이라고 말했던 기억이 난다. 담임목사가 되고 나서야 나는 진정한 리더십 세계에 발을 들여놓게 되었다. 그전에 나는 나에 대한 모든 평가를 믿었고 리더십이 그저 나에게 쉽게 다가왔다고 생각했다. 여느 목사들처럼 나도 교회를 인도하는 것이 힘이 나는 동시에 좌절스

럽기도 했다. 내가 처음 목사직을 맡았을 때 내 이력서는 꽤 인상적이었다. 두 개의 석사학위에 박사학위, 3년간 성경학 교수 재임, 몇 군데의 대형 교회에서 간사로 일한 경험까지 포함되어 있었다. 겉으로 보기에 나는 이상적인 목사로 보였다. 어느 정도는 나도 그렇다고 생각했다. 적어도 확실히 그렇게 되도록 애쓰고 있었다. 하지만 결국 나

> 나는 리더가 될 준비가 거의 되어 있지 않았다. 사실 내가 성인 단계에 있는지도 의문이었다.

는 분이 났고 많은 교인이 결국 나에게 불만을 갖게 됐다는 것은 부인할 수 없었다. 뭔가 잘못되었지만 무엇이 잘못되었는지 콕 집어 말할 수 없었다.

그러던 중 누군가 나에게 짐 와일더가 쓴 《예수님 마음담기》*Living From The Heart Jesus Gave You*라는 책을 주었고 나는 "아하!" 하고 깨달음을 얻었다. 이 책에는 감정적 성숙의 다양한 단계의 특징들을 나열해 놓은 차트가 있었다. 처음으로 내 자신의 감정적 성숙을 평가할 수 있는 도구를 알게 된 것이다.

갑자기 모든 것이 납득이 되었다. 그 당시 나는 40대 초반이었고 12살 난 딸과 2살짜리 아들이 있었다. 나는 확실히 인생의 부모 단계에 와 있었지만 교회에서는 노년기의 역할을 하려고 하고 있었던 것이다. 나는 담임목사였고 장로회의 수장이었으며 교회라는 가정의 기능적 '아빠' 역을 해야 했다. 겉으로 보기에는 나름대로 잘 해나가고 있는 듯 보였지만 실상은 노년기의 근처에도 가지 못하는 상황이었다.

사실 인생모델 차트에 있는 특징들의 리스트를 보면서 내 자신이

성인 단계에 있는지도 의문이 들었다. 나는 드디어 문제를 짚어냈다. 감정적 성숙이 부족하여 내 리더십 잠재력을 파괴하고 있었던 것이다. 이것을 경험하기 전에 나는 감정적 성숙을 평가한다는 말조차 들어본 적이 없었다. 리더십을 말할 때 감정적 성숙이야말로 우리가 평가해야 할 가장 중요한 요소인 것이다.

감정적 미성숙이 가져온 결혼생활의 위기

앞서 말했던 문제는 교회뿐 아니라 내 삶의 다른 영역에도 영향을 미치고 있었다. 나의 결혼생활은 내 사역과 비슷했다. 겉으로는 성공의 모든 과시적인 요소들이 비춰졌지만 내면에는 뭔가 빠져 있었다. 당시에는 깨닫지 못했으나 아내는 감정적으로 죽어가고 있었다. 아내는 나에게 말하려고 했지만 나는 그저 아내가 과잉반응을 보이고 있다고 생각했다. 마음속으로는 내가 할 수 있는 최선을 다하고 있다고 생각했다. '데이트 밤'을 정해두기도 했다. 또 아내가 내가 집에 있기를 원하면 집에 있으려고 노력했다. 하지만 아내는 내가 남겨놓은 자투리 시간을 내주고 있다는 사실을 알고 있었고 그것이 그녀를 죽이고 있었다.

어느 날, 우리가 데이트 밤을 함께하고 있었을 때 아내와 이에 대해 솔직히 이야기를 나누었다. "나는 입구가 철창으로 막힌 동굴 안에 갇혀 있는 기분이에요. 당신은 별일 아니라는 듯이 밖에 서 있고요. 다른 사람들에게는 잘 웃고 미소 지으며 이야기를 나누어요. 당신은 내가 존재한다는 사실을 가끔 기억하죠. 그러고는 나에게 자투리 조각들을 던져줘요." 그리고 아내는 울기 시작했다. 그 순간 내가 아주 온화하고 부드럽게 아내를 대하고 그 즉시 내가 저지른 잘못을 뉘우치고 아내의 감정을 인증했다고 이야기할 수 있으면 얼마나 좋았을까. 하지만 사실 나는 화가 났다. 왜 내가 최선을 다하고 있다는 것에 감사하지 못할까! 우리는 지금 함께 데이트하러 나왔지 않는가? 아내의 행동은 불합리했다. 아내가 가진 기대치도 불합리했다. 소유욕이 너무 강했다. 바로 그게 문제라고 생각했다.

내가 이해하지 못하고 있던 것은 내 감정적 미성숙함이 아내를 죽이고 있었다는 사실이었다. 그것이 내가 교회에서 하는 모든 일을 망치고 있듯이 말이다.

지금 아내에게 우리의 결혼생활에 일어난 최고의 일은 짐의 '인생 모델'을 알게 된 것이라고 말할 것이다. 이는 또한 내가 리더십을 위해 받아본 도움 중 최고였다. 그렇다고 내 결혼생활이 완벽하다고 말하는 것은 아니다. 그리고 난 여전히 세계적인 리더가 아니다. 하지만 이 두 영역에서 예전 보다는 훨씬 나아졌으며 이제서야 막 시작되었음을 느끼고 있다.

감정적 성숙 평가의 중요성

당신 자신과 또 주변 사람들의 감정적 성숙을 평가하는 법을 배우는 것이 중요한 몇 가지 이유가 있다.

1. **평가를 통해 더 성숙한 리더를 고용할 수 있다.** 훌륭한 은사와 뛰어난 학력, 진정한 카리스마를 지녔지만 감정적으로 미성숙한 사람에게 막중한 책임이 있는 자리를 맡기면 모두를 재앙에 빠지게 하는 셈이 된다. 그 리더 자신뿐 아니라 가정 그리고 조직의 일이 잘 진행될 리 없다.

2. **평가를 통해 진정성의 토대를 마련할 수 있다.** 우리 모두 약점이 되는 영역을 가지고 있다. 모두가 자신의 필요를 정직하게 나누면 투명성이 기준이 되고 치유와 성숙이 자라는 환경이 조성된다. 간단히 말해서 모든 사람이 성숙 발달 단계에서 구멍이 있음을 예상할 수 있다면 우리는 그 구멍이 무엇인지 나눌 때 수치심을 느끼지 않을 수 있다. 또한 그룹원이 되기 위해 강해야 한다거나 혹은 강하지 않으면 어딘가 다른 곳에 가서 고치고 난 후에 돌아와야 한다는 생각을 방지한다.

3. **평가를 통해 어떤 기술이 빠졌는지 또는 가장 많은 노력을 필요로 하는 기술이 무엇인지 알 수 있다.** 이것은 개인적 성장과 발달을 위한 좀 더 구체적인 전략을 세우게 한다. 모든 사람을 획일적인 프로그램에 적용시키기보다 우리가 다루고자 하는 특정 영역의 약점에 맞춰서 적용하는 요법을 만들 수 있다.

4. **평가를 통해 약점을 부드러운 태도로 받아들일 수 있다.** 문제지향적인 리더들은 사람들의 약점을 벌주기 위해 평가를 하는 경우가 많다. 그러나 관계지향적인 리더들은 어떻게 사람들이 성장하는 것을 도와줄 수 있는지 보기 위해 평가를 한다.

5. 평가를 통해 더 효과적으로 제자의 길을 갈 수 있다. 사람들의 어떤 곳이 약점인지를 알면 어디에서 우리의 보호와 격려가 필요한지 알 수 있다.

여기에서 중요하게 짚고 넘어가야 할 점은 사람들을 판단하거나 통제하기 위해 성숙을 평가하는 것이 아니라는 점이다. 우리가 가능한 한 많은 도움을 주기 위해 평가하는 것이다.

RARE 습관 평가하기

당신 자신과 당신이 고용하는 사람들의 성숙을 평가하는 것의 지침으로 감정적 성숙도의 네 가지 핵심 자질을 사용할 수 있다.

관계 유지하기

관계를 문제보다 더 크게 보는 것은 감정적 성숙의 매우 중요한 지표이다.

1. 갈등을 회피하는가? 이 책에 등장한 대부분의 사람들이 인터뷰를 하며 사람과 문제에 훨씬 더 대면하게 되었다고 언급했다. 이는 그들이 이 과정을 통해 관계성을 유지할 수 있고 그 후에 기쁨을 회복할 수 있음을 알기 때문이라고 말했다. 이런 기술이 부족하면 회피라는 쉬운 길을 택하게 된다.

2. 당신을 화나게 하는 사람을 피하는가? 내 Jim가 아는 목사 중에 사무실에 정문과 후문 이렇게 문 두 개를 둔 한 담임목사가 있었다. 보고 싶지 않은 사람이 찾아오면 비서에게 벨을 누르고 자신이 지금 사무실에 없다고 말하게 시켰다. 엄밀히 말하면 거짓말은 아니었다. 왜냐하면 벨이 울리자마자 그는 후문으로 사무실을 빠져나갔기 때문이다. 이렇게 회피하는 행동은 감정적으로 분노했을 때 관계성을 유지하는 법을 모르는 사람들의 전형적인 특징이다.

3. 사람들과 결과물을 통제하기 위해 부정적인 감정들(수치심, 분노, 두려움, 혐오감)을 사용하는가? 그렇다면 당신은 관계를 유지하는 것보다 문제를 해결하는 것에 더 큰 가치를 두고 있는 것이다.

4. 갈등이 일어날 때 사람들에게 어느 편에 설 것인지 강요하는가? 아니면 당신에게 대항하는 사람들에게 먼저 손을 내미는가? 편을 가르는 것은 문제를 해결하기 위한 수단이지 관계를 세우는 전략이 아니다.

당신답게 행동하기

우리의 최상위 버전으로 살아갈 때 우리는 우리답게 행동할 수 있다. 강한 부정적인 감정이 올라올 때 다른 사람으로 변하게 된다면 압박 속에서 당신답게 행동하는 것에 어려움을 느끼는 것이다. 당신 진심에 닿는 강한 감정을 한 번도 개발해보지 않았다면 하나님이 당신의 마음에 넣어두신 보호자가 아닌 주머니쥐나 포식자로 행동하게 될 수도 있다.

1. 사람들이 당신 주위에서 눈치를 보며 조심하는가?
2. 사람들이 편하게 당신의 의견에 동의하지 않을 수 있는가? 혹은 자신의 의견을 내놓지 못하고 있는가?
3. 사람들이 정기적으로 솔직하게 자신의 의견을 내놓을 수 있는가? 아니면 자신의 역할을 맡기 전에 당신이 원하는 논의 방향을 먼저 살피는가?
4. 사람들이 자신의 문제를 당신에게 가져가기를 꺼려하는가?
5. 사람들의 약점에게 대해 부드럽게 반응하는가? 아니면 사람들이 자신들의 약점이 드러날 때 자신에게 불리하게 작용할 것에 대해 두려워하는가?
6. 당신은 약점을 드러내고 다른 사람들에게 도움 구하기를 주저하지 않는가?
7. 당면한 문제에 대해 당신이 정말로 어떻게 생각하고 느끼는지 다른 사람들이 알게 될까 두려운가?
8. 당신은 진심으로 느끼는 것보다 자주 스스로를 더 강해보이려고 하는가?

기쁨 회복하기
격한 감정을 느끼는 중에도 내 성품의 중요한 부분을 놓치지 않고 관계적 용량을 유지하면서 우리답게 행동함으로써 기쁨을 회복할 수 있다.

1. 감정이 격해질 때 스스로 진정시킬 수 있는 방법을 알고 있는가?
2. 격한 감정이 일어날 때 다른 사람들과 있을 때에도 침착해질 수 있는가? 아니면 자신을 고립시키는가?
3. 분한 감정이 일어날 때 빠르게 관계적 소통을 다시 형성하는가? 아니면 부정적인 감정들이 당신의 관계를 하루 종일, 일주일 동안 혹은 한 달 내내 통제하게 놔두는가?
4. 사람들이 불쾌한 감정을 느낄 때 빨리 진정성 있는 관계로 회복할 수 있게 도와주는가?
5. 격한 감정이 일어나는 순간 이것을 통해 관계를 강화하는 기회로 삼는가?
6. 당신의 감정을 격분하게 하는 사람들에게 계속 화가 나 있는가?
7. 사람들의 감정이 당신의 감정과 일치하지 않을 때 그런 사람들을 관계적으로 무시하는가?
8. 당신의 그룹이 어려움에 당면했을 때 빨리 회복할 수 있는 정체성을 유지할 수 있도록 도와주는가?

고난 잘 견디기

고난을 견디는 핵심은 용량에 있다. 그 기술을 가지고 있을 수는 있지만 얼마나 개발되었는가? 예를 들어, 어느 정도의 압박은 처리할 수 있고 여전히 나답게 행동하면서 관계성을 유지할 수 있을지도 모른다. 하지만 내가 완전히 압도당하기까지 얼마나 걸릴까? 우리 모두 한계점을 가지고 있다. 용량은 이 한계점을 확대하여 우리의 상황이 어떻게 변화하든지 간에 지속적으로 우리의 기술을 발휘할 수 있게 해준다.

아래의 질문들에 덧붙여 다음 부분에 제시한 성숙도 검사지는 당신의 감정적 용량을 평가하는 것에 도움이 될 것이다.

1. 어느 정도의 스트레스를 받으면 관계를 회피하기에 이르게 되는가?
2. 한순간 폭발하고 다른 사람으로 변하게 되기까지 얼마나 많은 압박을 견딜 수 있는가?
3. 당신이 사라져 버리고 안락함을 갈구하게 되기까지 얼마나 견딜 수 있는가?

성숙 검사

몇 년 전 나Jim는 사람들이 각 단계의 감정적 성숙기의 특징인 기술들을 얼마나 발달시켜 왔는지 볼 수 있는 자가검사지에 들어갈 일련의 차트를 개발하는 일에 참여했었다. 이 차트를 사용하여 당신의 나이나 인생 경험에 해당하는 성숙 단계에 살아갈 수 있도록 개선이 필요한 부분을 스스로 검사할 수 있다.

유아기 성숙 평가[3]

특징	그렇다	보통 그렇다	가끔 그렇다	그렇지 않다
어머니 혹은 다른 여성과 강하고 사랑 넘치는 보살핌을 받는 유대감을 경험했다.				
아버지 혹은 다른 남성과 강하고 사랑 넘치는 보살핌을 받는 유대감을 경험했다.				
내가 묻는 법을 배우기 전에 중요한 필요들이 채워졌다.				
다른 사람들이 앞장서서 나와 나의 기분을 제일 먼저 맞춰주었다.				
함께 조용한 시간을 가지는 것이 주변에 사람들이 있을 때에 내 자신을 안정시키는 것에 도움이 되었다.				
내 인생에 중요한 사람들이 나를 하나님이 보시듯 바라보았다.				
나는 생명을 줄 수도 받을 수도 있다.				
나는 죄책감이나 수치심 없이 기쁨으로 받을 수 있다.				

아동기 성숙 평가

특징	그렇다	보통 그렇다	가끔 그렇다	그렇지 않다
별로 하고 싶지 않은 일도 할 수 있다.				
나는 어려운 일을 할 수 있다. (나에게 고통이 되더라도)				
관계에서 내 기분, 상상, 현실을 분리시킬 수 있다.				

특징	그렇다	보통 그렇다	가끔 그렇다	그렇지 않다
합리적 수준의 위기, 시도, 실패는 겪어도 괜찮다.				
노력하지 않아도 사랑을 받았다.				
보답을 받지 않아도 줄 수 있다.				
내 가정이 어떻게 지금 같은 모습(가족의 내력)이 됐는지 알고 있다.				
나는 하나님의 가정이 어떻게 그런 모습으로 형성되었는지 알고 있다.				

성인기 성숙 평가

특징	그렇다	보통 그렇다	가끔 그렇다	그렇지 않다
공동체 안에서 성인이 되는 통과의례를 거쳤다.				
동성의 성인 그룹에 있는 것이 편하다.				
내가 소속되어 있는 동기 그룹이 있다.				
다른 사람들과 동반자가 될 수 있다.				
나의 관계는 평등함과 상호 만족의 특징을 보인다.				
필요할 때 내 힘으로 다른 사람들을 보호한다.				
경계선이 침범 당했을 때 내 개인 그리고 그룹 정체성을 보호한다.				
내 마음을 표현하면서 살고 있다.				

부모기 성숙 평가

특징	그렇다	보통 그렇다	가끔 그렇다	그렇지 않다
다른 사람들을 생명으로 인도했다.				
나를 격려해주는 파트너가 있다.				

특징	그렇다	보통 그렇다	가끔 그렇다	그렇지 않다
노년기에 있는 분들에게 지도를 받는다.				
나의 책임을 묻는 동기들이 있다.				
안정적이고 평화로운 가정과 공동체가 있다.				
보답이 없어도 줄 수 있다.				
내 가정을 하나님이 바라보시듯 본다.				
가족 활동에 다른 이들을 포함시킨다.				

노년기 성숙 평가

특징	그렇다	보통 그렇다	가끔 그렇다	그렇지 않다
내 사람이라고 부를 수 있는 공동체가 있다.				
내 공동체에서 인정받고 있다.				
공동체 구조 속에 적절한 내 자리가 있다.				
공동체가 나를 가치 있게 여기고 보호해준다.				
환대를 보여준다.				
가족이 없는 이들에게 생명을 불어넣어 준다.				
공동체가 성숙할 수 있도록 돕는다.				
그룹 정체성을 세우고 유지한다.				

나Marcus는 이미 리더십과 어려운 상황에 봉착해 있는 교회들의 이야기를 소개한 바 있다. 예를 들어 9장에서 서로 감정을 인증하는 것이 필요했던 그룹 이야기처럼 말이다. 내가 만난 리더십 팀은 자신 스스로나 목사의 감정적 성숙을 평가할 수 있는 방법이 없어 좋지 않은 결과를 맞닥뜨리고 있었다. 그래서 사람들이 자신의 약점을 대면

하고 건강하게 자라나도록 도울 만한 전략을 세울 수가 없었다. 이번 장에서 제시하는 도구는 현재 리더의 자리에 있는 사람뿐 아니라 앞으로 리더가 될 사람들에게 성숙에 대한 의미 있는 논의를 할 수 있게 해줄 것이다.

그리스도를 위해 우리가 나누어야 할 모든 선한 것

평균적으로 리더들은 성숙에 대해 많이 생각해보지 않는다. 마찬가지로 리더를 찾고 있거나 자신들의 리더에게 무슨 문제가 있는지 고민하는 조직도 일반적으로 성숙에 대해 생각하지 않는다. 성숙은 그룹 내에서 이루어지는데 우리는 우리의 그룹 정체성이나 용량이 리더의 책임에나 미래의 리더를 키우는 일에 얼마나 중요한지 고민해보지 않는다.

결과물과 관리를 첫 번째 타깃으로 해서 초점을 맞추면 RARE 리더를 만드는 기술을 잃어버리게 된다. 문화적 패러다임으로 인해 우리는 더 나은 정보를 얻고 더 나은 선택을 하는 것이 변화의 수단이라고 여겨왔다. 세계적으로 최고의 정보를 가지고 있는 리더들의 엄청난 실패를 보면서도 우리의 패러다임은 변하지 않았다. 지금까지 우리는 리더십이 단순 관리를 하는 것과 같지 않다는 것을 봐왔음에도 우리들 중 많은 이들이 문제가 수면 위로 떠오르면 관리하는 뇌로 돌아간다.

리더십은 우리가 집중해야 하는 중요한 목표를 가지고 팀 전체의 온전한 참여를 이끌어내야 하는 것이다. 지금까지 어떻게 우리의 개인적 혹은 그룹 정체성이 참여를 독려하는지 살펴보았다. 우리가 소명에 맞는 일을 하고 있다면 지금 우리에게 주어진 팀과 목적에 우리의 생명을 줄 수 있을 것이다. 정체성은 강력한 동기부여지만 중간에 두려움이 동력이 되면 정말 위험한 사람을 만들 수 있다. 정체성은 또한 기쁨의 동력을 얻어 세상을 변화시킬 수 있다.

리더십은 배울 수 있다. 순조롭게 성장하는 그룹의 중심에는 참여자 각각의 뇌 패스트 트랙 시스템이 깔려 있다. 이는 서로를 이해하고 하나님과 같이 생각하며 빨리 회복하는 특성을 개발할 수 있게 해준다. 이 패스트 트랙의 관계적 기술은 감성지능EQ, 감정 능력, 관계적 능력이라고 불려 왔다.

패스트 트랙 기술들을 학습하고, 발전시키고, 개발하는 것이야말로 RARE 리더십의 기본이라고 할 수 있다. RARE 리더는 관계성을 유지하고 자신답게 행동하며 기쁨을 회복할 수 있고 고난을 잘 견뎌낸다.

우리 중 다수가 탈진하거나 혹은 리더십 자체에서 완전히 떨어져 나가는 것을 막기 위해 RARE 기술들이 필요하다. 또한 RARE 습관을 통해 우리는 좋은 것에서 위대한 것으로 갈 수 있고 우리 자신도 RARE 리더가 될 수 있다. 이것이 사도 바울이 빌레몬에게 제시하는 길이다.

내가 항상 내 하나님께 감사하고 기도할 때에 너를 말함은 주

예수와 및 모든 성도에 대한 네 사랑과 믿음이 있음을 들음이니 이로써 네 믿음의 교제가 우리 가운데 있는 건을 알게 하고 그리스도께 이르도록 역사하느니라. 형제여 성도들의 마음이 너로 말미암아 평안함을 얻었으니 내가 너의 사랑으로 많은 기쁨과 위로를 받았노라.[4]

1. 개인적 성숙의 문제가 당신 자신의 리더십에 어떻게 영향을 미쳤다고 보는가?

2. 개인적 성숙의 문제가 당신이 섬기고 있는 조직에 어떤 영향을 미쳤다고 보는가?

3. 이번 장에서 다룬 평가지에 의하면 당신은 유아, 아동, 성인, 부모, 노년의 단계 중 어디에 속하는가? 왜 그렇다고 생각하는가?

4. RARE 습관 중 어떤 것에 가장 강점을 가지고 있는가?

5. 어떤 RARE 습관에 가장 많은 훈련이 필요한가?

미주

서론

1 Travis Bradberry, "Emotional Intelligence," Forbes, January 9, 2009, accessed on November 3, 2015, http://www.forbes.com/sites/travisbradberry/2014/01/09/emotional-intelligence

Chapter 1 | 기쁨의 속도로 달리는 리더십

1 "뇌의 패스트 트랙 시스템" 44-46쪽을 보라.

2 "패스트 트랙을 무시하는 이유" 86-88쪽을 보라.

3 3장 "뇌 속의 엘리베이터," 그리고 "뇌를 '보다' : 뇌과학의 돌파구" 106-108쪽을 보라.

4 9장 "기쁨을 회복하라"를 읽고 용어 사전 340쪽 낮은 기쁨 용량과 낮은 기쁨 환경에 대한 설명을 보라.

5 Jack Ewing, "Volkswagen says Whistle-blower Pushed It to Admit Broader Cheating," *The New York Times*, International Business, November 8, 2015, http://www.nytimes.com/2015/11/09/business/international/volkswagen-says-whistle-blowers-pushed-it-to-admit-gas-car-cheating.html?_r=1.

Chapter 2 | RARE 리더와 모래 놀이터 리더의 차이

1 Richard Davis, "We Need More Mature Leaders," *Harvard Business Review*, October 18, 2011, accessed June 4, 2015, http://hbr.org/2011/10/we-need-more-mature-leaders.

2 Stephen Covey, The 8th Habit (New York: Free Press e-book, 2005), 19-20. 《성공하는 사람들의 8번째 습관》, 김경섭 역, 김영사)

Chapter 3 | 뇌 속의 엘리베이터

1 Daniel Goleman, *Emotional Intelligence: Why It Can Matter More than IQ* (New York: Bantam Books, 1995:2005), xv.

2 Allan Schore, *Affect Regulation and the Origin of the Self: The Neurobiology of Emotional Development* (Hove, UK: Psychology Press, 2012).

3 Allan Schore 박사, Antonio Damasio 의학박사, Karl Lehman 의학박사는 뇌의 경험 처리 경로를 이해하는 데 주요한 공헌을 했다.

4 요한복음 15:11.

5 시편 16:11.

6 민수기 6:25.

7 히브리서 12:2.

8 마태복음 5:12.

9 야고보서 1:2.

10 골로새서 1:24.

11 사도행전 16:25.

12 느헤미야 8:10.

Chapter 5 | 패스트 트랙에서 눈을 떼지 말라

1 John Maxwell, *Equipping 101* (Nashville: Thomas Nelson, 2004), 14-18을 보라.

2 Jim Collins, "Good to Great," Fast Company, October 2001. http://www.jimcollons.com/article_topics/articles/good-to-great.html.

Chapter 6 | 출발점: 모방, 정체성, 친밀감

1 John Maxwell, *Partners in Prayer* (Nashville: Thomas Nelson, 1996).

2 Bill Hybels, *Too Busy Not to Pray* (Downers Grove, IL: InterVarsity Press, 2009), 11-12. (《너무 바빠서 기도합니다》, 김성녀 역, IVP)

3 E. James Wilder, Anna Kang, John Loppnow, and Sungshim Loppnow, *Joyful Journey* (East Peoria, IL: Life Model Works, 2015).

4 시편 100:1

5 하나님과의 친밀감에 대한 더 많은 이야기: *Joyful Journey* by Jim Wilder (with John and Sungshim Lippnow and Anna Kang) and *Toward A Deeper Walk* by Marcus Warner.

6 VCR 처리 과정은 9장 "기쁨을 회복하라"에서 "VCR 켜기" 부분에 더 자세히 설명되어 있다.

Chapter 7 | 관계성을 유지하라

1 Jim Wilder와 Ed Kouri는 "Belonging Checklist for Relational Circuit"이라고 부르는 2009년에 온라인으로 출간된 자료의 목록을 가지고 있다 (Long Form Beta 2.0). www.thrivingrecovery.org/page32.php.

2 Derek Lovell, "Social Science Says Lasting Relationships Come Down To 2 Basic Traits," *The Mind Unleashed*, January 24, 2015, accessed May 2015, http://themindunleashed.

org/2015/01/social-science-says-lasting-relationships-come-2-basic-traits.html.

3 디모데후서 3:2

4 Paul McCabe, *Feed the Good Dog* (Ontario: Rose Line Publishing, 2004), 167, http://www.wow4u.com/wordsappreciation.

5 Steve Brunkhorst, http://www.wow4u.com/wordsappreciation.

6 Lovell, "Social Science."

7 예레미야 3:8.

Chapter 8 | 자신답게 행동하라

1 골로새서 2:10.

2 고린도전서 2:16.

3 고린도후서 5:21.

4 골로새서 1:27; 에베소서 3:17.

5 hagio(성자 혹은 신성화된)라는 헬라어 단어 및 거기에서 파생된 단어들은 그리스도 안에 거하는 자들을 묘사하는 것에 80번 이상 사용되었다.

6 갈라디아서 3:26 (하나님의 자녀); 빌립보서 3:20 (천국 시민).

7 빌립보서 2:2-4.

8 요한복음 10:11.

9 요한복음 10:12-13.

10 에스겔 34:1-19.

11 마가복음 12:40.

12 E. James Wilder, Edward M. Khouri, Chris M. Coursey, and Sheila D. Sutton, *Joy Starts Here* (East Peoria, IL: Shepherds House, 2013), 157. 《기쁨은 여기서 시작된다》, 윤종석 역, 두란노)

13 Margaret Heffernan, "Why it's time to forget the pecking order at work"(TED talk, Monterey, CA, May 2015), http://www.ted.com/talks/marget_heffernan_why_it_s_time_to_forget_the_pecking_order_at_work.

14 Wilder, Coursey, Khouri, Sutton, 기쁨은 여기서 시작된다, 16.

15 위의 책, 32.

16 요한복음 8:32.

Chapter 9 | 기쁨을 회복하라

1 Barara Moon, "Reframing Your Hurts: Why You Don't Have to Fear Emotional Pain,"Joyful Musings, November 9, 2015, accessed November 10, 2015, http://bararamoon.wordpress. com/2015/11/09/from-the-intro-ro-re-framing-your-hurts-why-you-don't-have-to-fear-emotional-pain.

Chapter 10 | 고난을 잘 견뎌라

1 John Eldredge, *The Way of the Wild Heart* (Nashville: Thomas Nelson, 2006). 표지에는 "이 책은 진정한 남성과 아버지로서의 역할을 이해하고 살아가려는 '미완성된 남성'을 위한 것이다"라고 쓰여 있다.

2 James G. Friesen, E. James Wilder, Anne M. Bierling, Rick Koepcke, and Maribeth Poole, *Living from the Heart Jesus Gave You: Fifteenth Anniversary Study Edition* (East Peoria, IL: Shepherd's House, 2013). (《예수님 마음담기》 손정훈, 안윤경 역, 토기장이).

3 Wilder, Coursey, Khouri, and Sutton, 기쁨은 여기에서 시작한다, 143.

4 베드로전서 1:6-9.

5 야고보서 1:2 ESV.

6 마태복음 5:11-12.

7 요한복음 16:33.

8 히브리서 12:2.

Chapter 11 | 앞으로 가야 할 길

1 Dr. Richard Krejcir는 "Statistics on Pastors"에서 *Francis A. Schaeffer Institute of Church Leadership Development*가 2007년 조사한 결과 70% 정도의 목사들이 우울증을 겪고 있다고 추정했음을 보고했다. http://www.intothyword.org/apps/articles/?articleid=36562.

2 계몽주의는 기독교를 포함한 서양의 사고 방식에 심오한 영향을 미쳤다. 이것은 좋은 정보를 주면 더 나은 선택을 하게 된다고 가르치는 주지주의, 합리적 철학에서 가장 명확하게 나타난다. 대부분의 크리스천 제자훈련이나 리더십 훈련은 이런 비뚤어진 철학 시스템에 근거하여 만들어졌다. 또한 삶의 변화에 대한 다른 패러다임을 보지 못하게 우리의 눈을 가려왔다.

3 E. James Wilder, "Maturity Stage Assessment"(2005) from http://www.lifemodel.org/download.php?type=assment&rn=56.

4 빌레몬서 4-7.

용어사전

RARE Leadership에서 다루었던 용어와 개념을 더 자세히 살펴보자. 여기에 쓰인 정의들은 짐 와일더가 쓴《기쁨은 여기서 시작된다》에서 발췌한 것으로 와일더의 책에는 이 외에도 많은 개념들을 심도 있게 다루고 있다.

| 애착 Attachment 애착은 사람들 간에 발달하는 근본적인 연결성과 감정적 유대감을 말한다. 애착은 어머니와 자식 간의 관계에서 시작하여 사람들 간 형성되는 모든 지속적인 연결의 특징을 나타낸다.

| 선의의 포식자 Benevolent predator 이 지배적인 성향을 가진 포식자는 '그룹의 리더'로서 외부인, 위협, 잠재적 먹잇감에게는 포식자이지만 자신의 그룹(부족, 집단, 갱단, 국가, 부대, 기업)에게는 보호적인 면을 보인다. 하지만 내부자가 강해지면 그들을 위협으로 여기고 공격하거나 제거해 버린다. 특별히 매력적이거나 취약한 내부자가 종종 이러한 리더들의 먹잇감이 된다. 많은 수의 정치, 경제, 군대, 스포츠, 연합, 기업, 사회, 그리고 종교 지도자들이 선의의 포식자에 해당된다. '혁명과 해방자들'은 종종 선의의 포식자로 시작하지만 외부의 위협이 사라지면 대부분 선의의 모습은 없어지게 된다. 내부의 '위협'이 타깃이 되고 그들 자신의 국민들을 먹잇감으로 두면서 겉으로 적은 외부에 있다고 선전한다.

| 유대감 Bond 애착으로도 알려져 있는 유대감은 정체성과 관계를 이어 붙이는 관계적 '본드'라고 할 수 있다. 유대감은 두려움 혹은 기쁨 이 두 가지 감정으로부터 형성된다. 유대감은 다른 사람에게 대체물을 허용하지 않는 특정한 애착으로써 중요성과 의미를 가지게 된다.

| **두려움 유대감** Fear bonds 우리가 비정상적으로 발달하고 있음을 보여주
는 중요한 신호는 삶 그리고 다른 사람들과 두려움에서 비롯된 관계를 맺
는 것이다. 두려움은 우선적으로 나쁜 일이 일어나는 것을 막으려는 동기
에 의해 생긴다. 나쁜 성적을 받지 않기 위해 공부하고, 엄마를 화나지 않
게 하기 위해 집에 들어가고 창피를 당하지 않게 옷을 입으며, 살찌지 않
기 위해 음식을 먹지 않고, 뚱뚱해지지 않기 위해 운동하고, 해고당하지 않도
록 서둘러 출근하고, 아빠가 소리 지르지 않게 내가 사온 것은 숨긴다. 이
모든 것들이 두려움 유대감에서 비롯된 것이고 꽤 흔하게 일어나지만 우리
의 정체성, 동기 그리고 뇌가 개발되는 것에 결함이 생겼음을 보여주는 신
호다.

| **기쁨 유대감** Joy bonds 이 바람직한 형태의 인간 동기와 애착은 두 사람
이 함께 있음을 즐거워하는 결과로 나타난다. 모든 기쁨 유대감이 유익한
것은 아니다. 예를 들어, 기혼자가 다른 기혼자와 함께하고자 하는 욕망처
럼 말이다. 하지만 기쁨은 모든 강한 유대감과 안정된 관계의 기본이다. 함
께하는 것은 언제나 큰 가치를 가지고 있으므로 기쁨 유대감은 슬픔과 기
쁨 모두를 나눌 수 있게 해 준다.

| **용량** Capacity 우리가 우리답게 관계적으로 행동하지 못하게 되는 신경학
적 한계점은 감정과 스트레스를 다루는 능력의 물리적인 한계점으로 나타
난다. 용량은 기쁨, 평안으로 훈련하고 관계적인 방법으로 다른 사람들과
함께 기쁨을 회복하는 연습을 하면서 개발된다. 우리의 용량이 넘치면 뇌
가 동기화되지 않아 우리의 경험이 더 이상 올바르게 처리되지 않고 트라
우마로 남거나 정신적 외상을 주는 기억들을 처리하는 과정을 막아버린다.

우리의 용량을 키우는 방법은 관계 안에서 강한 기쁨과 평안을 주는 일들을 번갈아 경험하는 것이다.

| 정체성 identity 뇌과학의 관점에서 보면 정체성은 매우 복잡하고 우리가 누구인지를 정의하는 애착과 특징들이 혼란스럽게 엮여 있는 개념이다. 정체성은 인간의 경우 특별히 더 어려워지는데 이는 정체성이 긴 시간 동안 형성되고 정상적인 성장(나는 이제 엄마이다), 성취(나는 운전자다), 사고(나는 미망인이다) 등으로 인해 변화하기 십상이기 때문이다. 인간은 거의 변하지 않는 측면(나는 여자아이이다), 최근에 변한 측면, 앞으로 일어날 측면(나는 증조 할아버지이다) 그리고 단순히 틀린 측면(나는 무가치한 존재이다)을 가지고 있다. 우리가 성인이 되면 우리의 정체성을 지키는 일이 삶 그 자체보다 더 중요해진다. 정체성이 가지고 있는 부가적인 측면들을 더 살펴보도록 하자.

| 그룹 정체성 Group identity: 독립성에 높은 가치를 두는 서양 세계에서는 잘 인정하지 않지만 우리는 관계를 맺고 말하는 것을 배워가는 유아기부터 사람들의 부분에 소속된다. 청소년기에는 스타일, 가치관, 그리고 라이프스타일로 나타나는 또래 그룹 정체성을 형성한다. 이 시기에 뇌는 개인의 생존보다 그룹의 생존을 더 중요하게 생각할 수 있게 재설계된다. 또한 우리는 어디서 어떻게 영향을 받는지 의식적으로 생각하지 않은 채 그룹 정체성과 많은 것들을 공통으로 생각하고 느끼도록 설계되었다.

| 개인 정체성 Individual identity: 우리는 우리가 진정으로 누구인지에 대한 진실, 거짓 그리고 미지의 측면이 혼합되어 있는 세상에 살고 있다. 우리 자신에 대해 알고 있는 것이 우리의 개인 정체성이 된다. 모든 사람들이 자신

에 대해 좋아하지 않는 측면을 가지고 있고 이의 대부분은 자신의 약점이라고 생각하는 부분들이다. 우리 그리고 우리의 공동체가 약점에 대해 어떤 태도를 갖고 있는지에 따라 우리가 얼마나 많은 평강과 기쁨을 누릴 수 있는지 상당부분 결정된다. 하나님만이 우리의 정체성을 완전히 아신다. 하지만 하나님은 천국 시민들을 사용하여 우리의 진실된 모습을 구축할 수 있게 도와주신다.

| **기쁨 정체성** Joyful identity 기쁨이 충만한 것은 엄밀히 말하면 정체성은 아니지만 정체성은 크게 기쁨 혹은 두려움에 의해 동기부여를 받는다. 대부분 사람들의 행동은 그들이 중요하다고 말하는 것보다 그들이 두려워하는 것으로 더 정확하게 예측할 수 있다. 두려움은 기쁨이 부족한 환경을 조성한다. 기쁨이 충만한 정체성은 기쁨으로 동력을 얻고 다른 사람들과 상호작용하는 관계적 스타일을 의미한다. 기쁨 정체성은 두려움에 의한 정체성보다 회복력, 생산력 그리고 인내심을 훨씬 더 효과적으로 유지할 수 있다.

| **기쁨** Joy 기쁨은 누군가의 눈에 반짝이는 빛이며, 깊은 내면에 떠오르는 미소, 사랑하는 연인이 서로에게 달려가는 행복, 어린 아기의 미소, 사랑하는 사람들이 서로 눈을 맞출 때 더 강해지는 순수한 기쁨, 하나님이 그분의 얼굴을 우리를 향해 비추실 때 느끼는 감정이며, 오랫동안 그리워했던 누군가의 목소리를 들었을 때 뛰는 우리의 가슴이다. 기쁨은 우뇌에서 우뇌로 가는 소통이 증폭되는 관계적 경험이다. 이는 목소리 톤을 제외하고 대부분 비언어적인 영역이다. 기쁨은 서로 아끼는 것을 통해 생명을 불어넣는 감정이다.

| 인생모델 Life Model 인생모델은 난소의 수정부터 죽음에 이르기까지 인간을 개발하는 이상적인 지도를 제시하기 위해 1990년대 세퍼드 하우스에서 고안되었으며 많은 서적과 훈련 프로그램의 기본이 되었다. 인생모델은 여러 문화에 적용 가능하고 성경 말씀과 최고의 과학을 근간으로 설계되었다. 이 모델을 이해하고 사용하기 위해 서양식 교육을 받을 필요가 없다. 그룹 혹은 개인의 정체성이 어떻게 회복되는지 설명하기 위해 개발되었다.

| 낮은 기쁨 용량 Low-joy capacity 우리 스스로를 조절하고 부드러운 보호자로 행동하게 하는 신경학적 용량은 기쁨을 연습함으로 개발된다. 그래서 우리는 이를 '기쁨 용량'이라고 부른다. 삶을 견뎌내는 이 용량은 우리가 습득한 신경학적인 용량과 관계적 네트워크 내에 존재하는 기쁨에 따라 내적이기도 하고 외적이기도 하다. 개인 그리고 그룹 정체성 모두에서 기쁨을 가지고 있지만 우리의 애착이 약하고 삶이 불안으로 가득하면 용량은 낮아지고 쉽게 정신적 외상을 입거나 낮은 기쁨과 결부된 두려움과 포식자 대 먹잇감 반응을 보이게 된다.

| 낮은 기쁨 환경 Low-joy environment 이러한 환경에서 사람들은 당신이 무엇을 잘못했는지, 무엇을 못 하는지 그리고 약점이 무엇인지에 의해 당신을 기억한다. (애초에 기억을 한다면 말이다.) 낮은 기쁨 환경에서는 포식자적 상호작용이 빈번히 일어난다. 여기에서는 부드러운 보호자 뇌 기술은 전멸하다시피 하고 임마누엘 하나님의 임재를 느끼지 못한다.

| 성숙 Maturity: 우리는 이 단어를 두 가지 방식으로 사용한다. 첫 번째 의미는 온전한 정체성을 키우는 지도로 비유할 수 있다. 우리의 모든 부분이

잘 개발되면 성숙하다고 할 수 있다. 두 번째 의미는 우리의 현재 발달 단계를 평가하고 우리가 있는 단계에서 잘 하고 있는지 말해준다. 사과꽃은 그 단계에서는 성숙하다고 할 수 있지만 확실히 잘 익은 사과는 아니다. 우리도 마찬가지로 우리 정체성의 한 측면에서는 매우 성숙할 수 있지만 어떤 부분은 덜 발달되어 있을 수 있다.

| **관계적 기술** Relational skills 우리가 '부드러운 보호자' 기술이라고 부르는 것은 우리의 정체성, 관계 그리고 감정 사이의 연결고리와 같다. 우리가 어떻게 행동하는지(정체성), 또 우리가 조절하고, 나누며, 우리의 감정을 안정시키기 위해 어떻게 다른 사람들과 상호작용하는지 여부에 따라 우리의 관계가 어떻게 흘러가게 될 것인지 결정된다. 좋은 기술을 배운 사람이라면 다른 이들과 함께 기쁨과 평강을 증폭할 것이다. 관계적 기술이 부족한 사람은 고통을 증폭하고 문제를 '더 크게' 만든다.

| **기쁨 회복하기** Returning to joy 불쾌한 감정이 일어날 때 다른 사람들과 함께하고자 하는 욕구와 능력을 회복하는 것은 부드럽고 보호자적인 뇌 기술의 핵심이다. 관계를 소중히 여기는 능력은 분노, 두려움, 슬픔, 혐오감, 수치심, 절망 이 여섯 가지 부정적 감정에 맞서 각기 독립적으로 배워야 한다. '기쁨을 회복'하면 즉각적으로 나타나는 결과는 우리가 혼자가 아니라는 것을 감지하고 그로 인해 우리의 고통을 잠재울 수 있는 것이다. 스스로를 안정시키는 과정에서 우리는 여전히 고통스럽고 확실히 기쁨이 충만하지 않다. 하지만 자신을 안정시키는 것은 우리가 넘어진 후에 혼자서는 일어날 수 없는 상황에서 우리를 돌봐주는 누군가에 의해 발견되었을 때 느끼는 안도감과 비슷하다. 아픈 중에도 그 사람에게 살짝 미소 지어 보일 수

도 있다. 이것이 고통 속에서 기쁨을 회복하는 일이고 홀로 느끼는 기쁨 그 자체와는 또 다른 모습이다.

| 평강 Shalom: 모든 일이 조화롭게 흘러가고 올바르게 작동되면 (옳은 일이 알맞은 만큼 알맞은 자리에 있어 모든 것이 하나님을 기쁘게 하면) 우리는 평강을 누린다. 평강 안에서 하나님과 자신을 일치시키는 사람들을 위해 모든 일이 합력하여 선을 이룬다.

| 수치심 Shame: 수치심은 하나의 현상이 아니라 사실 두 가지 다른 감정을 말한다. 하나는 생각으로부터 비롯되고 또 다른 하나는 우리에게 기쁨으로 반응하지 않는 다른 사람들에 대한 반응으로 나타난다. 대부분의 경우 생각에서 비롯된 수치심은 우리의 정체성에 대한 거짓말에 그 기반을 두고 있다. 수치심이라고 부르는 또 다른 반응은 누군가 우리에게 불만을 가질 때 풀이 죽고 숨고 싶게 만드는 반응이다. 이러한 신념에 근거한 수치심은 대부분 좌뇌 영역에 있고 다른 사람이 그 감정에 동의하면 상태가 더 심각해진다. 우뇌 쪽에서 느끼는 수치심은 누군가 우리와 그 감정을 나누고 수치심을 느낄 때 어떻게 관계를 유지하는지 보여주면 훨씬 더 나아진다.

| 트라우마 Trauma: 트라우마는 어떤 충격적인 사건으로 인해 손상을 입는 것으로 우리의 정체성과 온전함 그리고 기능을 부정적으로 바꿔버리는 것을 말한다. 트라우마는 전통적으로 평범한 사람을 손상시키기 위해 필요한 사건의 크기로 정의되었다. 하지만 우리는 어떤 사건의 충격이 그 순간 그 사람의 용량을 넘어가서 생기는 손상이라고 정의한다. 두 가지 유형의 사건이 우리의 용량을 넘치게 한다. 첫 번째는 우리가 필요로 하는 것을 빼앗기

는 것으로 이런 일이 일어나면 여지없이 손상을 입는다. 두 번째 유형은 그 누구도 원하지 않는 사건이 닥치는 것이다. 우리에게 일어나는 이런 나쁜 일들은 그 순간 우리의 용량의 크기, 또 그 사건이 일어난 즉시 따라오는 도움에 따라 손상을 입힐 수도 입히지 않을 수 있다.

│ **인증** Validation: 인증은 전전두엽 피질에서 일어나는 세 가지 방식의 유대 구조에 의해 내재화된 안정적 유대감의 기능을 말한다. 인증한다는 것은 그 감정이 얼마나 크게 느껴지는지 상대에게 동의하는 것이다. 인증은 감정이 아주 크게 보일지라도 다른 사람과의 관계가 온전하다는 것을 확인시켜 준다. 또한 문제를 침소봉대하지 않으면서 작은 감정까지 정확하게 인식하는 것을 의미한다.

RARE 리더의 하루

쉐리는 감사 연습으로 하루를 시작했다. 커피를 타서 계피를 약간 섞어주고 성경과 일기를 가지고 나와 가장 좋아하는 의자에 앉았다. 시편 한 편을 읽고 나서 하나님의 성품 중 하나에 대한 감사 제목을 쓰기 시작했다. 이렇게 15분 정도 감사 일기를 쓰면서 하나님과 연결되었음을 느끼며 하루를 시작할 수 있었다.

힘든 하루가 될 것 같다고 그녀는 생각했다. 쉐리가 운영하는 비영리 단체는 재정난에 허덕이고 있었고 이사회는 단체가 시작되던 때부터 죽 제 기능을 하지 못하고 있었다. 이 조직의 설립자는 대의를 위해 기꺼이 돈을 기부하고 자신의 꿈을 실현시켜주는 데 도움이 될 만한 개인적 친구였던 사업가들을 이사회에 앉혀놓았다. 하지만 이들 중 대부분은 대의를 위해 서라기보다는 그 설립자와의 친분에 더 헌신하고 있었다. 몇 년 전부터 쉐리가 통솔권을 잡게 된 후 많은 변화가 일어났다. 몇몇 이사들은 순환적으로 퇴임하고 새로운 이사들이 들어왔다. 정책은 문서화되었고 회의는 좀 더 빠르고 효율적으로 진행되었다. 그런데 사역 초반부터 명시되어 있었지만 한 번도 시행되지 못했던 정책 중 하나가 이사들이 최대 3년 동안 두 번 연임하는 사안이었다.

오늘은 빌과 점심 약속이 있었다. 빌은 설립자의 가장 오래된 친구이자 사역에 돈을 가장 많이 기부하는 인물이었다. 쉐리는 점심을 함께하며 그의 퇴임에 대한 이야기를 꺼낼 작정이었다. 쉐리의 시각에서 완벽한 그림은 빌이 자리에서 물러나서도 여전히 친구로 남아 재정적으로 지원해주는 것이었다. 하지만 그런 일은 일어날 것 같지 않았다. 쉐리는 빌이 크리스천 활동가로 보여지는 그의 표면 밑에 자아도취적이고 강한 포식자 성향을 가진 사람이라는 것을 금방 분별할 수 있었다. 쉐리는 이 만남에 모든 RARE 기술을 사용해야겠다고 생각했다.

빌은 식당으로 들어와 쉐리가 본론에 들어가기 전에 이야기하기 시작했다. "쉐리, 만나서 반가워요. 당신과 대화하는 건 언제나 즐거워요. 미팅을 시작하기 전에 솔직하게 내 이야기를 하고 싶군요. 지금 일어나고 있는 모든 변화 속에서 내가 이사회에 남아서 설립자의 핵심 가치에 따라 당신을 도와주는 것이 내 소임이라고 생각합니다. 당신의 에너지는 참 좋아요. 하지만 내가 계속 섬기게 되면 모두에게 지속성과 신뢰감을 줄 수 있으리라 생각해요."

쉐리의 가슴이 쿵 내려앉았다. 이 대화가 어떻게 끝나게 될지 두려워서 긴장 에너지가 솟구치는 것을 느꼈다. 또 분노가 올라와 간단히, "말도 안 되는 소리 하시네요, 빌. 당신의 가식과 조종을 3년이나 더 볼 수는 없을 것 같네요."라고 말해버리고 싶었다. 하지만 쉐리는 좀 더 관계적인 방식으로 접근했다.

"빌, 혹시 이 결정에 대해 당신의 아내나 다른 이사님들과 이야기해보셨나요?"

"아직 그럴 이야기를 할 단계가 아니라고 생각해요. 오늘 당신과 이것에 대해 결론을 내리면 논의 대상에 올릴 수 있을 겁니다. 확실히 그들도 다 괜찮다고 할 겁니다."

쉐리는 빌이 아내와 동료들을 배려하지 않는 것에 대해 혐오감을 느꼈다. 하지만 혐오감이 올라온 것만큼이나 빠르게 그 감정에서 빠져나왔고 계속해서 관계성을 유지했다. 그녀는 빌과의 문제를 샌드위치처럼 관계적 빵 두 조각 사이에 끼워 넣는 '봉투 대화법'을 사용하기로 마음먹었다.

"허심탄회하게 말씀해주셔서 감사해요. 그리고 우리 조직을 위해 많은 시간적, 자원적, 비전 그리고 감정적 참여에 투자해주신 것도 인정합니다. 앞으로도 계속해서 가능한 최고의 관계를 유지하고 싶어요."

빌은 그녀를 바라보았다. "왠지 더 이상 내가 있는 것을 원하지 않는 것처럼 들리는군요."

전형적인 빌의 모습이로군. 쉐리는 자기 방어를 하고 싶은 충동을 느꼈다. 이렇게 말하고 싶었다. "내가 한 말을 듣기는 했나요?" 하지만 다시 한 번 좀 더 성숙한 접근을 하기로 선택했다.

"오히려 그 반대예요. 나는 우리의 관계를 소중히 생각하고 최대한 건강한 관계가 되었으면 합니다. 내가 생각하고 있는 것은 이것이에요. 나는 이사들이 정기적으로 순환하는 정책을 확립하는 것이 중요하다고 생각합니다. 몇 년 후에 다시 이사로 돌아오는 것도 환영합니다. 하지만 이사회 참여를 3년간 두 번 연임할 수 있게 하는 정책이 좋다고 생각해요. 이렇게 하면 우리가 하고 있는 일에 소명을 가지고, 또 대의를 위해 자신의 영향력을 기꺼이 사용하려는 새로운 리더들을 지속적으로 개발할 수 있을 거예요.

제가 한 가지 제안을 하자면 우리 조직에서 새로운 역할을 맡아주셨으면 합니다. 아시다시피 모든 성공한 크리스천 사역의 두 가지 토대는 기도와 재정입니다. 기도로 산을 옮길 수 있고 재정으로는 월급을 줄 수 있죠. 우리는 최근에 이 두 가지 토대를 강화하기 위해 기도 파트너 프로그램을 시작했어요. 이 사역의 대사 역할을 해주지 않으시겠어요? 당신은 우리 파트너들에게 많은 영향력을 가지고 계시지요. 돌아오는 해에 두세 번의 기금 마련 행사를 조직해주시면 좋겠어요. 이렇게 해주신다면 저희에게 큰 도움이 될 것이고 당신도 사역에 필수적인 관계를 유지하면서 우리가 확립하고자 하는 이사회의 재임기간 제한과 관련된 새로운 정책을 유지시킬 수 있을 것이라 생각합니다."

"그러니까 결국 나를 제거하겠다는 것이군요! 샘이 당신이 날 더 이상 원하지 않는다고 이야기해주었지만 이게 사실일 줄이야! 당신은 이 조직에 온 지 고작 3년밖에 되지 않았어요. 나는 여기에 30년을 있었고요. 도대체 당신이 뭐라고 생각하는 겁니까? 당신 혼자 이 조직을 완전히 통제하겠다는 쿠데타나 다름없어요! 당신은 결국 자아도취증 환자 아닙니까?"

쉐리는 자아도취증을 가진 사람들이 자신이 원하는 바를 얻지 못하면 공격하는 경향이 있음을 알고 있었다. 하지만 빌의 강도 높은 비난은 그녀의 숨을 멎게 만들 정도였다. 똑같은 정도의 적대감을 가지고 반격하고 싶었다. 한번에 영원히 빌의 코를 납작하게 해주고 싶었다. 사실 누군가가 진작 이렇게 했어야 했다! 하지만 그때 쉐리의 마음속에 고요하고 작은 목소리가 들렸다. '쉐리, 너답게 행동해. 저 사람이 네가 누구인지 조종하게 하지 마.'

심호흡을 하고 빌의 눈을 똑바로 쳐다보면서 쉐리는 대답했다. "궁금하군요, 빌. 지금 당신의 반응이 크리스천의 성숙함에 좋은 본이 되고 있다고 생각하나요? 정말 이 모습이 당신이 되고자 하는 자신인가요? 아니면 인신공격 없이 이 대화를 계속할 수 있는 방법이 있을까요? 분명히 이 문제에 대해 의견이 다르지만 우리의 문제를 어떻게 해결해 나가는지가 해결책 그 자체보다 더 중요할 것 같아요."

"나는 파워게임을 보면 바로 눈치채지요." 빌이 쏘아붙였다. 그러고는 자리에서 일어나 모든 사람들이 볼 수 있도록 요란스럽게 자신의 물건들을 챙긴 뒤 식당을 나가버렸다.

상황이 쉐리가 원하는 방향으로 조금도 흘러가지 않았다. 화도 났지만 충격을 받았고 이 대화로 비롯될 부정적인 결과에 대해서도 걱정이 되었다. 그리고 빌이 이렇게까지 공개적으로 그녀를 두고 나가 버린 것에 대한 수치심도 느꼈다.

그런데 쉐리는 예상치 못한 평안도 함께 느끼고 있었다. 그녀는 성령님의 인도하심을 따라 모든 육신의 유혹을 따르지 않고 성숙한 자세로 상황을 다루었다. '이제 어쩌죠, 주님?' 그녀는 조용히 기도했다. 심호흡을 몇 번 하고 웨이터에게 앞서 일어난 일에 대해 사과한 후 점심을 시켰다. 그리고 그녀의 정체성 그룹에 있는 동지에게 전화를 걸었다.

"여보세요, 알리사. 기도해줘서 고마워요… 아니요. 그는 잘 받아들이지 않았어요. 하지만 난 내 관계적 회로를 유지했고 대화 내내 주님과의 끈을 놓지 않았어요. 엄청 스트레스 받는 일이긴 했어요. 이 일이 어떻게 끝날지는 모르겠지만 이런 시기에 당신과의 우정에 깊이 감사드려요."

알리사는 다 듣고 쉐리의 감정을 인증해주었다. "그래서 지금 기분은 어때요? 만약 나였으면 빌이 다음에 어떻게 할지 좀 겁이 났을 것 같아요."

"맞아요. 확실히 좀 긴장돼요. 솔직히 말하면 하나님께 약간 실망하기도 했어요. 정말 다른 결과가 있기를 바랐었거든요."

"그러니까 슬프기도 하고 약간 화도 나면서 이 일이 어떻게 될지 두려움도 가지고 있군요. 많은 감정들이 소모되고 있으니 다루기가 쉽지 않겠어요." 알리사가 대답했다. "같은 상황이라면 나도 확실히 같은 기분을 느꼈을 거예요."

쉐리의 감정들을 인증해준 다음 알리사는 다른 시각을 제시하며 그녀를 위로했다. "어려운 사람들을 상대하는 것은 정말 짜증나는 일이에요. 그리고 하나님이 일하실 거라 예상했지만 상황이 더 나빠지는 것 또한 열 받는 일이죠. 고난을 견디는 것은 절대 쉬운 일이 아니에요. 하지만 하나님께서 확실히 이 일에 당신을 믿으시는 거죠."

"어떨 땐 하나님이 나를 너무 믿지 않으셨으면 하는 생각이 들어요."

"무슨 말인지 알아요. 하지만 하나님께서 당신의 성숙을 키우시고 있다고 생각해요. 그리고 그렇게 되어가는 것을 보는 나도 좋아요. 그리고 무슨 일이 생기든 나는 당신과 함께 있을 거예요."

둘은 몇 분 더 이야기한 뒤 전화를 끊었다. 알리사와 통화를 하면서 쉐리는 기쁨을 회복하고 다시 자신답게 느꼈다.

상황이 해결되지 않으면 언제나 평안을 얻기가 더 어려워지지만 쉐리는 개인적 성숙 기술을 성장시키고 있었다. 몇 년 전이었다면 빌과 같은 사람들을 어떻게 대했을까 생각해보며 그녀에게 새로운 길을 열어준 패스트 트랙 기술 (삶의 어떤 환경에서도 자신답게 느낄 수 있게 도와주는 기술)을 알게 하신 하나님께 조용히 말했다. "감사합니다."

| 인생모델(Life Model Works)에 대하여 |

'인생모델'은 사람들을 하나님, 자기 자신 그리고 다른 사람들과 더 풍족한 관계로 초청하고자 하는 비전을 가지고 세워진 비영리 단체이다. 짐 와일더는 설립자이면서 인생모델의 최고 이론 담당자이다.

이 책에서 우리는 당신에게 인생모델의 핵심적인 네 가지 습관을 소개했다. 인생모델은 당신과 당신이 이끌고 영향을 미치고 있는 사람들 안에 있는 패스트 트랙을 훈련하기 위한 무궁무진한 추가 자원을 갖고 있다. 모든 추가적인 기회들은 www.lifemodelworks.org에서 찾아볼 수 있다. 개인과 공동체용으로 합쳐진 평가서는 www.joystartshere.com에서 구할 수 있다. 이상적인 패스트 트랙 훈련은 THRIVE이다: www.lifemodelworks.org/thrivetraining.

매년 봄 인생모델은 우리의 메시지에 흥미를 가지고 있는 모든 이들을 초대해 비슷한 마음을 가진 리더들과 교제하고 하나님, 자신 그리고 다른 이들과의 관계를 활성화하도록 사람들을 도와주는 방법을 서로 나눈다. 이 연례 모임에서 우리는 인생모델에서 가장 최근에 적용한 것들을 일 년에 한 번씩 발표할 수 있는 기회를 갖는다. www.lifemodelworks.org/events 를 검색하거나 다음 연례 모임을 알려주는 소식지를 구독하라: www.

lifemodelworks.org/signup.

또한 정기적인 웨비나(인터넷 상의 세미나)와 일련의 지역 행사도 진행하고 있다: www.lifemodelworks.org/events.

우리가 쓴 책은 대부분 그룹 스터디에 활용할 수 있고 코넥서스 DVD 시리즈도 당신의 교회와 공동체에 패스트 트랙 기술을 널리 전할 수 있도록 설계되었다: www.lifemodelworks.org/connexus.

이러한 패스트 트랙 기술을 뒷받침하는 이론에 대해 알고 싶다면 THRIVE 강의 시리즈를 참조하고(www.lifemodelworks.org/shop) JIMTalk를 청취하고 싶다면 아이튠즈나 다른 음원 사이트에서 Dr. Jim Wilder를 검색하거나 www.lifemodelworks.org에서 CD를 찾을 수 있다.

인생모델에서 일하는 사람을 교회, 그룹 혹은 당신의 공동체의 강사로 초청하고 싶다면 info@lifemodelworks.org로 연락하기 바란다. 당신이 쓰고 있는 책이나 개발하고 있는 프로그램에 패스트 트랙 기술을 포함하고자 한다면 info@lifemodelworks.org로 연락하면 된다.

| 디퍼 워크 인터내셔널(Deeper Walk International)에 대하여 |

마커스 워너가 총수로 있는 디퍼 워크 인터내셔널은 마음 집중적인 제자
도에 헌신하는 사역이다. 이 단체는 1986년 무디 도서 *The Adversary*(대적)
와 *Overcoming the Adversary*(대적을 이기는 법)의 저자인 마크 부벡 박사
(Dr. Mark I. Bubeck)가 설립했다. 우리는 상담가, 목사, 선교사 그리고 평
신도 리더들이 다른 이들을 그리스도 안에서 자유와 성숙으로 좀 더 효과
적으로 이끌어 줄 수 있도록 도와주는 훈련을 제공한다.

우리 사역의 핵심은 디퍼 워크 기관(Deeper Walk Institute)이다. 마음에
초점을 맞춘 제자도의 다양한 요소들을 위한 고품질의 훈련을 제공하여
삶을 변화시키고자 하는 사람들을 무장시키기 위해 존재한다. 본 기관은
토대(Foundation), 영적 전쟁(Spiritual Warfare), 감정의 치유(Emotional
Healing), 상급 사안(Advanced Issues) 이렇게 네 가지 과정으로 구성되어
있다.

디퍼 워크는 특정 교회나 사역의 필요에 맞춘 훈련 행사도 진행한다. 이를
통해 리더십, 제자훈련, 회복과 관련된 문제들을 다루는 것을 돕기 위함이
다. 이 사역에 대해 더 알고 싶다면 www.DeeperWalkInternational. org를
방문하기 바란다.

감사의 말

나(Marcus)는 이 책을 위해 나와 인터뷰를 해주신 모든 분께 감사드린다. 그리고 내 동생 팀과 우디 컴비 목사님께 감사를 드리고 싶다. 특별히 전문성을 가진 독자들과 더 연결될 수 있는 방식으로 우리를 표현할 수 있게 반복적으로 도와준 짐 마티니와 던 와이트스톤에게 감사를 표한다. 또 내가 이 책을 집필할 수 있는 시간을 주고 함께 기도해주고 격려해준 디퍼워크 인터내셔널의 이사회에도 감사드린다. 마지막으로 가장 중요한 내 아내 브렌다에게 이 책을 쓰기 위해 필요한 시간을 이해해준 것에 감사하고, 편집을 도와주고 격려해준 내 딸 스테파니에게 감사의 말을 전한다.

나(Jim)는 이 책의 원고의 교정을 봐주고 모든 문장을 명료하게 해준 아내 키티에게 감사하고 싶다. 또한 크리스 쇼 박사님, 파올로 드 실바, 크리스 코르시 목사님, 빌과 메리엘렌 생 씨르 박사님, 웨인 고든 코치, 킴 스페커, 토마스 게르라흐 목사님, 짐 마티니, 제리 페티트머메트, 루이스 목사님과 안나 캉, 켄트 목사님과 캐시 라슨에게도 감사드린다.
짐과 마커스 우리 둘 모두 집필 과정 중에 특별한 격려와 통찰력을 제시하고 놀라운 성실함으로 이 과정을 끝까지 함께 봐준 듀언 셔먼과 벳시 뉴언후와이즈에게 감사의 인사를 전한다.

RARE
Leadership